新时代新理念职业教育教材·铁道运输类

铁道机车运用与维护专业教材

校企"双元"合作教材

"课程思政"建设探索教材

电力机车制动机系统

主编　罗利锦　孙世峰

主审　秦　武　李　东

北京交通大学出版社

·北京·

内 容 简 介

本书根据职业教育教学改革精神，运用任务驱动、案例分析等手段，由校企专家联合编写。为贯彻立德树人根本任务，本书融入思政教育元素。本书分为6个模块，具体包括：电力机车制动系统的构成及部件间的关系、电力机车制动系统各部件的功能、电力机车制动系统的操作方法、电力机车制动系统的一般故障判断方法、电力机车制动系统试验方法、电力机车制动系统基础制动装置的操作方法。

本书适合作为高等职业学校、中等职业学校铁道机车类专业的教材，也可供铁路企业相关工程技术人员参考。

图书在版编目（CIP）数据

电力机车制动机系统 / 罗利锦，孙世峰主编. —北京：北京交通大学出版社，2022.1
ISBN 978-7-5121-4616-7

Ⅰ. ① 电… Ⅱ. ① 罗… ② 孙… Ⅲ. ① 电力机车–制动器 Ⅳ. ① U264.91

中国版本图书馆 CIP 数据核字（2021）第 230385 号

电力机车制动机系统
DIANLI JICHE ZHIDONGJI XITONG

策划编辑：刘 辉	责任编辑：刘 辉		
出版发行：北京交通大学出版社		电话：010–51686414	http://www.bjtup.com.cn
地　　址：北京市海淀区高梁桥斜街 44 号	邮编：100044		
印 刷 者：艺堂印刷（天津）有限公司			
经　　销：全国新华书店			
开　　本：185 mm×260 mm　　印张：13.75　　字数：346 千字			
版 印 次：2022 年 1 月第 1 版　　2022 年 1 月第 1 次印刷			
印　　数：1～3 000 册　　定价：59.80 元			

本书如有质量问题，请向北京交通大学出版社质监组反映。对您的意见和批评，我们表示欢迎和感谢。
投诉电话：010-51686043，51686008；传真：010-62225406；E-mail：press@bjtu.edu.cn。

前言

　　本书根据职业教育教学改革精神，结合企业对技能型人才的培养需求，充分考虑高职高专学生的文化背景和学习能力，由校企专家联合编写。

　　本书采用模块化形式，以简单、好用、实用、适用为原则，以任务模块、能力模块设计为核心，运用任务驱动、案例分析、图文结合、复习总结等手段，融入新形态信息化教学资源，立足铁路机务岗位技能要求编写。本书虽未采用活页式装订，但模块中的任务按知识点、技能要求、学习目标、思考要点、案例、任务小结、复习思考、数字学习资源等栏目进行设置，可按岗位作业要求进行查询、检索，是一本新型活页式教材。本书分为 6 个模块，分别为电力机车制动系统的构成及部件间的关系，电力机车制动系统各部件的功能，电力机车制动系统的操纵方法，电力机车制动系统的一般故障判断方法，电力机车制动系统试验方法，电力机车制动系统基础制动装置的操作方法。每个模块都附有二维码，扫描相应的二维码，可获取相关数字化教学资源（共 57 个，其中 6 个为微课），方便教师教学与学生自主学习使用。

　　本书由天津铁道职业技术学院罗利锦、中国铁路北京局集团有限公司雅万高铁运营筹备工作组孙世峰担任主编；天津铁道职业技术学院秦武、中国铁路北京局集团有限公司机务部李东担任主审；天津铁道职业技术学院卢大民、张建忠、刘文、戴建中、张剑、陈艳伶、吕娜玺、李元元、陈洁、贾春阳、杨文明、李坤、吕岗，天津机务段邓强、徐炳天，天津南环铁路有限公司机务分公司邓凯，朔黄铁路机辆分公司王兴有担任编委。本书由罗利锦、孙世峰负责内容的组织和统稿。本书具体编写分工如下：模块 1 由卢大民、吕娜玺、邓强编写，模块 2 由张建忠、李元元、吕岗、邓凯编写，模块 3 由罗利锦、刘文、陈洁、徐炳天编写，模块 4 由孙世峰、戴建中、贾春阳、徐炳天编写，模块 5 由张剑、杨文明、王兴有编写，模块 6 由陈艳伶、李坤、邓强编写。

　　本书适合作为职业教育铁道机车类专业的教材，也可作为铁路机务系统职工日常学习用书。

　　由于编者水平有限，书中难免存在错误和不当之处，敬请广大读者指正。反馈意见，索取相关教学资源，请与出版社编辑刘辉联系（邮箱：cbslh@jg.bjtu.edu.cn；QQ：39116920）。

编　者

2022 年 1 月

目录

I

模块 1

电力机车制动系统的构成及部件间的关系

机车、车辆的制动能力即列车的制动能力，列车制动关系铁路站场设备的设置，涉及行车规章制度的制定，也限制着列车的运行速度与铁路线路的通过能力，直接影响着铁路运输生产的安全与效益。

模块学习要求

1. 了解机车制动机的发展简史
2. 熟知机车制动机的基本作用
3. 掌握制动机的主要分类
4. 熟知自动式空气制动机的工作特点
5. 掌握制动机的常用术语

任务 1.1　电力机车制动系统

机车制动系统在铁路运输生产中起着十分重要的作用。机车制动系统作为电力机车主要组成设备，主要包括风源系统、空气制动机、附加装置、撒砂装置和自动控制装置等。

任务知识点

1. 机车制动机的发展简史
2. 机车制动机的基本作用（重点）
3. 制动机的主要分类（重点）
4. 自动式空气制动机的工作特点（难点）
5. 制动机的常用术语

任务技能要求

1. 掌握机车制动机的基本作用
2. 认识制动机的主要分类
3. 熟知自动式空气制动机的工作特点

1.1.1 机车制动机的发展简史

学习目标

- 机车制动机的发展简史
- "CCBⅡ"所含的英文词组及其含义

1. 人力制动机

1825 年，世界上第一条铁路在英国的斯多克顿至达林顿之间建成。同时世界上第一列由蒸汽机车牵引的列车开始运营，当时列车使用的制动机是手制动机。当司机发出制动指令时，由在列车上的制动员去操纵每一节车上的手制动机实现列车制动。制动员工作在较恶劣的环境中，且劳动强度过大。更为严重的是手制动机无法保证列车各车辆制动的同步性，从而产生列车的制动冲动现象，影响列车制动的平稳性。

2. 直通式空气制动机

1869 年，美国工程师乔治·韦斯汀豪斯发明了世界上第一台直通式空气制动机，使列车的制动技术由人力阶段进入机力阶段，实现了制动技术质的飞跃。列车制动由司机单独操纵，提高了列车制动的同步性，降低了列车制动的冲击力，改善了列车制动后的平稳效果。但受制于直通式空气制动机的工作机理，该制动机存在致命的弱点——当遇突发事件列车分离时，列车将失去空气制动能力。直通式空气制动机如图 1−1 所示。

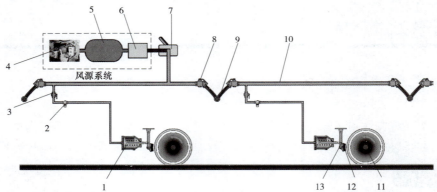

1—制动缸；2—滤尘器；3—截断塞门；4—空气压缩机；5—总风缸；6—调压阀（减压阀）；
7—制动阀；8—折角塞门；9—制动软管；10—制动主管；11—车轮；12—闸瓦；13—闸瓦吊杆。

图 1−1　直通式空气制动机

3. 自动式空气制动机

1872 年，乔治·韦斯汀豪斯在直通式空气制动机的基础上，研制发明了自动式空气制动机。自动式空气制动机有"充风缓解、排风制动"的性能特点，克服了直通式空气制动机的致命弱点，在铁路运输生产中得到了广泛的应用。自动式空气制动机如图 1−2 所示。

4. 机车空气制动机

在新中国成立前，我国蒸汽机车制动机几乎完全依赖进口，且绝大部分是美国韦斯汀豪斯系统的机车空气制动机，例如美国生产的 ET−6 型机车空气制动机。到了 20 世纪 60 年代初期，在 ET−6 型机车空气制动机的基础上，铁路科研人员研发了适应双端操纵的 ET−14 型机车空气制动机，并开始在我国国产机车上投入使用。

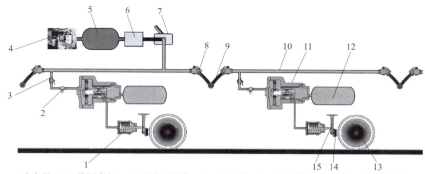

1—制动缸；2—滤尘器；3—截断塞门；4—空气压缩机；5—总风缸；6—调压阀（减压阀）；7—制动阀；8—折角塞门；
9—制动软管；10—制动主管；11—三通阀；12—副风缸；13—车轮；14—闸瓦；15—闸瓦吊杆。

图 1-2　自动式空气制动机

1）ET-6 型和 ET-14 型机车空气制动机

ET-6 型和 ET-14 型机车空气制动机研磨部件的特点使它们存在固有的缺点。

（1）在操纵制动机时，手柄沉重，直接妨碍了机车乘务员的正常操纵，这一现象在寒冷地区尤为严重。

（2）在施加列车制动时，制动主管（列车管）排气缓慢，从而延长了列车制动距离。

（3）需要缓解列车制动时，制动主管充气缓慢。在长大坡道区段，容易造成列车制动系统充气不足，从而影响行车安全。

（4）在实施制动主管减压操纵时，均衡风缸有回风现象。致使制动主管减压量不准确，不能精确掌握列车制动力，造成列车错过制动时机，影响列车的平稳性。

（5）采用金属研磨件，结构落后，作用性能简单，检修技术要求高，劳动强度大。

2）国产机车电空制动机

为适应我国铁路运输发展的需求，20 世纪 70 年代后期，我国铁路技术研发部门在美国 26-L 型空气制动机及法国 PBL2 型按钮制动机的基础上，研制成功了 JZ-7 型空气制动机和 DK-1 型电空制动机，并于 20 世纪 80 年代初期开始批量装车使用。

内燃机车使用的 JZ-7 型空气制动机和电力机车使用的 DK-1 型电空制动机，按照我国铁路机车的有关标准与规程等要求进行设计，具有以下特点。

（1）能客、货机车兼用，能实现一次缓解或阶段缓解。

（2）在结构上取消了回转阀、滑阀等研磨件。大量采用橡胶模板柱塞阀、止回阀及 O 形橡胶密封圈，延长了检修周期，使制造、运用、维护、保养等作业较为方便。

（3）具有缓解充风过充性能。采用充、排气保压功能良好的中继阀部件，提升了机车制动机充排气的性能，满足了列车运用的需要。

3）微机化机车空气制动机

20 世纪末期，按照美国铁路协会（Association of American Railroads，AAR）技术标准规范，美国 NYAB 公司融入德国的 KLR 型制动机技术，研发生产了第二代电子化的 26-L 型空气制动机，即 CCB Ⅱ（computer controlled brake second generation）制动系统。CCB Ⅱ 制动系统是基于网络控制的电空机车制动机，该制动系统将 26-L 型空气制动机和电子空气制动设备进行适配，实现兼容，除了紧急制动作用的开始外，其他逻辑均是微机控制的。该制动系统是先进的干线客、货运机车制动系统，尤其适用于牵引重载车辆的机车。CCB Ⅱ 制动系统组成如图 1-3 所示。

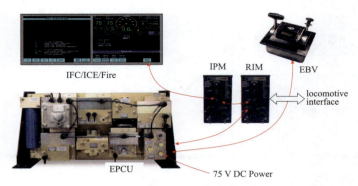

图 1-3　CCBⅡ制动系统组成

4）国产微机、网络控制机车空气制动机

进入 21 世纪，随着我国科技的进步，电力、内燃机车普遍从直流传动技术向交流传动技术转变，机车制动机技术也从原来的逻辑控制方式向微机、网络控制方式转变。为了提高铁路的运输能力，满足万吨列车开行需要，21 世纪初期，我国引进了 CCBⅡ制动系统。由于 CCBⅡ制动系统采用由 NYAB 和 GE 公司联合开发的模块，集成了双方的技术，且微机、网络控制的机车制动机技术均被国外企业垄断，一度造成我国机车制动系统对国外技术依赖性很强的局面。

2005 年，为降低机车制造成本、掌握机车核心技术、满足自主创新的要求，铁道部决定立项研发具有自主知识产权的机车制动机新产品，要求铁路制动机技术研发部门在原 DK-1 型电空制动机的基础上，研发新一代电空制动机。经过样机制造、试验鉴定、系统验收、方案试用与装车应用，铁路科研人员研制了具备完善的微机模拟控制、网络通信、故障智能诊断等信息化功能的 DK-2 型电空制动机。DK-2 型电空制动机主要部件与装车位置如图 1-4 所示。

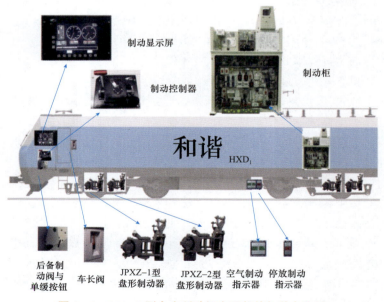

图 1-4　DK-2 型电空制动机主要部件与装车位置

📢 **单元思考要点：机车制动机发展简史**

_____
_____
_____

🗂 **制动事故案例：郴州"6·29"火车相撞事故**

2009 年 6 月 29 日 2 时 31 分，司机×××值乘的 K9017 次列车（编组 18 辆）在郴州车站 5 道停车时，制动失效，挤坏 118 号道岔，以 55 km/h 的速度冒进出站信号后，与 3 道正在开出的 K9063 次列车发生侧向冲突，致使 K9063 次机车和第 1、2 节车厢脱轨，K9017 本务机车和第 1 至第 5 节车厢脱轨。事故共造成 3 人死亡，其中旅客 2 人，居民 1 人；63 人受伤，其中重伤 6 人。

事故原因：检修作业违反技术操作规定。在 K9017 次列车检修作业中，安装机后第二位车辆制动软管时，未执行检查确认操作就完成了安装，致使折角塞门防尘堵底盖遗留在管路内，并在制动软管内呈游离状态。2009 年 6 月 29 日，K9017 次列车在京广铁路郴州车站图定停车。司机进站前施行减速制动时，制动主管风压将防尘堵底盖吸附在软管接头端部，造成制动主管风道堵塞，致使列车第 2 至第 18 位车辆制动力突然丧失，造成列车相撞的铁路交通事故发生。

✍ **任务小结**

计划方案：_____
组织实施：_____
完成效果：_____
姓名_____　地点_____　方式 不脱产☐ 半脱产☐ 全脱产☐ 日期_____

💬 **复习思考**

1. 简述机车制动机系统的发展简史。
2. 写出"CCBⅡ"所含的英文词组并解释其含义。

▌▌ **数字学习资源** ▌▌

"机车制动机的发展简史"数字课件。

1.1.2　机车制动机概述

📖 **学习目标**
- 制动的基本定义
- 制动装置的主要作用
- 机车制动机的基本作用

1. 制动、制动力

1）制动

所谓制动是指人为控制的，可根据需要调节大小的，且与列车运行方向相反的一种外力。制动作用应用于控制列车减速运行过程、控制列车停车过程，以及保持列车停放状态。在减速与停车（制动）过程中必须具备两个基本条件：实现能量转换，控制能量转换。

制动的实质如下。

（1）从能量的观点来看，制动过程就是将列车动能转变成其他能量或转移走。

（2）从作用力的观点来看，制动就是让制动装置产生与列车运行方向相反的外力，控制列车减速或停车。

2）制动力

制动力是指在制动过程中形成的可以人为控制的外力。

施行制动时，闸瓦摩擦力并不能使机车、车辆减速，而只能阻止机车、车辆轮对转动。在惯性力的作用下车轮继续转动，但轮对转速将降低，运行速度亦相应减小。由于受到钢轨对车轮反作用力的作用，势必产生车轮、钢轨间的相互作用力。在黏着条件下，这种阻止车轮转动的作用力是由于闸瓦压力作用在车轮上而引起的，是钢轨作用在车轮轮周上的与运行方向相反的外力。制动力受轮轨间黏着条件的限制，也就是说制动力的最大值受轮轨间黏着系数的限制。

2. 制动方式

制动方式是指制动过程中列车动能的转换方式或制动力的形成方式。其可按动能转换方式分类，亦可按制动力形成方式分类。

1）按动能转换方式分类

按动能转换方式，制动方式可分为热逸散制动和动能转换成有用能制动。制动方式分类（按动能转换方式）见表1-1。

表1-1 制动方式分类（按动能转换方式）

制动方式	类 别		应 用
热逸散制动	摩擦制动	固体摩擦制动	踏面制动
			盘形制动
			广泛应用
			磁轨摩擦制动
			在高速机车、动车组上应用，目前尚未普及
		液体摩擦制动	在液力传动机车上应用
	动力制动	电阻制动	在电力机车上普遍应用
		磁轨涡流制动	在高速机车、动车组上应用，目前尚未普及
		加馈电阻制动	在电力机车上普遍应用
	风阻制动及喷气制动		在高速机车、动车组上应用
动能转换成有用能制动	再生制动		在电力机车、动车组上应用
	飞轮储能制动		在动车组上初步应用，目前尚未普及

2）按制动力形成方式分类

按制动力形成方式，制动方式可分为黏着制动和非黏着制动。制动方式分类（按制动力形成方式）见表1-2。

表 1-2　制动方式分类（按制动力形成方式）

制动方式	类　别		应　用
黏着制动	摩擦制动	踏面制动	广泛应用
		盘形制动	
	动力制动	电阻制动	在电力机车上普遍应用
		再生制动	在电力机车上应用
		加馈电阻制动	
	惯性制动	飞轮储能制动	在动车组上应用，目前尚未普及
非黏着制动	磁轨摩擦制动		在高速机车、动车组上应用，目前尚未普及
	磁轨涡流制动		
	风阻制动及喷气制动		

3. 制动装置

制动装置是指能够达到减速或停车的目的，可控制能量转换的装置或系统。制动装置是安装于机车、车辆上的一整套设备。

1）制动装置的组成

制动装置一般可分为制动机和基础制动装置（见图 1-5）两大组成部分。

制动机——产生制动原动力并进行制动操纵和控制的部分。制动机包括机车制动机和车辆制动机。

基础制动装置——传送制动原动力并产生制动力的部分，包括机车基础制动装置和车辆基础制动装置。

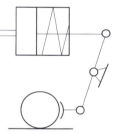

图 1-5　基础制动装置

2）制动装置的作用

制动装置性能的好坏不仅影响着列车制动效果，而且影响着铁路运输生产的安全与效益。

（1）确保行车安全。

（2）促进机车牵引力的发挥，增大列车编组重量，提高列车运行限制速度。

（3）提高列车的区间通过能力。

3）制动装置的分类

（1）按照用途分类。

按照用途，制动装置一般分为机车制动机、货车制动机、客车制动机与动车组制动机等类型。

（2）按照操纵方法和动力来源分类。

按照操纵方法和动力来源，制动装置一般分为人力制动机、空气制动机、电空制动机、真空制动机（见图 1-6）、电磁制动机等类型。

4. 机车制动机

机车制动机是机车的重要组成装置。机车制动机由制动阀、制动主管、分配阀、指令接收和执行装置，以及制造、储存压力空气的空气压缩机、总风缸等风源部

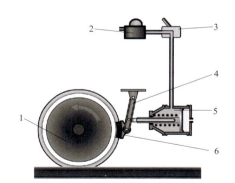

1—车轮；2—真空泵；3—制动阀；
4—闸瓦吊杆；5—制动缸；6—闸瓦。
图 1-6　真空制动机

件组成。由于机车制动机采用的制动机有空气制动机、电空制动机等不同型式，故发出的指令可以通过电气指令线，也可以通过制动主管空气压力变化来传递。

　　机车制动机应具备的基本功能包括列车自动制动与机车单独制动、空气制动与动力制动的混合（空电联合制动）、制动机重联、断钩保护、无动力回送、列车电空制动、与列车速度监控装置的配合，以及停放制动控制等功能。

📢 **单元思考要点：机车制动机的基本功能**

_____

_____

_____

_____

拓展知识：黏着力

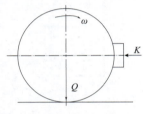

图 1-7　理想制动环境

　　沿钢轨自由转动的车轮，具有不断变化的瞬时转动中心，车轮和钢轨的各个接触点在它们接触的瞬间是没有相对运动的，轮轨之间的纵向水平作用力就是物理学上说的静摩擦力。实际运用过程中，问题比较复杂。车轮和钢轨在很高的压力作用下都有变形，轮轨间实际上是椭圆面接触而不是点接触，不存在理想的瞬时转动中心。机车、车辆车轮与钢轨间不可避免地要发生冲击和各种振动，车轮滚动的同时还伴随着微量的纵向和横向滑动，即不是纯粹的"静摩擦"状态。因此，在分析轮轨间纵向力问题时，用"黏着"的概念代替"静摩擦"。相应地，轮轨间水平作用力的最大值就叫黏着力 F_μ，而黏着力与轮轨间垂直载荷 Q 的比值就叫黏着系数 μ。同摩擦力与摩擦系数的关系一样，黏着力 F_μ 与黏着系数 μ 的关系如下。

$$F_\mu = Q \cdot \mu$$

式中：F_μ——黏着力，kN；

　　　Q——车轮荷重，kN；

　　　μ——轮轨间的制动黏着系数。

✍ 任务小结

计划方案：_____

组织实施：_____

完成效果：_____

姓名_____　地点_____　方式 不脱产□ 半脱产□ 全脱产□ 日期_____

💬 复习思考

1. 简述制动的定义、制动的实质。

2. 如何对制动方式进行分类？

3. 列车制动装置有哪些主要作用？

4. 简述机车制动机的基本功能。

"机车制动机概述"数字课件。

1.1.3　自动式空气制动机

学习目标

● 自动式空气制动机的工作原理
● 自动式空气制动机的工作特点

1. 自动式空气制动机的工作原理

1）传统自动空气制动机组成

传统自动空气制动机（见图 1-8）由空气压缩机、总风缸、减压阀、制动阀、三通阀、副风缸、制动缸、基础制动装置等组成。传统自动空气制动机主要有充气缓解位、制动位与保压位（中立位）三个工作位置。

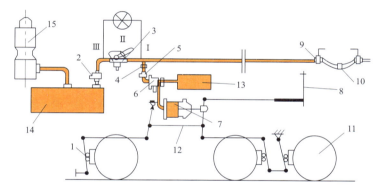

1—闸瓦；2—减压阀；3—制动阀；4、9—折角塞门；5—远心集尘器；6—三通阀；7—制动缸；8—人力制动机；
10—制动软管连接器；11—车轮；12—基础制动装置；13—副风缸；14—总风缸；15—空气压缩机；
Ⅰ—充气缓解位；Ⅱ—保压位（中立位）；Ⅲ—制动位。

图 1-8　传统自动空气制动机

2）传统自动空气制动机三通阀（分配阀）基本作用原理

作为自动空气制动机最重要的部件——三通阀（分配阀），虽然其种类很多，构造也各不相同，但其基本原理是相同的，都是当制动主管充气时，让制动机产生缓解作用；当制动主管减压时，让制动机产生制动作用，三通阀与制动主管、副风缸、制动缸相通，并设有大气通路。阀体内部装有一个气密性良好的主活塞及带孔道的滑阀、节制阀。主活塞外侧通制动主管，内侧通副风缸。三通阀的作用原理如下。

（1）缓解位。

三通阀的作用原理（缓解位）如图 1-9 所示。

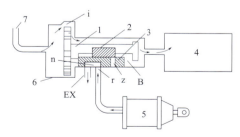

1—主活塞与主活塞杆；2—节制阀；3—滑阀；4—副风缸；
5—制动缸；6—三通阀；7—制动主管；i—充气沟；
B—间隙；z—滑阀制动孔；EX—排风孔；
r—滑阀制动缸孔；n—滑阀缓解联络槽。

图 1-9　三通阀的作用原理（充气缓解位）

当制动阀手柄置于缓解位Ⅰ时，总风缸压力空气经制动阀向制动主管输入。当制动主管压力高于副风缸侧压力时，推动主活塞向右移动到极端位置。主活塞带动节制阀、滑阀左移，开放充气沟，制动主管的压力空气经充气沟向副风缸充气。当副风缸的空气压力与制动主管的压力平衡时，充气过程停止。在制动主管空气压力推动主活塞右移的同时，带动滑阀右移，并将制动缸与排风口连通，制动缸内的压力空气便经排风口排向大气。制动缸活塞在复原弹簧作用下左移，并通过基础制动装置带动闸瓦离开车轮，列车呈缓解状态。

（2）制动位。

三通阀的作用原理（制动位）如图1—10所示。

当制动阀手柄置于制动位Ⅲ时，制动阀将制动主管内压力空气排往大气，制动主管压力下降。主活塞两侧压力失去平衡，副风缸的空气压力推动主活塞向左移动，充气沟被关闭。主活塞的左移首先带动节制阀左移一个间隙，再带动滑阀继续左移，使副风缸经滑阀上下贯通孔与制动缸连通，副风缸向制动缸充风，制动缸压力上升。制动缸活塞右移，并通过基础制动装置使闸瓦紧压车轮而产生制动作用。

（3）保压位（中立位）。

三通阀的作用原理（保压位）如图1—11所示。

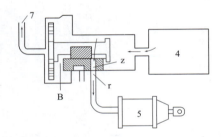

4—副风缸；5—制动缸；7—制动主管；
B—间隙；z—滑阀制动孔；r—滑阀制动缸孔。
图1—10　三通阀的作用原理（制动位）

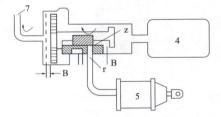

4—副风缸；5—制动缸；7—制动主管；
B—间隙；z—滑阀制动孔；r—滑阀制动缸孔。
图1—11　三通阀的作用原理（保压位）

当制动阀手柄从制动位Ⅲ移到保压位Ⅱ时，制动主管压力不再下降。由于三通阀原来已呈制动位，故副风缸内的空气通过滑阀与滑阀座上的孔继续充入制动缸。当副风缸空气压力下降到略低于制动主管压力时，主活塞被制动主管压力推动向右移动一个间隙。由于主活塞两侧压差甚微，仅能克服节制阀的阻力移动至接触滑阀时止，而不能带动滑阀一起右移。节制阀将滑阀上的副风缸与制动缸通路遮断，副风缸停止降压，制动缸压力亦不再上升，制动机呈保压状态。

通过分析三通阀的作用原理可以看出，三通阀主要依靠主活塞两侧的制动主管压力与副风缸压力的压力差或压力平衡来控制动作，通常称这种制动机为二压力机构制动机，这种制动机具有一次缓解的特点。

3）自动式空气制动机工作原理

列车在运行中或需要缓解时，司机将制动阀手柄置于缓解位Ⅰ。此时，总风缸的压力空气经减压阀降至规定压力后，通过制动阀通向制动主管，并通过三通阀，同时向副风缸充气。与此同时，制动缸压力空气经三通阀排风口排往大气。简而言之，制动阀手柄在缓解位Ⅰ时，副风缸充气，制动缸排气，列车缓解。

当制动主管和副风缸充气到规定压力（货物列车 500 kPa，旅客列车 600 kPa）时，由于减压阀调定值的限制，即使制动阀手柄在缓解位 Ⅰ，制动主管的压力值充至额定压力后即实现保压。当制动主管由于泄漏造成压力下降时，总风缸的压力空气经减压阀会自动向制动主管补风。

列车在运行中需要制动时，司机可将制动阀手柄由缓解位 Ⅰ 移至制动位 Ⅲ。此时，制动主管的压力空气经制动阀排风口排往大气。由于制动主管减压，三通阀产生动作，主活塞带动节制阀、滑阀将制动缸经三通阀通大气的通路切断。副风缸的压力空气经三通阀去往制动缸，制动缸的压力逐渐上升，并通过基础制动装置的动作，使列车产生制动作用。

2. 自动式空气制动机的工作特点

由于自动式空气制动机具有制动主管增压缓解、减压制动（充风缓解、排风制动）的特点，故列车发生分离或使用紧急制动阀时，列车会排风制动。

📢 **单元思考要点：自动式空气制动机的工作原理**

_____

_____

_____

🖥 **榜样标兵：我的岗位我负责，尽心尽责保安全**

某年某月中旬，张××驾驶着前进型蒸汽机车牵引列车在津浦线运行，当行驶至冯家口至大满庄区间时，天气骤变，突降暴雨。面对突如其来的行车困难，张××紧紧握着 ET-6 型制动机手柄，并将头探出窗外密切注意着前方线路状况。忽然，他发现线路上出现一个异物。停车！张××迅速将制动机手柄推至紧急制动位，列车快速停了下来，避免了列车撞轧事故的发生。

我的岗位我负责，尽心尽责保安全。张××等人员不顾狂风暴雨下车检查发现，是一棵大树被连根刮倒侵入线路。机班人员按规处置，并迅速恢复运行。

✏ **任务小结**

计划方案：_____

组织实施：_____

完成效果：_____

姓名_____　地点_____　方式 不脱产□ 半脱产□ 全脱产□ 日期_____

❓ **复习思考**

1. 简述自动式空气制动机的工作原理。
2. 简述自动式空气制动机的工作特点。

▌▌ **数字学习资源** ◣

1. "自动式空气制动机" 数字课件；
2. "自动式空气制动机" 微课。

1.1.4 制动机常用术语

学习目标

- 绝对压力、表压力
- 制动波、制动波速度
- 最小有效减压量、最大有效减压量

1. 压力与压强

理论上，压力与压强是两个不同的物理量。压力是指物体间的相互作用力，其单位为牛（N），而压强则指单位面积上所受力的大小，其单位为帕（Pa）。

在实际生产工作中，人们习惯将空气管路系统中的压强称为压力。例如：制动主管压力为 500 kPa，实际上是指制动主管压强为 500 kPa。

2. 绝对压力及表压力

大气压强简称大气压。通常把 760 mmHg 的压力称为一个标准大气压，换算成国际单位制为 101.333 3 kPa，工程上为计算方便一般取 100 kPa。

绝对压力是指压力空气的实际压力。若气体未被压缩而呈自由状态时，其绝对压力即为大气压力。若处于绝对真空状态，则其绝对压力值为 0。

表压力是指压力表指示的压力值。由于一般压力表只显示高于大气压力的数值，所以绝对压力与表压力的差值为大气压力值，也就是绝对压力等于表压力与大气压力值之和。

3. 空气波与空气波速度

当列车制动或缓解时，全列车的制动主管压力并不是同步减小或增加的。以列车制动为例，首先是列车前部的制动主管压力空气排入大气，制动主管压力开始降低。这一压力下降趋势沿着列车长度由前向后依次传播，列车尾部的制动主管压力开始下降，直至最后车辆与前部车辆的减压量一致。这种由前向后的压力降低的传播称为空气波。空气波传播的速度为空气波速度。

4. 制动波与制动波速度

对自动式空气制动机而言，由于空气波的存在，列车中每辆车的制动机的制动作用并不是同时、同步发生的，而是有一个逐辆产生的过程。理想情况下，即各车辆制动机的性能完全相同，则制动作用将沿列车长度方向，由前至后逐辆发生，这一现象称为制动波。制动波的传播速度称为制动波速度。

5. 缓解波与缓解波速度

对自动式空气制动机而言，缓解波与缓解波速度同制动波与制动波速度的概念相似。即当司机操纵制动机实施列车缓解时，缓解作用沿列车长度方向由前至后依次传播的现象，称为缓解波。缓解波的传播速度称为缓解波速度。

6. 稳定性、安定性与灵敏性

1）稳定性

对自动式空气制动机而言，当制动主管的减压速率低于某一数值范围时，制动机不应发生制动作用，此称为制动机的稳定性。也就是说，制动机要产生制动作用，除了制动主管减压量要达到一定压力值外，减压速率还应达到一定值。我国规定：当由于泄漏等原因造成的

制动主管减压速率小于 20 kPa/min 时，列车制动机不应产生制动作用。

2）安定性

对自动式空气制动机而言，当制动主管的减压速率达到常用制动灵敏度规定值时，制动机必须产生制动作用。制动主管减压速率没有达到紧急制动灵敏度规定值时不产生紧急制动。常用制动时制动主管减压速率为 10～40 kPa/s；紧急制动时制动主管减压速率大于 70 kPa/s。

3）灵敏性

当制动主管在一定的减压（增压）速率下，经过一定的减压量（一定的时间），制动机必须产生制动作用（缓解作用）的性能称为灵敏性。

7. 最小有效减压量、最大有效减压量

1）最小有效减压量

无论何种类型的机车制动机，都以控制全列车实现制动、缓解与保压为目的，而只有全列车的闸瓦均压紧车轮，才能有效地产生制动作用。对自动式空气制动机而言，由于制动机各阀中有阻力的存在，制动动作需要建立一定的压差，且制动缸存在缓解弹簧的反拨力。所以要产生制动力，制动主管减压量必须要达到一个最小值，这一最小值称为制动主管最小有效减压量。

通过理论计算与实际运用，机车最小有效减压量选取 40 kPa；牵引列车时，最小有效减压量选取 50 kPa；牵引编组 60 辆以上时，最小有效减压量选取 70 kPa。

2）最大有效减压量

对自动式空气制动机而言，制动主管减压量达到一定值时，副风缸与制动缸的压力将达到平衡状态，若制动主管再继续减压，制动缸的压力也不会上升，这个使双方压力均衡的制动主管减压量，称为制动主管最大有效减压量。

通过理论计算与实际运用，制动主管定压为 500 kPa 时，最大有效减压为 140 kPa；制动主管定压为 600 kPa 时，最大有效减压量为 170 kPa。

📢　**单元思考要点：制动机常用术语**

_____

_____

_____

🔖　**拓展知识：制动缸压强的计算**

常用制动过程中，分析制动机制动主管、副风缸和制动缸之间的变化关系时，应做如下考虑。

（1）当制动主管的减压量过小无法克服三通阀摩擦阻力时，制动主管与副风缸的连通通路并未被三通阀主活塞、节制阀、滑阀切断时，制动主管与副风缸的空气压力是平衡的。

（2）制动时，进入制动缸的空气量等于副风缸排出的空气量，而副风缸减压后的压力与制动主管压力是平衡的。

（3）在制动计算中，副风缸与制动缸的容积之比选取 3.25∶1。该容积之比并不是副风缸和制动缸的实际比值，而是考虑到各空气通路所占有的容积和泄漏量等因素后的换算比值。

下面，以副风缸内的压力空气为研究对象，根据波义耳·马略特定律列方程式：

$$p_0' V_f = (p_0' - r)V_f + p_1' V_z$$

化简得

$$p_1' = \frac{V_f}{V_z} \times r$$

或

$$p_1 = \frac{V_f}{V_z} \times r - 100$$

式中：V_f——副风缸容积，m^3；

　　　V_z——制动缸容积，m^3；

　　　p_0'——制动主管定压，绝对压力，kPa；

　　　p_1'——制动缸压力，绝对压力，kPa；

　　　p_1——制动缸压力表压力，kPa；

　　　r——制动主管减压量，kPa。

制动缸压力与制动主管的减压量有关，与副风缸和制动缸的容积之比有关。

📝 任务小结

计划方案：_____

组织实施：_____

完成效果：_____

姓名_____　地点_____　方式 不脱产□ 半脱产□ 全脱产□ 日期_____

❓ 复习思考

1. 何谓表压力？
2. 简述制动波与制动波速度的概念。
3. 试解释最小有效减压量、最大有效减压量的概念。

▌▌▌ 数字学习资源 ▌▌▌

"制动机常用术语"数字课件。

任务 1.2　DK-1 型电空制动机的构成、原理及部件间的关系

DK-1 型电空制动机是以电信号作为控制指令，以压力空气作为动力源的自动式空气制动机。其作为机车制动机安装在国产韶山系列电力机车上。DK-1 型电空制动机早期采用继电器控制电路对制动机系统进行控制。在此基础上，科研人员创新性地研制了逻辑控制装置 DKL，安装在 SS$_{7E}$ 型、SS$_8$ 型、SS$_9$ 型等电力机车上，取代了原有的中间继电器、阻流二极管与压敏电阻的控制方式。

▶ **任务知识点**

1. DK-1 型电空制动机的主要特点
2. DK-1 型电空制动机的结构、组成（重点）
3. DK-1 型电空制动机的互控关系（难点）

▶ **任务技能要求**

1. 掌握 DK-1 型电空制动机的主要特点
2. 掌握 DK-1 型电空制动机的结构、组成
3. 熟知 DK-1 型电空制动机的互控关系

学习目标

- DK-1 型电空制动机的主要特点
- DK-1 型电空制动机的结构、组成
- DK-1 型电空制动机的控制关系

1. DK-1 型电空制动机的主要特点

DK-1 型电空制动机采用电信号传递控制指令，其具有以下特点。

（1）DK-1 型电空制动机减压准确、充风快、操纵手柄轻巧灵活、司机室内噪声小、结构简单、便于维修。

（2）失电制动。如因制动系统电器或线路故障而失电时，DK-1 型电空制动机将立即进入常用制动状态并实施制动，以保证列车运行安全。

（3）具有电空制动机和空气制动机两种功能。电空位时作为电空制动机使用；当电空控制系统故障时，经人为转换，将其由电空位转换至空气位使用，以空气制动机的方式维持运行，即具有备用制动功能。

（4）非自动保压。DK-1 型电空制动机制动减压量随着电空制动控制器手柄在制动位停留时间的延长而增加，直至最大减压量。操作中，当减压量达到所需值时，将手柄由制动位转换到中立位进行保压。

（5）双端或单端操纵。如在双端操纵的 SS$_9$ 型电力机车上设置了一套完整的双端操纵制动机系统；在两节式 SS$_4$ 改型电力机车上安装了两套完整的操纵制动系统，每节机车既可以单独使用，亦可以通过重联装置实现两节机车或多节机车重联运行。

（6）与机车其他系统配合。DK-1 型电空制动机能够与列车安全运行监控记录装置、动力制动系统等进行配合，以适应高速、重载列车的运输需要。

（7）采用制动逻辑控制装置。实现了机车制动控制电路的简统化。

（8）电空制动机控制功能。与 104 型车辆电空制动机、F8 型电空制动机配合使用，能满足准高速旅客列车的牵引需要。

2. DK-1 型电空制动机的性能

DK-1 型电空制动机单独制动性能及技术要求见表 1-3。DK-1 型电空制动机自动制动性能及技术要求（列车管定压 500 kPa）见表 1-4。DK-1 型电空制动机辅助性能及技术要求见表 1-5。

表 1-3 DK-1 型电空制动机单独制动性能及技术要求

序号	项　目	技术要求
1	全制动时制动缸最高压力	300 kPa
2	制动缸压力由 0 升至 280 kPa 的时间	≤4 s
3	缓解位制动缸压力由 300 kPa 降至 40 kPa 的时间	≤5 s

表 1-4 DK-1 型电空制动机自动制动性能及技术要求（列车管定压 500 kPa）

序号	项　目	技术要求
1	初制动列车管减压量	40～50 kPa
2	运转位，列车管压力由 0 升至 480 kPa 的时间	≤9 s
3	均衡风缸自 500 kPa 降至 360 kPa 的时间	5～7 s
4	全制动时制动缸最高压力	340～380 kPa
5	全制动时制动缸升压时间	6～8 s
6	制动缸压力由最高值缓解至 40 kPa 的时间	≤7 s
7	紧急位，列车管压力由定压排至 0 的时间	≤3 s
8	紧急位制动制动缸最高压力	（450±10）kPa
9	紧急位制动制动缸压力升至 400 kPa 的时间	≤5 s

表 1-5 DK-1 型电空制动机辅助性能及技术要求

序号	项　目	技术要求
1	手柄置紧急位，切除动力	牵引手柄有级位切除，无级位不切除
2	列车分离保护	切除机车动力源，切除列车管补风，列车产生紧急制动
3	制动系统失电	常用制动
4	自动常用制动和自动紧急停车	与列车运行监控记录装置配合，实施常用制动和实施紧急制动
5	与动力制动协调配合	动力制动初始时自动产生空气制动，列车管减压 40～50 kPa，25～28 s 后空气制动自动消除，机车保持动力制动

DK-1 型电空制动机由于具有与电气线路结合的特点，从而具有一些空气制动机难以具备的多重安全性能。

（1）紧急制动时自动选择切除动力。紧急制动时能自动选择切除动力，即在牵引与电制工况时切除动力源，而在惰行工况时不切除动力源。

（2）列车分离保护。运行中遇列车突然分离，造成列车管压力空气迅速排往大气。该制动机通过与其他系统配合自动切断列车管风源和动力源，从而迅速停车。

（3）动力制动和空气制动的协调配合。动力制动实施前能自动产生空气制动，经一定时间间隔后自动缓解空气制动。此后，需继续追加制动力时，机车不再产生空气制动。

（4）列车电空制动。该制动机与列车电空制动系统配合，实现列车制动、保压与缓解的同步。

（5）与列车运行监控记录装置的配合。该制动机与列车运行监控记录装置配合，对列车实行强迫紧急制动和强迫常用制动。

3. DK-1型电空制动机的结构、组成

DK-1型电空制动机由电气线路和空气管路两部分组成。根据制动机的设备安装情况，其可分为操纵台、制动屏柜及空气管路。

1）操纵台

操纵台部分主要包括司机操纵台、副司机操纵台。

（1）司机操纵台上设有电空制动控制器（见图1-12）、空气制动阀（见图1-13）、压力表与紧急停车按钮等。

图1-12　电空制动控制器　　　　图1-13　空气制动阀

① 电空制动控制器（俗称大闸）：用来控制全列车的制动、保压与缓解。

② 空气制动阀（俗称小闸）：在正常情况下，空气制动阀用来单独控制机车的制动、保压与缓解。电控部分出现故障时，通过电、空转换后，可以控制全列车的制动、保压与缓解，并控制机车的缓解。

③ 压力表：设置了两块双针压力表和一块单针压力表。一块双针压力表用于显示总风缸与均衡风缸压力，另一块双针压力表用于显示制动缸的压力，一块单针压力表用于显示列车管压力。

④ 紧急停车按钮。当副司机发现有危及行车安全和人身安全的情况，来不及通告司机时，可直接按下紧急停车按钮，使列车紧急制动停车。

⑤ 紧急放风阀：当制动机失效时，可使用手动紧急放风阀直接排出列车管内的压力空气，使列车紧急制动停车。

（2）司机操纵台柜内设置了空气制动阀调压阀、分水滤气器、截断塞门、喇叭电空阀和撒砂电空阀等。

（3）司机室后墙壁设置了手制动装置。

2）制动屏柜

制动屏柜又称电空制动屏柜、气阀柜。其内部主要设置了制动逻辑控制装置、分配阀、中继阀、电空阀、压力控制器、风压继电器、压力开关、工作风缸、控制风缸、无动力装置滤尘器与各种阀门。

（1）电空阀：接受电空制动控制器的电信号指令，用以连通或切断相应气路。

（2）调压阀：将来自总风缸的压力空气调整至规定值，并向气动部件提供稳定的压力空气。

（3）双阀口式中继阀：根据均衡风缸的压力变化来控制列车管的压力变化。

（4）总风遮断阀：控制双阀口式中继阀的充风风源。实际运用中将双阀口式中继阀和总风遮断阀统称中继阀。

（5）分配阀：根据列车管压力变化来控制容积室和作用管的压力变化，或由空气制动阀

直接控制容积室和作用管的压力变化，从而通过均衡部控制机车制动缸的压力变化，以实现机车的制动、保压与缓解作用。

（6）电动放风阀：接受列车运行监控记录装置或紧急停车按钮的指令，迅速排出列车管压力空气，以确保产生紧急制动作用。

SS$_8$型电力机车制动屏柜结构图如图 1—14 所示。

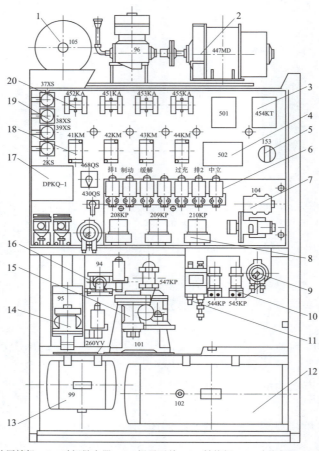

1—辅助风缸；2—辅助压缩机；3—时间继电器；4—钮子开关；5—转换阀；6—电空阀；7—中继阀；8—压力开关；
9—双针压力表；10—风压继电器；11—压力控制器；12—控制风缸；13—工作风缸；14—紧急阀；15—分配阀；
16—电动放风阀；17—平稳控制器；18—直流接触器；19—插座；20—中间继电器。

图 1—14　SS$_8$型电力机车制动屏柜结构图

（7）紧急阀：紧急制动时，加速列车管的排风，同时联动电气联锁，断开主断路器，切除牵引工况下的机车动力。

（8）压力开关：根据均衡风缸压力的变化实现相关电路的联锁控制。

（9）时间继电器及中间继电器：实现电路的相关联锁和自动控制。

（10）转换阀：进行空气管路转换。

（11）制动逻辑控制装置：实现制动系统电路的逻辑控制。

3）空气管路

空气管路性能的好坏决定着制动机能否正常、可靠地工作。DK—1 型电空制动机空气管路主要包括管道滤尘器、截断塞门、折角塞门、软管、防尘堵盖、管路及管路连接件等。

 单元思考要点：DK-1 型电空制动机的结构、组成

4. DK-1 型电空制动机的互控关系

DK-1 型电空制动机有两种工作工况。

电空位：空气制动阀的电空转换扳键置于电空位，制动屏柜转换阀置于电空位。电空制动控制器操纵全列车的制动、保压或缓解作用，空气制动阀单独控制机车的制动、保压或缓解作用。

空气位：电空制动控制器等部件故障时，将空气制动阀的电空转换扳键置于空气位，空气制动阀手把置于缓解位，用调压阀调整压力至 500 kPa 或 600 kPa，制动屏柜转换阀置于空气位，由空气制动阀操纵全列车的制动、保压与缓解作用，并能单独缓解机车制动。

部件的控制关系如下。

1）本务机车

（1）电空位。

操纵列车：

电空制动控制器→电空阀→均衡风缸→中继阀→列车管→车辆制动机
　　　　　　　　　　　　　　　　　　　 ↳机车分配阀→机车制动缸

操纵机车：

空气制动阀→作用管→机车分配阀→机车制动缸

（2）空气位。

操纵列车：

空气制动阀→作用管→均衡风缸→中继阀→列车管→车辆制动机
　　　　　　　　　　　　　　　　　 ↳机车分配阀→机车制动缸

操纵机车：

空气制动阀（下压手把）→作用管→机车分配阀→机车制动缸

2）重联机车

本务机车制动缸→本务机车重联阀→平均管→重联机车重联阀→重联机车作用管→重联机车分配阀→重联机车制动缸

拓展知识：JZ-7 型空气制动机

JZ-7 型空气制动机是我国内燃机车的主型制动机。该型制动机主要采用二、三压力混合机构的分配阀，可客、货机车兼用，既具有一次缓解作用，又具有阶段缓解作用。机车自动制动阀、单独制动阀均采用自动保压设计，不设中立位或保压位。结构上采用橡胶膜板、柱塞阀、O 形密封圈、止回阀等零部件，不仅可以延长检修周期，且制造、运用与维修工作更加方便。制动阀采用凸轮结构，手柄操纵时轻快、方便，不受气温高低的影响。自动制动阀设有过量减压位，当列车在长大下坡道地段遇到列车管、副风缸充气不足的情况下仍能有效地产生制动作用。设有过充位，牵引长大货物列车时可以缩短向列车管、副风缸充气的时间，且无回风之患。由于增大了中继阀双阀口充气通路和排气通路的有效面积，故具有充气快和排气快的特点。

✎ 任务小结

计划方案：_____

组织实施：_____

完成效果：_____

姓名_____ 地点_____ 方式 不脱产□ 半脱产□ 全脱产□ 日期_____

💬 复习思考

1. DK-1型电空制动机有哪些技术特点？
2. 简述DK-1型电空制动机的结构与组成。
3. 简述DK-1型电空制动机的互控关系。

数字学习资源

"DK-1型电空制动机的结构、组成"数字课件。

任务1.3 CCBⅡ型制动机的构成、原理及部件间的关系

CCBⅡ型制动机是一种基于网络的电空制动机，其设计符合美国铁路协会（AAR）干线客运和货运机车标准规范。CCBⅡ型制动机利用线上可替换的单元 LRU（line replaceable unit），被设计成一种分布式结构，每个可替换的单元包含自诊断功能。该制动机具备多项冗余功能，具有独一无二的识别、重新组合和发生故障时备份关键部件的功能。

▶ 任务知识点

1. CCBⅡ型制动机的主要特点
2. CCBⅡ型制动机的控制原则（重点）
3. CCBⅡ型制动机的结构、组成
4. CCBⅡ型制动机的互控关系（难点）

▶ 任务技能要求

1. 掌握CCBⅡ型制动机的主要特点
2. 掌握CCBⅡ型制动机的控制原则
3. 认识CCBⅡ型制动机的结构、组成
4. 熟知CCBⅡ型制动机的互控关系

📖 学习目标

● CCBⅡ型制动机的主要特点
● CCBⅡ型制动机的控制原则

- CCBⅡ型制动机的结构、组成
- CCBⅡ型制动机的控制关系

1. CCBⅡ型制动机的主要特点

CCBⅡ型制动机基于网络控制均衡风缸压力变化，控制制动主管压力变化。该制动系统具有以下特点。

（1）控制准确性高，反应迅速。

（2）包含大量的冗余功能，安全性较高。

（3）部件集成度高，可进行部件的线路更换，维护简单。

（4）每个 LRU 模块均具备自身诊断能力，具有故障显示及处理方法提示功能。

（5）系统内部通过 LON（local operating network）网进行通信，系统同机车间通过 MVB（multifunction vehicle bus）网进行通信。

2. CCBⅡ型制动机的控制原则

（1）优先使用机车动力制动。

（2）通过自动制动阀或监控装置实施常用制动，经过计算，机车施加与空气制动力相当的动力制动，车辆施加空气制动。

（3）通过自动制动阀、紧急放风阀或监控装置实施紧急制动，经过计算，机车施加与空气紧急制动力相当的动力制动，车辆施加空气紧急制动。

（4）通过紧急按钮实施紧急制动时，机车断开主断路器后施加空气制动，车辆施加空气制动。该紧急按钮为非常情况（如机车主断路器黏结等故障）设计。

（5）通过单独制动阀实施制动，机车施加空气制动。

（6）通过司机控制器可以施加动力制动，其最大值为 480 kN。

（7）若司机控制器和自动制动阀同时实施动力制动，取其大值。

（8）若单独制动阀施加的空气制动大于 90 kPa，机车将不再施加或切除动力制动；若单独制动阀施加的空气制动小于 60 kPa，机车可以施加动力制动或恢复动力制动。

> 📢 单元思考要点：CCBⅡ型制动机的控制原则
>
> _____
>
> _____
>
> _____

3. CCBⅡ型制动机的性能

CCBⅡ型制动机单独制动性能及技术要求见表 1-6。CCBⅡ型制动机自动制动性能及技术要求（制动主管定压 500 kPa）见表 1-7。

表 1-6　CCBⅡ型制动机单独制动性能及技术要求

序号	项　　目	技术要求
1	全制动时制动缸最高压力	300 kPa
2	制动缸压力由 0 升至 280 kPa 的时间	≤3 s
3	缓解位制动缸压力由 300 kPa 降至 35 kPa 的时间	≤5 s

表 1-7　CCBⅡ型制动机自动制动性能及技术要求（制动主管定压 500 kPa）

序号	项　　目	技术要求
1	初制动制动主管减压量	50 kPa
2	运转位，制动主管压力由 0 升至 480 kPa 的时间	≤9 s
3	均衡风缸自 500 kPa 降至 360 kPa 的时间	5～7 s
4	全制动时制动缸最高压力	360 kPa
5	全制动时制动缸升压时间	6～8 s
6	紧急位，制动主管压力由定压排至 0 的时间	≤3 s
7	紧急位制动制动缸最高压力	450 kPa
8	紧急位制动制动缸压力升至 450 kPa 的时间	3～5 s 增至 200 kPa，并继续增至 450 kPa

1）CCBⅡ型制动机紧急制动的触发方式

（1）自动制动阀置紧急位。

（2）开放紧急放风阀触发紧急制动。

（3）按下操纵台紧急按钮触发紧急制动，并发出断开主断路器信号。

（4）微处理器模块 IPM（integrated processor module）触发紧急制动。

（5）监控装置触发紧急制动。

（6）列车断钩分离触发紧急制动。

2）总风缸压力低保护

当总风缸压力低于 500 kPa 时，列车控制系统接收到压力传感器信号，不允许机车加载输出牵引力。

4. CCBⅡ型制动机的结构、组成

1）司机室

司机室操作台安装有制动显示屏 LCDM（locomotive cab display module）、双针压力表 D66、D67、电子制动阀 EBV（eletronic brake valve）和紧急制动阀 N69 等部件。

制动显示屏 LCDM 如图 1-15 所示。电子制动阀 EBV 如图 1-16 所示。

图 1-15　制动显示屏 LCDM

图 1-16　电子制动阀 EBV

2）机械间

机械间设有制动柜。制动柜主要包括控制部分和辅助功能控制部分。控制部分主要包括电空控制单元 EPCU（eletro-pneumatic control unit）、升弓控制模块、调压器模块、紧急放风控制模块、I/O 模块、微处理器模块 IPM、继电器接口模块 RIM（relay interface module）、停放制动辅助控制模块、撒砂控制模块、弹簧停放制动控制模块、制动缸切除控制模块等。

电空控制单元 EPCU 如图 1–17 所示，继电器接口模块 RIM 如图 1–18 所示，HXD₃ 型电力机车制动柜如图 1–19 所示。

图 1–17　电空控制单元 EPCU

图 1–18　继电器接口模块 RIM

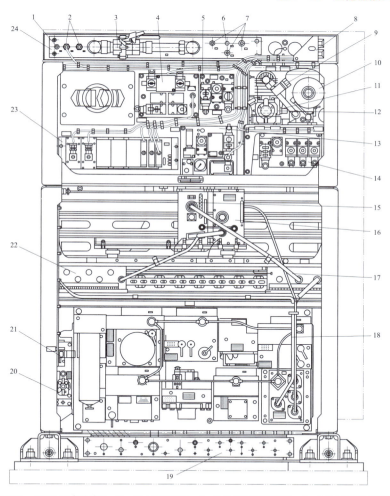

1—B09 测试口；2—B06/1、B06/2 压力传感器；3—A24 总风塞门；4—B40 弹簧停车模块；5—B50 踏面清扫模块；6—B29 测试口；7—B28/ B30/B34 压力传感器接口；8—电气接口；9—U81 安全阀；10—U83 干燥风缸；11—U84 压力开关；12—U80 辅助空压机；13—U43 升弓模块；14—F41 撒砂模块；15—B46 微处理器模块 IPM；16—B47 继电器接口模块 RIM；17—B49 电缆箱；18—B20 电空控制单元；19—空气接口；20—Z10.22 闸缸塞门；21—Z10.36 紧急电磁阀；22—B48 电源盒；23—G1 电子防滑器；24—空气接口。

图 1–19　HXD₃ 型电力机车制动柜

机械间还设有辅助功能控制部件，主要包括辅助压缩机、辅助干燥器、干燥风缸、总风截断塞门、升弓钥匙塞门接口、辅助压缩机按钮等。

机械间还包括紧急制动阀和快速排风阀。

3）车端

车端设有各种折角塞门、软管、防尘堵盖等。

4）车侧

车侧设有制动指示器（包括双指示器和单指示器）。

5. CCBⅡ型制动机的互控关系

电空控制单元 EPCU 由通过 LON 网进行通信的均衡风缸控制单元 ERCP（equalizing reservoir control portion）、制动主管控制单元 BPCP（brake pipe control portion）、16 号管控制单元 16CP、20 号管控制单元 20CP 和 13 号管控制单元 13CP 5 个智能的在线可替换单元 LRU，制动缸控制单元 BCCP（brake cylinder control portion）、电源盒 PSJB（power supply & junction box）、DB 三通阀 DBTV（pneumatic backup triple valve portion）3 个非智能单元，无动力装置、空气过滤屏与 EMV（emergency magnet valve）电磁阀组成。

CCBⅡ型制动机主要部件控制关系如下。

1）本务/投入

操纵列车：

自动制动阀→ERCP→BPCP→制动主管→车辆制动机
　　　　　　　　　　　　　　　　└→16CP→BCCP→机车制动缸

操纵机车：

单独制动阀→20CP→BCCP→机车制动缸
　　　　　　　　　　└→平均管→重联机车制动缸

2）备用制动

备用制动指系统采用纯机械三通阀 DBTV 来代替电子控制 16CP 产生制动缸管控制压力。

自动制动阀→ERCP→BCCP→制动主管→车辆制动机
　　　　　　　　　　　　　　　　└→DBTV→BCCP→机车制动缸

3）ER 备用

ERCP 失效，它的功能由 16CP 和 13CP 实现，此过程由软件控制自行进行切换。

自动制动阀→16CP/13CP→BPCP→制动主管→车辆制动机
　　　　　　　　　　　　　　　　　└→DBTV→BCCP→机车制动缸

4）单独制动备用

20CP 失效时，16CP 将响应单独制动手柄的指令，控制本务机车制动缸的压力。

单独制动阀→16CP→BCCP→机车制动缸

📇 **拓展知识：法维莱制动机**

法维莱制动机是在吸收法国 PRIMA 机车空气制动机的基础上，为满足中国铁路要求开发的新一代机车制动机。其主要安装于 HXD$_1$、HXD$_2$ 型电力机车。法维莱制动机在正常工况时，通过计算机控制制动主管和机车制动缸压力实现列车的制动控制。遇制动机系统出现严重故障时，可将机车制动系统转换到备用制动模式进行列车制动控制。法维莱制动机系统主要由制动控制器、显示屏、司机制动阀、制动控制单元、备用制动模块、直通制动模块、停放制动模块、流量计、分配阀和中继阀等组成。法维莱制动机采用阀类与电器部件集中安装的方式，即制动控制单元、备用制动模块、司机制动阀、隔离阀门、线缆盒、分配阀电控模块、紧急制动模块、升弓模块、撒砂模块等集中布置在制动控制柜中。

图 1-20　法维莱制动机制动控制器

法维莱制动机制动控制器如图 1-20 所示。

📝 任务小结

计划方案：_____

组织实施：_____

完成效果：_____

姓名_____　地点_____　方式 不脱产□ 半脱产□ 全脱产□ 日期_____

💬 复习思考

1. 简述 CCBⅡ型制动机的控制原则。
2. 简述 CCBⅡ型制动机的结构与组成。
3. 试述 CCBⅡ型制动机的互控关系。

▌▌▌ 数字学习资源 ▌▌▌

"CCBⅡ型制动机的结构、组成"数字课件。

任务 1.4　DK-2 型电空制动机的构成、原理及部件间的关系

DK-2 型电空制动机是在 DK-1 型电空制动机的基础上，研发的具有自主知识产权的机车制动机新产品。DK-2 型电空制动机具备完善的微机模拟控制、网络通信、故障智能诊断等信息化功能，其主要由制动控制器、后备空气制动阀、显示屏等操纵显示部件，以及制动柜内的制动控制单元、分配阀、紧急阀、中继阀、重联阀、放风阀、电空阀、传感器等组成。

▶ 任务知识点

1. DK-2 型电空制动机的主要特点
2. DK-2 型电空制动机的结构、组成（重点）
3. DK-2 型电空制动机的互控关系（难点）

▶ 任务技能要求

1. 掌握 DK-2 型电空制动机的主要特点
2. 认识 DK-2 型电空制动机的结构、组成
3. 熟知 DK-2 型电空制动机的互控关系

学习目标

- DK−2 型电空制动机的主要特点
- DK−2 型电空制动机的结构、组成
- DK−2 型电空制动机的控制关系

1. DK−2 型电空制动机的主要特点

DK−2 型电空制动机采用微机模拟控制技术，能实现断钩保护、列车充风流量检测、无动力回送、制动重联、列车速度监控配合等制动基本功能，其具有以下特点。

（1）能实现列车自动制动与机车单独制动、空气制动与电气制动的混合（空电联合制动）。

（2）具备单机自检、故障诊断、数据记录与存储等智能化、信息化功能，安全性较高。

（3）具备 MVB 多功能车辆总线、控制器局域网络 CAN（controller area network）等网络通信接口，适应现代机车制动系统信息化及网络控制的发展要求。

2. DK−2 型电空制动机的性能

DK−2 型电空制动机单独制动性能及技术要求见表 1−8。DK−2 型电空制动机自动制动性能及技术要求（列车管定压 600 kPa）见表 1−9。

表 1−8　DK−2 型电空制动机单独制动性能及技术要求

序号	项　目	技术要求
1	全制动时制动缸最高压力	300 kPa
2	制动缸压力由 0 升至 280 kPa 的时间	≤4 s
3	缓解位制动缸压力由 300 kPa 降至 40 kPa 的时间	≤5 s

表 1−9　DK−2 型电空制动机自动制动性能及技术要求（列车管定压 600 kPa）

序号	项　目	技术要求
1	运转位，列车管压力由 0 升至 580 kPa 的时间	≤22 s
2	均衡风缸减压 170 kPa 的时间	6～8 s
3	均衡风缸减压 170 kPa 时，制动缸压力	400～435 kPa
4	均衡风缸减压 170 kPa 时，制动缸升至 400～435 kPa 的时间	7～9.5 s
5	紧急位，列车管压力由定压排至 0 的时间	≤3 s
6	紧急位制动制动缸最高压力	（450±10）kPa
7	紧急位制动制动缸压力升至 450 kPa 的时间	5 s 升至 400 kPa，并继续升至（450±10）kPa

DK−2 型电空制动机的主要性能特点如下。

（1）制动机在列车管定压 500 kPa 或 600 kPa 时均能正常工作。

（2）制动机具有制动稳定性：当列车管压力从定压以每分钟小于 40 kPa 的速度下降时，机车制动缸不起制动作用。

（3）制动机具有常用制动灵敏度：当列车管压力从定压以每秒下降 10～40 kPa 时，在列车管减压 35 kPa 前机车制动缸产生制动作用。

（4）制动机具有紧急制动灵敏度：当列车管减压速度大于每秒 80 kPa 时，机车制动机产生紧急制动。

3. DK-2 型电空制动机的结构、组成

1）司机室

司机室安装了制动系统的各操作部件，包括制动控制器（见图 1-21）、制动显示屏（见图 1-22）、风压表、紧急制动按钮、停放制动/缓解按钮、后备制动阀、单缓按钮、车长阀（见图 1-23），等等。司机操作台如图 1-24 所示。

图 1-21　制动控制器　　　图 1-22　制动显示屏　　　图 1-23　车长阀　　　图 1-24　司机操作台

（1）制动控制器是空气制动的主要操作部件，它的主要功能是发送电信号指令到制动控制单元 BCU（brake control unit）上，为机车制动机提供自动制动和单独制动指令，同时还具备紧急位机械排风功能。

（2）制动显示屏的主要功能是实时显示 BCU 钮子开关的状态信息。

（3）紧急制动按钮可以触发列车或机车紧急制动。

（4）当出现紧急情况时，司机快速拉下车长阀，使机车或列车产生紧急制动。

2）机械间

机械间设有制动柜（见图 1-25）。制动柜是制动系统的重要部分，其主要由骨架、主压缩机起停控制模块、停放制动控制模块、列车/均衡控制模块、制动缸控制模块、撒砂控制模块、升弓控制模块、制动控制单元 BCU 等部件组成。制动系统通过它来实现列车管、制动缸、停放制动的压力控制，同时还能为主压缩机的自动起停控制、撒砂控制提供辅助帮助，为受电弓、主断路器提供压缩空气等功能。

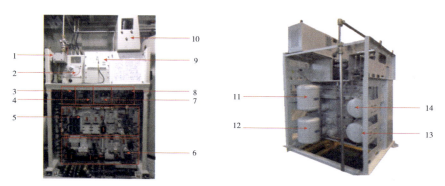

1—骨架；2—安全联锁箱；3—主压缩机起停控制模块；4—停放制动控制模块；5—列车/均衡控制模块；6—制动缸控制模块；
7—撒砂控制模块；8—升弓控制模块；9—制动控制单元 BCU；10—辅助压缩机组；11—停放制动风缸；
12—升弓风缸；13—工作风缸；14—过充风缸。

图 1-25　制动柜

图 1-26　制动指示器

3）车端

车端设有各种折角塞门、软管、防尘堵盖等。

4）车侧

车侧设有显示空气制动和停放制动的指示器。制动指示器如图 1-26 所示。

📢 **单元思考要点：DK-2 型电空制动机的结构、组成**

---

4. DK-2 型电空制动机的互控关系

制动控制单元 BCU 是 DK-2 型电空制动机的核心控制部件，用来实时、快速地处理制动机模拟量、网络通信数据及制动机信息化数据，实现机车制动机控制、状态监控及故障诊断、显示、报警、数据记录和存储、网络通信等功能。制动控制单元 BCU 采用欧式 4U 标准结构框架，由七块 4U 标准插件组成：一块脉冲宽度调制 PWM 板、一块输入板、两块输出板、一块控制板、一块模拟板、一块电源板。

DK-2 型电空制动机主要部件控制关系如下。

1）自动制动作用

DK-2 型机车电空制动机处于电空位。

操纵列车：

自动制动阀→BCU→均衡控制模块→均衡风缸→列车管→车辆制动机
　　　　　　　　　　　　　　　　　　　　　　┗→分配阀→切换阀→机车制动缸

操纵机车：

单独制动阀→BCU→制动缸控制模块→分配阀→切换阀→机车制动缸

2）后备制动

后备制动作用只是作为电空位故障的一种应急补救操纵措施，是一种纯空气的制动作用。

操纵列车：

后备制动阀→均衡风缸→列车管→车辆制动机
　　　　　　　　　　　　┗→分配阀→切换阀→机车制动缸

缓解机车：

单缓按钮→分配阀→切换阀→机车制动缸

3）重联机车

本务机车制动缸→本务机车重联阀→平均管→重联机车重联阀→重联机车作用管→重联机车分配阀→重联机车制动缸

拓展知识：同步操控技术系统

同步操控技术系统源于美国，且主要产品大多出自美国的通用电气公司（General Electric Company，简称 GE 公司）和西屋制动公司（Wabtec）。同步操控技术系统传递操纵信号的通信方式分为无线和有线两种，但基于无线通信方式的动力分散同步操控系统的装车量和使用量要远大于有线方式。从美国开始研究利用电传递信号技术实现前后机车同步操纵，到 1959 年实现机车无线遥控同步牵引控制 Locotrol 系统的首次试验，经过提升改进，该系统在澳大利亚、加拿大等国铁路公司投入运用。随着计算机技术的发展，采用现代化微处理技术的 Locotrol 产品功能扩大了，体积缩小了，可以直接放置在列车中部的从控机车上，并可利用软件的控制进行列车管路连通性测试、泄漏测试，以及对空气流速变化的检测。至 20 世纪 90 年代初，采用微处理器的 Locotrol 系统功能更强，并可提供增强型的用户界面与遥控支持，且能与各种类型的机车和制动系统通信。近年来，采用了更先进的微处理器和固态电子技术的 Locotrol 系统，将处理器模块信息经由机车计算机控制系统传送到司机控制器、空气制动系统、列车尾部装置和司机操作台的通用显示器，并利用处理器模块和双重无线电通信模块通过接口控制和监视从控机车。

2003 年，国际铁路重载专家技术会议讨论决定采用基于无线通信技术的列车控制系统级网络计算机技术，实现有效的运输指挥及安全监控。2004 年，铁道部首次进行 2 万 t 重载组合列车试验并取得成功，我国开始在大秦线采用 Locotrol 技术开行 2 万 t 级重载组合列车。

任务小结

计划方案：_____

组织实施：_____

完成效果：_____

姓名_____ 地点_____ 方式 不脱产□ 半脱产□ 全脱产□ 日期_____

复习思考

1. 简述 DK-2 型电空制动机的结构与组成。
2. 简述 DK-2 型电空制动机的互控关系。

数字学习资源

"DK-2 型电空制动机的结构、组成" 数字课件。

模块 2

电力机车制动系统各部件的功能

电力机车制动系统主要由发出、传递指令的制动阀等控制部件，制动主管（列车管）、分配阀、基础制动装置等指令接收、执行装置，以及制造、储存压力空气的空气压缩机、总风缸等风源部件组成。

模块学习要求

1. 认知电力机车空气管路系统基本组成与功能
2. 熟知空气压缩机的组成、工作原理及主要参数
3. 掌握空气干燥器的构成、工作原理及主要参数
4. 熟知 DK-1 型电空制动机各部件的构造、工作原理及主要参数
5. 掌握 CCB Ⅱ 型电空制动机各部件的构造、工作原理及主要参数
6. 熟知 DK-2 型电空制动机各部件的构造、工作原理及主要参数

任务 2.1　电力机车空气管路系统基本组成与功能

电力机车空气管路系统由风源系统、机车控制管路系统和辅助管路系统等组成，其生产、储备、调节、控制压力空气，并向机车与车辆制动机系统及全列车气动器械提供稳定和洁净的压缩空气。SS_4 改型电力机车空气管路系统按照作用原理可分为风源系统、机车制动机管路系统、控制管路系统和辅助管路系统四大部分。HXD_3 型电力机车空气管路系统按照作用原理可分为风源系统、机车制动控制管路系统、辅助管路系统和基础制动装置管路系统四大部分。

▶ **任务知识点**

1. 电力机车空气管路系统的组成（重点）
2. 电力机车空气管路系统的作用（难点）

▶ **任务技能要求**

1. 掌握电力机车空气管路系统的组成
2. 明确电力机车空气管路系统的作用

2.1.1　SS₄改型电力机车风源系统组成与功能

学习目标

- SS₄改型电力机车空气管路系统的组成
- SS₄改型电力机车空气管路系统的功能与主要参数

1. 风源系统

风源系统是机车空气管路系统的基础，它为机车与车辆制动机系统及全列车气动器械提供稳定和洁净的压缩空气。

1）典型 SS 系列电力机车风源系统

SS 系列电力机车风源系统主要由空气压缩机组、压力控制器、总风缸、止回阀、逆流止回阀、高压安全阀、无负载起动电空阀、空气干燥器或油水分离器、塞门及连接管路等组成。

空气压缩机组用于产生压缩空气，供全列车空气管路系统使用。在运行中，如果一台压缩机组出现故障，可利用另一台压缩机组继续维持运行。

压力控制器根据总风缸压力的变化，自动控制主空气压缩机组的工作，使总风缸压力空气保持在一定的压力范围内。当总风缸空气压力达到最大规定值时，自动切断空气压缩机电动机的电源电路，空气压缩机停止工作。当总风缸空气压力低于最小规定值时，自动闭合空气压缩机电动机的电源电路，空气压缩机恢复工作。

总风缸用来储存压力空气，供全列车空气管路系统使用。

止回阀用于限制压力空气的流动方向。可防止压力空气向空气压缩机气缸逆流，防止压力空气逆流到无负载起动电空阀排向大气。

逆流止回阀的总风重联作用，能使机车总风缸 91、92 压力一致。当机车与车辆之间发生断钩分离事故时，第一总风缸 91 内的压缩空气随拉断的供风管直接排向大气，第二总风缸 92 内的压缩空气只能通过逆流止回阀 50 上的 $\phi6$ mm 逆流小孔缓慢排向大气，确保紧急停车时有压缩空气的保证。

空气干燥器或油水分离器完成压缩空气的净化处理，使干燥、洁净的压缩空气经连接管道送入总风缸。

2）SS₄改型电力机车风源系统

在正常工作状态时，SS₄改型电力机车风源系统的工作过程可以分为压缩空气的生产、压力控制、压缩空气的净化、压缩空气的储存与总风的重联五个环节。SS₄改型电力机车风源系统组成如图 2-1 所示。

风源系统正常工作状态的压缩空气通路如下。

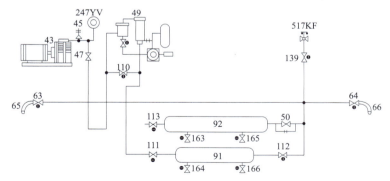

43—空气压缩机；45—高压安全阀；47—止回阀；49—空气干燥器；50—逆流止回阀；63、64—折角塞门；65、66—总风连接软管；91、92—总风缸；110～113—塞门；139—塞门；163～166—排水阀；247YV—起动电空阀；517KF—压力控制器。

图 2-1　SS₄改型电力机车风源系统组成

```
                    ┌→ 高压安全阀45〔（950±20）kPa〕
空气压缩机43 ─┼→ 止回阀47→冷却管→空气干燥器49→塞门111→第一总风缸91 ┐
                    └→ 起动电空阀247YV→塞门110 ──────────────────┘
      ┌──────────────────────────────────────────────
      │                ┌→ 塞门139→压力控制器517KF
      └→ 塞门112 ─┼→ 逆流止回阀50→第二总风缸92→塞门113→总风管→制动机、气动机械
                        └→ 总风联管→折角塞门63、64→总风连接软管65、66→重联机车风源系统
```

SS$_4$ 改型电力机车组由两节完全相同的机车组成，每节机车上的空气管路系统可以单独运用，并且可以通过空气管路系统实现同型机车的重联运用。每节机车安装一台排气量为 3 m³/min 的 VF−3/9 型空气压缩机 43 生产压缩空气。压缩空气的压力控制由 YWK−50−C 型压力控制器 517KF 根据总风缸压力的变化，自动闭合或切断空气压缩机电动机电源。司机亦可利用强泵风按钮操纵空气压缩机的起动与停转。空气压缩机生产的压力空气经冷却管后进入空气处理量为 3～5 m³/min 的 DJKG−A 型干燥塔，在干燥塔的滤清筒、干燥筒内进行净化处理后进入总风缸储存。第一总风缸 91 容积为 290 L，第二总风缸 92 容积为 612 L。

3）SS$_4$ 改型电力机车辅助管路系统

设置辅助管路系统的目的：解决机车长期停放造成机车总风缸或控制风缸压力较低时，机车升起受电弓与闭合主断路器的控制管路系统用风问题。

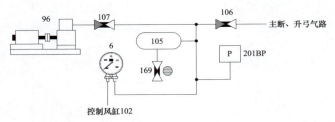

6—压力表；96—辅助压缩机；105—辅助风缸；
106、107—止回阀；169—排水阀；201BP—压力传感器。

图 2−2　SS$_4$ 改型电力机车辅助管路系统

SS$_4$ 改型电力机车辅助管路系统主要由辅助压缩机 96，止回阀 106、107，辅助风缸 105，排水阀 169，压力传感器 201BP，压力表 6 等组成。SS$_4$ 改型电力机车辅助管路系统如图 2−2 所示。

2. 机车控制管路系统

SS$_4$ 改型电力机车控制管路系统由受电弓、升弓电空阀、主断路器、辅助压缩机、膜板塞门、控制风缸、压力传感器等组成，如图 2−3 所示。

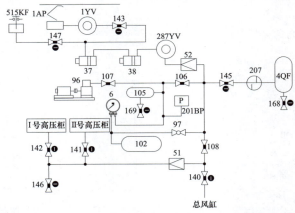

1AP—受电弓；4QF—主断路器；1YV—升弓电空阀；6—双针压力表；51、52—调压阀；96—辅助压缩机；97—膜板塞门；102—控制风缸；
105—辅助风缸；106～108—止回阀；140～143、145～147—截断塞门；168、169—排水阀门；207—分水滤气器；
37、38—门联锁阀；201BP—压力传感器；515KF—升弓压力继电器；287YV—保护电空阀。

图 2−3　SS$_4$ 改型电力机车控制管路系统

控制管路系统可分为正常运用时的总风缸供风、库停后的控制风缸供风、库停后的辅助压缩机供风三种工作状况。

1）正常运用时的总风缸供风通路

SS$_4$改型电力机车在正常运用中，由总风缸向控制气路、控制风缸与电空电器提供风源。其中除主断路器 4QF 由总风缸直接供给外，其余均由调压阀 51、52 将总风压力调至 500 kPa 供风。

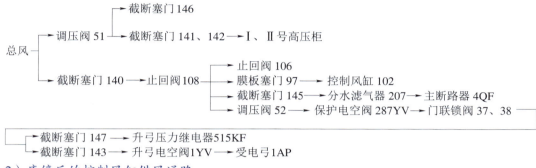

2）库停后的控制风缸供风通路

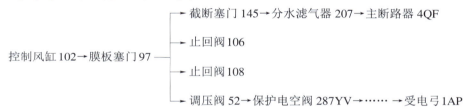

控制风缸 102 内储存的压缩空气，经开放的膜板塞门 97 后分为 4 路：一路被止回阀 108 截止；一路被止回阀 106 截止；另一路经截断塞门 145、分水滤气器 207 进入主断路器风缸，供机车分、合主断路器使用；最后一路经调压阀 52、钥匙开关箱，去往受电弓。此通路便于机车再次使用时的升弓与合主断路器 4QF 的操作。

3）库停后的辅助压缩机供风通路

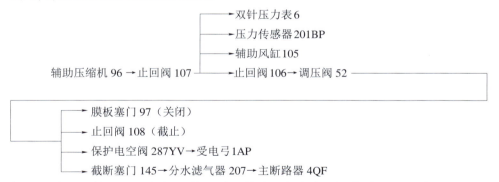

机车停放时间较长后重新投入使用时，若总风缸与控制风缸内风压均低于 450 kPa 时，已无法进行升弓、合主断路器的操作。可启动辅助压缩机组泵风，进行升弓及合主断路器操作，但应注意蓄电池的电压不得低于 90 V。

为减轻辅助压缩机 96 的工作压力，缩短打风时间，在起动辅助压缩机组前，应关闭膜板塞门 97，切除控制风缸 102。当辅助风缸 105 内的压力上升至大于 600 kPa（仅供参考）时，可进行升弓、合主断路器操作。待机车处于正常运行工况，且总风缸压力大于 450 kPa 后，应停止辅助压缩机运转。

拓展知识：控制管路系统典型故障判断与处理

辅助压缩机泵风速度慢。

1）原因

（1）控制风缸膜板塞门 97 开位或窜风。

（2）控制管路系统止回阀 108 窜风。

（3）辅助风缸排水塞门 169 开位。

（4）管路泄漏严重。

（5）蓄电池电压偏低。

（6）辅助压缩机排气量低。

2）处理方法

（1）关闭控制风缸膜板塞门 97。

（2）更换或拆检止回阀 108。

（3）关闭辅助风缸排水塞门 169。

（4）处理管路泄漏处所。

（5）给蓄电池组充电。

（6）拆检或更换辅助压缩机。

单元思考要点： SS$_4$ 改型电力机车空气管路系统的组成

_____

_____

_____

任务小结

计划方案：_____

组织实施：_____

完成效果：_____

姓名_____ 地点_____ 方式 不脱产□半脱产□全脱产□ 日期 _____

复习思考

1. 简述 SS$_4$ 改型电力机车风源系统的组成。
2. 试述 SS$_4$ 改型电力机车风源系统的功能与主要参数。
3. 简述 SS$_4$ 改型电力机车辅助管路系统的功能。
4. 简述 SS$_4$ 改型电力机车控制管路系统的功能。

数字学习资源

"SS$_4$ 改型电力机车风源系统的组成与功能"数字课件。

2.1.2　HXD₃型电力机车空气管路系统的组成与作用

学习目标
- HXD₃型电力机车空气管路系统的组成
- HXD₃型空气管路系统的功能与主要参数

1. 风源系统

风源系统的作用是为机车与车辆的制动机系统及全列车的气动器械提供符合要求的干燥、洁净的压缩空气。

1）HXD₃型电力机车风源系统

HXD₃型电力机车风源系统分为两个相对独立的部分。主空气压缩机组、主空气干燥器等组成主风源系统；辅助压缩机组、辅助干燥系统、风缸及连接管路等组成辅助风源系统。HXD₃型电力机车风源系统组成如图2-4所示。

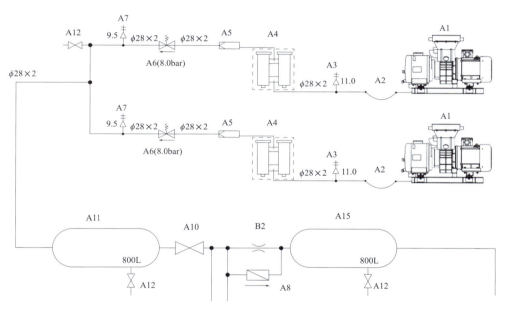

A1—空气压缩机；A2—软管；A3、A7—高压安全阀；A4—空气干燥器；A5—微油过滤器；A6—低压维持阀；A8—单向阀；A10—截断塞门；A11—第一总风缸；A12—排水塞门；A15—第二总风缸；B2—限流缩堵。

图 2-4　HXD₃型电力机车风源系统组成

HXD₃型电力机车空气压缩机组型号为SL20-5-102（螺杆式空气压缩机组），其驱动电机为三相交流电动机。此空气压缩机组具有温度、压力控制装置，可以实现无负荷起动。冷却器排风口向下，以满足机械间的独立通风要求。空气压缩机组的起停状态由总风压力开关和压力传感器进行自动控制，也可以通过手动按钮强行控制起停。

HXD₃型电力机车干燥器型号为LTZ2.2-H，属于双塔吸附式干燥器。该干燥器具有低温加热功能，位于空气压缩机组和总风缸之间，具有过滤压缩空气中油、水，降低压缩空气露点的功能，保证空气系统在正常使用时，不会出现液态水。

机车采用2个容积均为800 L的风缸串联作为压缩空气的储存容器。风缸采用车内立式安装,供全车空气管路系统使用。

在干燥器前后各有一个高压安全阀用于确保机车空气系统的安全。

调压器用来控制空气压缩机的起停。当总风压力下降到 750 kPa 时,其中一台空气压缩机起动打风。如果总风压力继续下降到 680 kPa 以下时,两台空气压缩机组同时起动打风。

低压维持阀保证干燥器内部快速建立起压力,确保干燥器进行再生、干燥工作。

2) HXD$_{3D}$ 型电力机车风源系统

HXD$_{3D}$ 型电力机车采用两台螺杆式空气压缩机组作为风源设备,每台排风量不小于 2 400 L/min。配套使用两个双塔干燥器和两个微油过滤器进行风源滤尘、滤油的处理。车内安装 2 个容积均为 600 L 的风缸串联储存压缩空气。为了满足机车重联功能及客车总风供风功能要求,在机车端部安装了总风软管和平均软管。HXD$_{3D}$ 型电力机车风源系统组成如图 2-5 所示。

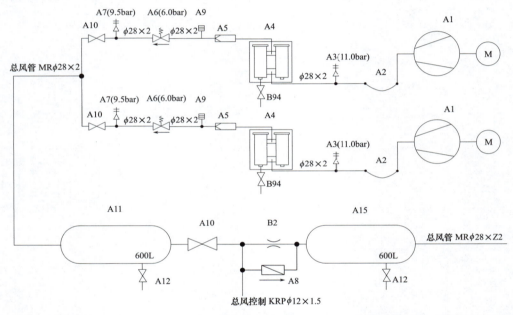

A1—空气压缩机;A2—软管;A3、A7—安全阀;A4—双塔空气干燥器;A5—微油过滤器;A6—最小压力阀;A8—单向阀;A9—湿度指示器;A10—截断塞门;A11—第一总风缸;A12—排水塞门;A15—第二总风缸;B2—限流缩堵。

图 2-5 HXD$_{3D}$ 型电力机车风源系统组成

> 📢 单元思考要点:HXD$_3$ 型电力机车空气管路系统的组成

3) HXD$_3$ 型电力机车辅助风源系统

HXD$_3$ 型电力机车辅助风源系统主要由直流电机、空压机和干式空气过滤器组成。辅助空压机组为单级压缩,自带法兰安装。直流电机通过联结器和空压机连接。干式空气滤清器可以为压缩机提供纯净的空气。其控制方式分为人工控制和自动控制两种。

（1）当机车初次升弓或进行升弓装置试验时，采用人工控制方式。可持续按下位于空气控制柜内的辅助空气压缩机起动按钮，并观察升弓压力表的指示值，在满足升弓压力要求后松开按钮。

（2）当机车投入运用后采用自动控制方式。当辅助风缸压力低于 480 kPa 时，辅助压缩机自动投入工作；当辅助风缸压力达到 735 kPa 时，压缩机自动停止工作。

2. 机车辅助管路系统

机车辅助管路系统包括升弓控制模块 U43、停放制动模块 B40、撒砂模块 F41、警惕装置 Z10、停放制动辅助控制模块 R30、踏面清扫控制模块、防滑行控制系统、鸣笛控制和辅助风源等部分。

1）正常运行时总风缸供风升弓通路

总风缸→双逆止阀（.04）┬→塞门（.13）→升弓风缸（A13）
　　　　　　　　　　　├→过滤器（.03）→缩堵（.12）→升弓塞门（U99）→升弓塞门（U98）→阀板
　　　　　　　　　　　└→塞门（.14）→主断路器

2）库停后使用辅助压缩机供风升弓通路

辅助压缩机（U80）→干燥器（U82）→双逆止阀（.04）┬→塞门（.13）→升弓风缸（A13）
　　　　　　　　　　　　　　　　　　　　　　　├→过滤器（.03）→缩堵（.12）→升弓塞门（U99）┐
　　　　　　　　　　　　　　　　　　　　　　　└→塞门（.14）→主断路器
└→升弓塞门（U98）→阀板

拓展知识：空气防滑装置

在机车空气制动状态下，制动力超过了黏着限制，车轮转速急剧下降甚至停转而机车速度降得很慢，这种现象叫作"滑行"或"抱死轮"。为了消除机车运用过程中的这一现象，HXD_{3D} 型电力机车制动系统采用了防滑装置。

制动系统防滑装置可以避免在黏着性差的情况下造成车轮擦伤，并使制动距离最优化。每个车轴都有各自的速度传感器和防滑阀，由防滑控制单元对防滑阀进行控制，实现每个车轴防滑作用的单独控制，从而控制机车制动缸压力。当车轮即将发生滑行时，防滑阀会及时动作，快速排出制动缸的压力空气而不排空，使制动力迅速降至小于黏着力即可，其目的是防止车轮滑行、恢复轮轨的黏着状态。而且，在黏着恢复后，还要使制动缸及时再充风，尽量恢复较大的制动力。

任务小结

计划方案：＿＿＿＿＿＿＿＿＿＿＿＿＿＿＿＿＿＿＿＿＿＿＿＿＿＿＿＿＿＿

组织实施：＿＿＿＿＿＿＿＿＿＿＿＿＿＿＿＿＿＿＿＿＿＿＿＿＿＿＿＿＿＿

完成效果：＿＿＿＿＿＿＿＿＿＿＿＿＿＿＿＿＿＿＿＿＿＿＿＿＿＿＿＿＿＿

姓名＿＿＿＿＿＿　地点＿＿＿＿＿＿　方式 不脱产□ 半脱产□ 全脱产□ 日期＿＿＿＿＿＿

复习思考

1. 简述 HXD_3 型电力机车风源系统的组成。

2. 试述 HXD_3 型电力机车风源系统的功能与主要系数。

3. 简述 HXD₃ 型电力机车辅助风源系统的功能。
4. 简述 HXD₃ 型电力机车辅助管路系统的功能。

数字学习资源

"HXD₃ 型电力机车风源系统的组成与功能"数字课件。

任务 2.2　空气压缩机的组成与作用

铁道机车主要使用活塞式和螺杆式两种空气压缩机。活塞式空气压缩机在早期的东风型内燃机车、SS 型电力机车中广泛使用。螺杆式空气压缩机凭借排气量大、噪声小等优点正在 HX 系列国产机车上广泛使用。

任务知识点

1. 活塞式空气压缩机的组成
2. 活塞式空气压缩机的工作原理（重点）
3. 螺杆式空气压缩机的组成（重点）
4. 螺杆式空气压缩机的工作原理（难点）
5. 辅助压缩机的组成与作用

任务技能要求

1. 掌握活塞式空气压缩机的组成
2. 理解活塞式空气压缩机的工作原理
3. 掌握螺杆式空气压缩机的组成
4. 理解螺杆式空气压缩机的工作原理
5. 掌握辅助压缩机的组成与作用

2.2.1　SS₄ 改型电力机车 VF-3/9 型空气压缩机的组成与作用

学习目标

- VF-3/9 型空气压缩机的组成
- VF-3/9 型空气压缩机的工作原理
- VF-3/9 型空气压缩机的主要技术参数

1. VF-3/9 型空气压缩机的组成与作用

1）VF-3/9 型空气压缩机结构组成

SS 型系列电力机车上广泛使用活塞往复式空气压缩机，为机车制动机等空气管路系统提供压缩空气。其中，SS₄ 改型电力机车采用 VF-3/9 型空气压缩机，该空气压缩机为四缸、V 形排列、中间冷却、两级压缩的活塞式空气压缩机，VF-3/9 型空气压缩机结构组成如图 2-6 所示。

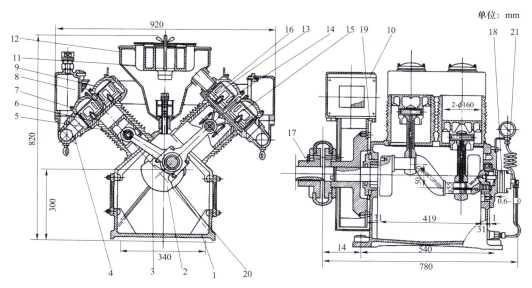

1—机体；2—曲轴；3—连杆；4—气管；5—二级气缸；6—二级活塞；8—中间冷却器；9—二级气缸盖；
10—导风罩；11—空气滤清器；12—消声器；13—一级气缸；14—一级活塞；15—一级气阀；
13—一级气缸盖；17—联轴器；18—油泵；19—轴承；20—铜套；21—油压表。

图 2-6　VF-3/9 型空气压缩机结构组成

VF-3/9 型空气压缩机与三相异步电动机通过联轴器直接连接，由电动机驱动空气压缩机顺时针方向转动（从电机端看）。曲轴为双支点结构，通过轴承座和轴承盖上的一对球轴承安装在机体两端的主轴孔上，中间曲拐分别装有一、二级活塞连杆机构。曲轴带动连杆，连杆通过活塞销推动活塞，将曲轴的旋转运动变成活塞的往复运动。

气缸盖的进、排气腔分别与气阀的进、排气阀相通。中间冷却器横跨在低压缸与高压缸间，经连接管与一级低压缸排气阀室和二级高压缸进气阀室相接。

各运动部件通过装在曲轴前端的油泵供给的压力油获得强迫润滑。曲轴轴伸端装有离心风扇，冷却风经导风罩使气缸套、气缸盖、中间冷却器及机体得到冷却。机体下部润滑油位置由油表显示。滤清器与消音器为组合部件，布置在 V 形排列的气缸中间。

VF-3/9 型空气压缩机主要由运动机构、空气压缩系统、润滑系统、冷却系统组成。

（1）运动机构。

运动机构主要包括曲轴、连杆及活塞等。曲轴为双支点结构，通过轴承座和轴承盖上的一对球轴承安装在机体两端的主轴孔上，中间两曲拐上各安装有一对一、二级活塞连杆机构。一级低压气缸活塞上部第一道环为密封环，第二道环为扭曲环，第三道环为刮油环。二级高压气缸活塞第一、二道环为密封环，第三道环为扭曲环，第四道环为刮油环。

（2）空气压缩系统。

空气压缩系统主要包括气阀、气缸、滤清器等。气阀分为进气阀与排气阀两种，均采用环状阀结构。一级低压气缸和二级高压气缸均安装有进气阀和排气阀。滤清器采用空滤器纸质滤芯，设计成与消声器组合的结构。

（3）润滑系统。

VF-3/9 型空气压缩机的曲轴连杆、活塞等主要部件采用压力式润滑。油泵供给压力油经曲柄拐颈油孔溢出，润滑曲拐和连杆瓦后进入连杆体油孔到小头衬套，润滑活塞销和小头衬套。气缸壁和活塞环等部件采用飞溅式润滑方式，油泵采用齿轮泵，安装在轴承座外侧。润滑油从机体底部，经滤油器吸入油泵，并在油泵出油道上装有油压表和调压阀。

（4）冷却系统。

冷却系统的任务是进行压力空气一、二级压缩之间的中间冷却器的压缩空气的冷却与利用离心风扇对机体、气缸、缸头等受热体的冷却。

2）VF-3/9型空气压缩机工作原理

当低压气缸活塞往下运动时，随着气缸容积增大，气缸内压力减小，进气阀在大气压力作用下被打开，如图2-7所示，空气经消声器和进气阀进入气缸。当活塞往上运动时，随着气缸容积缩小，气缸内压力升高，进气阀自动关闭不再吸气。活塞继续往上运动，气缸内空气压力继续升高，当气缸内压力高于排气阀弹簧力和排气管道中压力空气所产生的压力时，排气阀开启，如图2-8所示，经一级压缩的空气排入集气箱。中间冷却后的压力空气进入高压气缸进行二级压缩（其过程同上）。压缩空气经风源净化处理后进入机车总风缸。

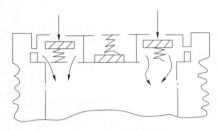

图2-7　吸气过程

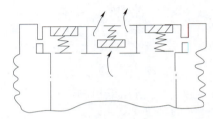

图2-8　排气过程

如此周而复始，外界大气不断吸进空气压缩机低、高压气缸，又不断被压缩，源源不断地进入总风缸，使机车总风缸中的空气压力逐渐升高，并保持总风缸压力在规定范围之内。

2. VF-3/9型空气压缩机主要技术参数

VF-3/9型空气压缩机主要技术参数见表2-1。

表2-1　VF-3/9型空气压缩机主要技术参数

压缩级数	2	转速	980 r/min
高压缸数	2	轴功率	≤21 kW
低压缸数	2	排气压力	900 kPa
高压缸径×活塞行程	90 mm×100 mm	排气量	3 m³/min
低压缸径×活塞行程	160 mm×100 mm	油泵压力	150～350 kPa

拓展知识：活塞式空气压缩机的日常维护与保养

（1）应经常检查润滑油油位并及时补充润滑油。

（2）在空气压缩机起动后确保润滑油压力在150～350 kPa范围之内。

（3）新空气压缩机运转50 h应更换全部润滑油，之后每运转500 h应更换全部润滑油。

（4）每运转500 h检查并更换消音器中纸质滤清器；检查并清洗气阀和滤油器；易损零

件，如进、排气阀阀片，弹簧，活塞环等，若有必要应及时更换。

（5）每运转 1 000 h 应检查并清洗油泵。

（6）每班开启中间冷却器，排水阀排水不少于两次。

（7）采用规定牌号的润滑油，并不得混用。

（8）定期检查空气压缩机上的螺栓、螺母是否松动；检查各部是否泄漏；并定期校验油泵油压表。

📢 **单元思考要点：VF−3/9 型空气压缩机的工作原理**

_____

_____

_____

📝 **任务小结**

计划方案：_____

组织实施：_____

完成效果：_____

姓名_____　地点_____　方式 不脱产□ 半脱产□ 全脱产□ 日期_____

💬 **复习思考**

1. VF−3/9 型空气压缩机由哪些部件组成？

2. 试述 VF−3/9 型空气压缩机的工作原理。

数字学习资源

"VF−3/9 型空气压缩机的组成与作用"数字课件。

2.2.2　HXD₃ 型电力机车螺杆式空气压缩机的组成与作用

📘 **学习目标**

● 螺杆式空气压缩机的组成

● 螺杆式空气压缩机的工作原理

● 螺杆式空气压缩机的工作过程

● 螺杆式空气压缩机的主要技术参数

1. 螺杆式空气压缩机的组成与作用

螺杆式空气压缩机具有输出流量均匀、噪声低、自吸性好的特点，因而在铁路机车上得到广泛应用。螺杆式空气压缩机有单螺杆、双螺杆与三螺杆三种形式，虽然其型号较多，外形也有一定差异，但其工作原理基本一致。

1）螺杆式空气压缩机结构组成

HXD₃ 型电力机车空气压缩机组有 SL24−13、TSA−230AVI−Ⅱ、BT−2.6/10AD3 等多种型号。TSA−230AVI−Ⅱ 螺杆式空气压缩机组一般由电机、压缩机、弹性支座、电气系统和空滤器及气体部件组成，其结构组成如图 2−9 所示。其驱动电机为三相交流异步电动机。压缩机具有温度、压力控制装置，可以实现无负荷起动。冷却器排风口向下，以满足机械间的独立通风要求。压缩机的开停状态由总风压力开关进行自动控制，也可以通过手动按钮强行控制起停。

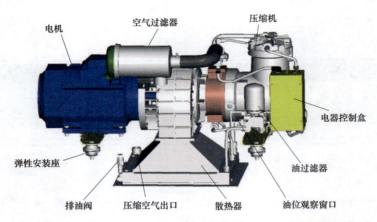

图 2-9　TSA-230AVI-Ⅱ螺杆式空气压缩机组结构组成

（1）真空指示器。

通过真空指示器的显示状态可以判断干式滤芯是否失效，是否需要更换。若真空指示器为红色显示，则表示应更换滤芯。

（2）温度开关。

如果压缩机壳里空气、油混合物工作温度超过温度开关的设定值，温度开关将动作，压缩机将停止工作。

（3）温控器。

当润滑油温度高于设定值时，油控制单元中温控器打开到油冷却器的通道，对润滑油进行冷却。当润滑油温度低于设定值时，油冷却器的通道保持关闭，油被直接传送到压缩机体。通过这种方式可达到润滑油的最佳操作温度，可以有效避免机油乳化。

（4）油加热器。

若环境温度低于−20 ℃以下时，可以通过一个油加热器对润滑油进行预热约 20 min 后再起动空气压缩机。

2）螺杆式空气压缩机工作原理

螺杆式空气压缩机的工作过程分为吸气过程、压缩过程、排气过程三个阶段。

（1）吸气过程。

螺杆安装在壳体内，在自然状态下就有一部分螺杆的沟槽与壳体上的进气口相通。在任何时候，无论螺杆旋转到什么位置，总有空气通过进气口充满与进气口相通的沟槽，这是螺杆式空气压缩机的吸气过程。阴、阳两转子在吸气终了时，已经充盈空气的螺杆沟槽的齿顶与机壳腔壁贴合。此时，在齿沟内的空气即被封闭，从而失去与外界相通而流动的自由。当吸气过程结束后，两个螺杆在吸气口的反面进行啮合，并使得封闭在螺杆齿沟里的空气的体积逐渐减小，压力上升。螺杆式空气压缩机吸气如图 2-10 所示。

（2）压缩过程。

随着螺杆式空气压缩机阴、阳两转子的转动，阴螺杆沟槽与阳螺杆齿的啮合占据了原来已经充气的沟槽的空间，沟槽里的空气体积渐渐变小，而压力则随着体积变小而逐渐升高，啮合的齿挤压着，将空气从吸气端不断地向排气端推送。空气被螺杆式空气压缩机阴、阳两转子裹带着一边转动，一边被压缩，从吸气结束开始一直延续到排气口打开之前，如图 2-11 所示。当前一个螺杆齿端面转过被它遮挡的机壳内端面上的排气口时，齿沟内被压缩的空气即与排气腔的空气相连通，受挤压的空气被推送进入排气腔。这个空气体积减小、压力渐升的过程便是螺杆式空气压缩机的空气压缩过程，如图 2-12 所示。

 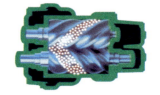 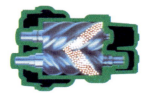

图 2-10　螺杆式空气压缩机吸气　　图 2-11　螺杆式空气压缩机压缩 1　　图 2-12　螺杆式空气压缩机压缩 2

（3）排气过程。

空气压缩过程结束，封闭有压缩空气的螺杆沟槽的端部边缘与机壳体内端面上的排气口边缘相通时，受到推送挤压的空气被迅速从排气口排出，从而进入螺杆式空气压缩机的排气腔。随着螺杆阴、阳转子的继续转动，螺杆啮合，持续将压缩空气向排气端方向推送，并逐渐将沟槽里的压缩空气全部挤出，这就是螺杆式空气压缩机的排气过程。在排气过程中，由于排气腔并不直接连着用风设备，专门在排气腔出口设置的最小压力阀限制自由空气外流，只有使排气腔压缩空气的压力达到一定值才能打开最小压力阀，向外输出压缩空气。螺杆式空气压缩机排气如图 2-13 所示。

3）螺杆式空气压缩机工作过程

螺杆式空气压缩机工作过程如图 2-14 所示。

（1）空气压缩过程。

图 2-13　螺杆式空气压缩机排气

空气通过空滤器和进气阀吸入压缩机体。空气被压缩后，通过与转子连接的输送口被推进压缩机壳。

如果压缩机起动时，压缩机壳里无空气压力，最小压力阀将保持关闭状态，以便使压缩机壳内迅速建立起空气压力，帮助润滑油尽快循环。

当压缩机壳内空气压力达到约 650 kPa 时，最小压力阀打开并将压缩空气送出。

送出的压缩空气达到系统的规定压力后，压缩机受总风压力开关控制自动停机，最小压力阀将自动关闭，将系统和压缩机壳内的通路隔断。

每次压缩机停机后，压缩机壳内的空气压力被自动释放。压缩机停机后，最小压力阀和进气阀关闭。在进气口，由于压缩机体空气逆流而压力升高，导致泄荷阀打开。压缩机壳里压缩空气可通过减压阀流进空滤器后排向大气，从而快速将压缩机壳里空气压力降低到约 180 kPa。剩余的压力通过泄荷阀上的缩孔被缓慢排放至 0 kPa。

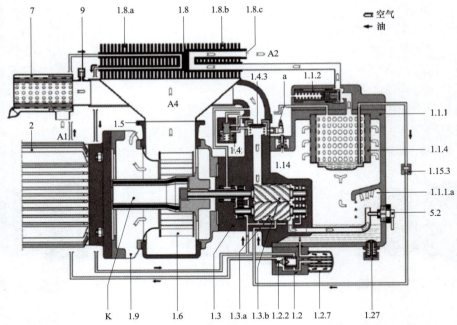

1.1.1—压缩机壳；1.1.1a—挡板；1.1.2—最小压力阀；1.1.4—油细分离器；1.2—油控制单元；1.2.2—温控器；1.2.7—油过滤器；
1.3—压缩机；1.3.a—阳转子；1.3.b—阴转子；1.4—泄荷阀；1.4.3—进气阀；1.5—风扇蜗壳；1.6—离心风扇；1.8—冷却器；
1.8.a—油冷却器；1.8.b—空气冷却器；1.8.c—压缩空气出口；1.9—外壳连接体；1.14—安全阀；1.15.3—回油过滤器；
1.27—排油阀；2—三相电机；5.2—温度开关；7—空滤器；9—真空指示器；K—联轴节；a—压力开关；
A1—压缩空气进口；A2—压缩空气出口；A4—冷却空气。

图 2-14　螺杆式空气压缩机工作过程

停机时间大于 14 s 后，可以实现空压机的无负荷再启动。

（2）油循环过程。

当压缩机运转时，在压缩机壳里建立起的空气压力将壳内的润滑油通过油过滤器输送到轴承、传动装置和压缩机体内油喷射点。这些油用于润滑、密封并带走空气压缩产生的热量。

压缩机传送的空气/油混合物通过输送口并打在壳内挡板上，这一过程属于油粗级过滤。之后，压缩空气又经过油细分离器进行精级过滤。精级过滤分离的油被收集到油细分离器底部，在压缩机壳内空气压力作用下，通过回油过滤器返回压缩机体内。

如此周而复始，外界大气不断吸进空气压缩机，又不断被压缩，源源不断地进入总风缸，使机车总风缸中的空气压力逐渐升高，并保持总风缸压力在规定范围之内。

2. HXD₃型螺杆式空气压缩机主要技术参数

HXD₃型螺杆式空气压缩机主要技术参数如表 2-2 所示。

表 2-2　HXD₃型螺杆式空气压缩机主要技术参数

型号	SL24-13	TSA-230AVI-Ⅱ	BT-2.6/10AD3
排风量/（l/min）	2 400	2 400	2 600
工作压力/kPa	1 000	1 000	1 000
转速/rpm	2 920	2 955	2 940
工作温度/℃	−40～50	−40～50	−40～50

续表

润滑油型号	ANDEROL 3057M	ANDEROL 3057M	ANDEROL 3057M
油量/L	6～7	7.9	7
工作电压/V	380	380	380
频率/Hz	50	50	50
控制电压/V	110	110	110
防护等级	IP55	IP55	IP55
外形尺寸（$L \times W \times H$）/mm	1 346×563×838	1 305×685×875	1 305×685×890
安装尺寸/mm	809×460	809×460	809×460
安装螺栓/mm	M16×130	M16×120	M16×110
排气含油率/ppm	≤5	≤5	≤5
管路接口	G1	G1	G1
重量/kg	395	420	430
机组噪声/dB（A）	≤102	≤102	≤102

拓展知识：HXD$_{3D}$型电力机车螺杆式空气压缩机控制模式

　　HXD$_{3D}$型电力机车螺杆式空气压缩机具有间歇工作和延时工作两种模式。当压缩机需要频繁起动或发生轻微的机油乳化现象时，可以操作机车显示屏将压缩机设置在延时工作模式。延时工作模式可以有效地减少由于压缩机频繁起动造成对电机及机头的损害，同时可以减缓压缩机机油乳化现象。

　　HXD$_{3D}$型电力机车设有两个空气压力开关，控制空气压缩机的起停动作。

　　1）间歇工作制

　　空气压缩机间歇工作制起停压力表见表 2-3。

表 2-3　空气压缩机间歇工作制起停压力表

序号	起动压力	起动台数	位置	控制开关	停止压力
1	680 kPa＜P＜750 kPa	1	远离操作端	P50.72	900 kPa
2	P＜680 kPa	2	两端	P50.75	900 kPa

　　注：P—总风缸压力。

　　2）延时工作制

　　空气压缩机延时工作制起停压力表见表 2-4。

表 2-4　空气压缩机延时工作制起停压力表

序号	起动压力	起动台数	位置	控制开关	空载压力
1	680 kPa＜P＜750 kPa	1	远离操作端	P50.72	900 kPa
2	P＜680 kPa	2	两端	P50.75	900 kPa

　　注：P—总风缸压力。

3）间歇、延时工作制的转换

空气压缩机间歇、延时工作制的转换见表2-5。

表2-5 空气压缩机间歇、延时工作制的转换

序号	转换模式	转换时压力	执行过程
1	间歇→延时	$P<750$ kPa	压力至900 kPa后，进入延时模式
2	间歇→延时	$P\geqslant750$ kPa	压缩机先不起动，压力低于750 kPa起动，待压力至900 kPa后，进入延时模式
3	延时→间歇	$P<750$ kPa	压力至900 kPa后停止工作，进入间歇模式
4	延时→间歇	$P\geqslant750$ kPa	压缩机不工作，进入间歇模式

注：1. P—总风缸压力；

2. 加载—压缩机释放压力空气；

3. 空载—压缩机工作但不释放压力空气；

4. 空载计时—单次空载运转时间超过20 min，该机组停止运行；空载计时内，压缩机进入加载工作，其空载计时清零。

📢 单元思考要点：螺杆式空气压缩机的工作过程

📝 **任务小结**

计划方案：_____

组织实施：_____

完成效果：_____

姓名_____ 地点_____ 方式 不脱产☐半脱产☐全脱产☐ 日期_____

💬 **复习思考**

1. 简述TSA-230AVI-Ⅱ型螺杆式空气压缩机的组成。

2. 简述螺杆式空气压缩机的工作原理。

3. 简述螺杆式空气压缩机的空气压缩过程。

4. 简述螺杆式空气压缩机的油循环过程。

数字学习资源

"螺杆式空气压缩机的组成与工作原理"数字课件。

2.2.3 辅助空气压缩机的组成与作用

学习目标

● 辅助空气压缩机的组成

● 辅助空气压缩机的控制方式

● 辅助空气压缩机的主要技术参数

● 辅助干燥器

1. HXD₃ 型电力机车辅助风源系统

设置辅助风源系统的目的在于解决长期停放机车、机车总风缸或控制风缸压力较低时升起受电弓和闭合主断路器的用风问题。HXD₃ 型电力机车辅助风源系统主要由 LP115 型辅助压缩机组、安全阀、辅助干燥器、再生风缸、压力开关等组成，如图 2-15 所示。

2. LP115 型辅助空气压缩机

LP115 型辅助空气压缩机作为辅助风源，其与升弓控制模块、升弓风缸及风表相连。

为保证压缩空气和管路的清洁，辅助压缩机配有小型的单塔干燥器和再生风缸。空气压缩机单级工作，吸入的空气由干式空气过滤器清洁并在气缸内进行压缩。LP115 型辅助空气压缩机如图 2-16 所示。

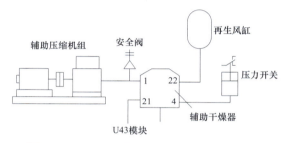

图 2-15　HXD₃ 型电力机车辅助风源系统　　　　图 2-16　LP115 型辅助空气压缩机

1）LP115 型辅助空气压缩机的控制方式

LP115 型辅助空气压缩机的控制方式分为人工控制和自动控制两种。

（1）人工控制方式。

人工控制方式是机车初次升弓或进行升弓装置试验时所采用的控制方式。操作时需要操作者持续按下辅助空气压缩机起动按钮，并观察升弓压力表的指示值，在满足升弓压力要求后松开按钮。

（2）自动控制方式。

自动控制方式是机车投入运用后采用的自动控制方式。当辅助风缸压力低于 480 kPa 时，辅助压缩机自动投入工作。当辅助风缸压力达到 735 kPa 时，压缩机自动停止工作。

2）LP115 型辅助空气压缩机主要技术参数

LP115 型辅助空气压缩机主要技术参数见表 2-6。

表 2-6　LP115 型辅助空气压缩机主要技术参数

工作型式	单缸往复式空气压缩机	允许连续运行时间	10 min
压缩方式	一级压缩	工作重量	约 15.7 kg
润滑方式	飞溅润滑	工作温度范围	−40～50 ℃
转向	从电机端观察，顺时针	额定电压	110 V
最大出口压力	8 bar	防护等级	IP54
最大出口温度	220 ℃	电机	直流电机

3. 辅助干燥器

LP115 型辅助空气压缩机同辅助干燥器配合使用，去除辅助压缩机产生的水蒸气，保证辅助管路内压缩空气的洁净。辅助干燥器组成如图 2-17 所示，辅助干燥器工作原理如图 2-18 所示。

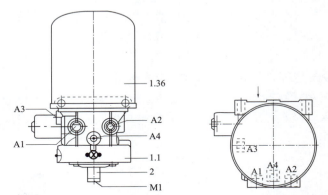

1.1—壳体；2—软管连接处；1.36—过滤筒；A1—空气入口；A2—空气出口；
A3—控制口；A4—空气出口（至再生风缸）；M1—排污口。

图 2-17　辅助干燥器组成

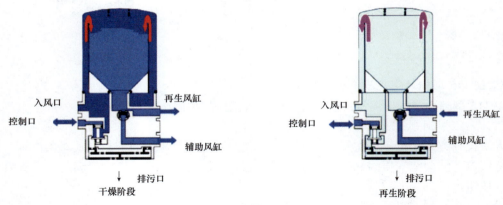

图 2-18　辅助干燥器工作原理

1）干燥阶段

辅助压缩机产生的压缩空气进入辅助干燥器，并经过干燥塔进行干燥。干燥后的压缩空气分为两路，其中一路直接进入再生风缸；另一路经过内部单向阀后进入机车辅助风缸。

2）再生阶段

当机车辅助风缸压力达到 735 kPa 时，干燥器出口内部连通辅助干燥器排污控制口。控制口上的压力开关动作，切断辅助压缩机的电源。控制口上的压力同时打开干燥器内排污阀，再生风缸内洁净的空气反吹干燥塔，将其表面的水气、油污带走，并从排污阀排出，完成再生工作。

拓展知识：VT10 型辅助空气压缩机组技术参数

HXD₃D 型电力机车采用了 VT10 型辅助空气压缩机。VT10 型辅助空气压缩机主要技术参数见表 2-7。

表 2-7　VT10 型辅助空气压缩机主要技术参数

工作型式	单缸往复式空压机	转速	1 250 r/min
电机	直流电机	容积排量	（70±4.2）L/min
压缩方式	一级压缩	防护等级	IP44
工作温度范围	−40～50 ℃	工作电流	$(7.2^{+1.44}_{-0.72})A$
工作重量	$(31^{+0.93}_{-0.93})kg$	效率	86%
工作电压	$(110^{+22}_{-33})V$	额定功率	$(0.79^{+0.158}_{-0.079})kW$
轴功率	$(800^{+56}_{-56})W$	启动电流	（52＋10.4）A

📢 单元思考要点：辅助空气压缩机的组成与作用

📝 **任务小结**

计划方案：＿＿＿＿＿＿＿＿＿＿＿＿＿＿＿＿＿＿＿＿＿＿＿＿＿＿＿＿＿＿

组织实施：＿＿＿＿＿＿＿＿＿＿＿＿＿＿＿＿＿＿＿＿＿＿＿＿＿＿＿＿＿＿

完成效果：＿＿＿＿＿＿＿＿＿＿＿＿＿＿＿＿＿＿＿＿＿＿＿＿＿＿＿＿＿＿

姓名＿＿＿＿＿　地点＿＿＿＿＿　方式 不脱产☐ 半脱产☐ 全脱产☐ 日期＿＿＿＿＿

❓ **复习思考**

1. LP115 型辅助空气压缩机由哪些部件组成？
2. 简述 LP115 型辅助空气压缩机的控制方式。
3. 试述辅助干燥器的工作原理。

◣◣▌**数字学习资源**▐◤◤

"辅助空气压缩机的组成与作用"数字课件。

任务 2.3　空气干燥器的构成与工作原理

　　空气干燥器按结构分为双塔式空气干燥器、单塔式空气干燥器，其具有过滤、压缩空气中油、水及降低空气露点的功能。电力机车主要采用 LTZ2.2−H、LTZ3.2−H 等型号的双塔式空气干燥器（安装在空气压缩机和总风缸之间）。在机车正常使用时，压力空气经空气干燥器吸附干燥后，空气系统不会出现液态水。

1. 双塔式空气干燥器的构成
2. 双塔式空气干燥器的工作原理（重点）

1. 掌握双塔式空气干燥器的构成
2. 理解双塔式空气干燥器的工作原理

学习目标

- LTZ2.2-H 双塔式空气干燥器的构成
- LTZ2.2-H 双塔式空气干燥器工作原理
- LTZ2.2-H 双塔式空气干燥器主要技术参数

1. 双塔式空气干燥器的构成与工作原理

双塔式空气干燥器的工作过程包括吸附过程、再生过程、充气过程与待机过程。其中无热吸附双塔式空气干燥器的再生和吸附工作分别在两个塔中同时进行，当压缩空气在一个塔内通过干燥剂进行吸附干燥时，另一塔内的干燥剂被干燥的空气吹扫进行再生处理。

1）LTZ2.2-H 型双塔式空气干燥器的构成

LTZ2.2-H 型双塔式空气干燥器结构如图 2-19 所示，其主要由干燥塔、控制电磁阀、排污阀等部件组成。

2）LTZ2.2-H 型双塔式空气干燥器的工作原理

LTZ2.2-H 型双塔式空气干燥器的工作状态如图 2-20 所示，其中 1L（left）干燥塔处于干燥阶段，1R（right）干燥塔处于再生阶段。饱和的压缩空气通过干燥塔干燥剂的吸附，压缩空气里的水分子被吸收后经出口排出。部分干燥的压缩空气通过节流孔进入再生塔，吸收干燥剂表面的水分并将其排放到大气。两个工作塔在周期内交替作为干燥塔和再生塔进行工作。

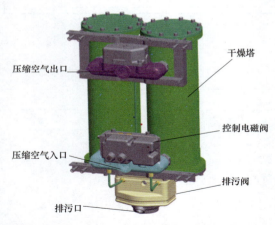

图 2-19　LTZ2.2-H 型双塔式空气干燥器结构

脉冲电磁阀 4.3 的 12.2 L 得电，阀座 V3 打开，阀座 V4 关闭。脉冲电磁阀 4.3 的 12.2 R 失电，阀座 V5 关闭。由空气压缩机来的压缩空气经 P1 口和打开的阀座 V8 进入干燥塔 1 R，在油分离器内进行旋转，在离心力作用下将油和水滴甩向油分离器的内壁后收集到排放阀。压缩空气随后通过干燥剂，空气中的水及水蒸气被吸收，将干燥器出口压缩空气的相对湿度降至 35% 以下。

压缩空气通过双逆止阀阀座 V2 和 P2 口从干燥器排出之前，部分干燥的压缩空气通过节流孔进入再生塔 1 L，带走干燥剂表面的液态水后从排放阀左侧排放到大气。再生塔中的干燥剂得到再生、干燥。

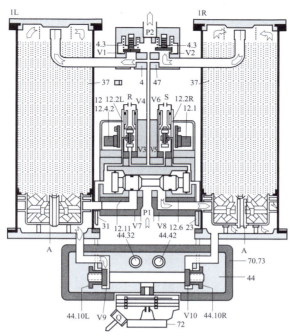

1（L/R）—干燥塔；4—双逆止阀；4.3—脉冲电磁阀；12.1—电磁阀盖；12.2（L/R）—电磁阀；12.4.2—再生状态指示器；
12.6—卡环；12.11—进气阀；23、31—控制管路；37—干燥剂；44—排放阀；44.10（L/R）—排放阀口；44.32—加热器；
44.42—温控阀；47—节流孔；70.73—绝热层；72—消声器；A—油分离器；P1—压缩空气入口；P2—压缩空气出口；
Q—再生空气出口；R、S—电磁阀排放口；V1～V10—阀座。

图 2-20　LTZ2.2-H 型双塔式空气干燥器的工作状态

电磁阀 12.2 L 在半个工作周期前 23 s 失电，阀座 V3 关闭，阀座 V4 开放，控制管路中压缩空气通过阀座 V4 排放到大气，排放阀在弹簧力作用下动作，阀座 V9 关闭。再生塔 1 L 中空气压力将增加到与干燥塔 1 R 相同。半个工作周期时两塔交替，原干燥塔变为再生塔，原再生塔变为干燥塔。电磁阀 12.2 R 得电，进气阀左侧开放，阀座 V10 开放。

当空气压缩机停止工作时，干燥器也同时停止工作，温控器累计计时。干燥器的两个电磁阀都失电，控制管路被排空，排放阀口两侧均关闭，进气阀停留在干燥器停止工作时的位置，干燥器处于待机状态。

2. LTZ2.2-H 型双塔式空气干燥器的主要技术参数

LTZ2.2-H 型双塔式空气干燥器的主要技术参数见表 2-8。

表 2-8　LTZ2.2-H 型双塔式空气干燥器的主要技术参数

最大工作压力	1 050 kPa	加热功率	40×2 W
工作温度范围	−40～50 ℃	防护等级	IP65
入口最高温度	60 ℃	空气处理量	2 400 L/min
压力损失	<40	工作周期	（368±14）s
出口相对湿度	满足 ISO−8573 水 2 级	长×宽×高	498 mm×467 mm×858 mm
电磁阀功率	14 W	质量	78 kg

拓展知识：DJKG-A型单塔式空气干燥器

　　DJKG-A型单塔式空气干燥器（见图2-21）由滤清筒、干燥筒、再生风缸、排泄电磁阀、消声器等组成。其干燥筒内装有活性氧化铝干燥剂，再生风缸容积为57 L。该干燥塔的工作过程主要包括：吸附干燥过程、再生过程。

　　（1）空气压缩机工作时，带有压力的湿空气经冷却管、滤清筒、干燥筒，其中的油雾、水分及杂质被过滤。清洁、干燥的压力空气经干燥筒底部止回阀进入总风缸，同时也经节流孔进入再生风缸备用。当总风缸的压力达到900 kPa时，空气压缩机停止运转，吸附干燥过程结束。

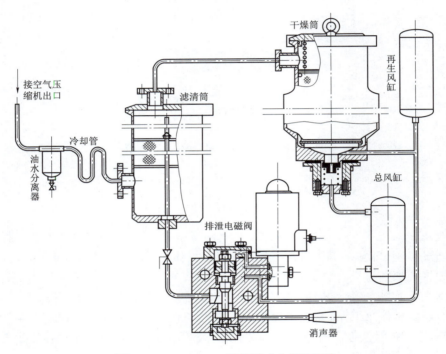

图2-21　DJKG-A型单塔式空气干燥器

　　（2）当空气压缩机停止工作后，排泄电磁阀得电，将再生风缸与排泄阀塞上部沟通，打开滤清筒通大气的通路。再生风缸内的压力空气经干燥筒底部的节流孔膨胀为接近大气压力的干燥气体，将吸附物质沿干燥筒、滤清筒和排泄阀排入大气，使干燥剂重新恢复吸附功能。

单元思考要点：LTZ2.2-H型双塔式空气干燥器的工作原理

_____

_____

_____

任务小结

计划方案：_____

组织实施：＿＿＿＿＿＿＿＿＿＿＿＿＿＿＿＿＿＿＿＿＿＿＿＿＿＿＿＿＿＿＿

完成效果：＿＿＿＿＿＿＿＿＿＿＿＿＿＿＿＿＿＿＿＿＿＿＿＿＿＿＿＿＿＿＿

姓名＿＿＿＿＿＿ 地点＿＿＿＿＿＿＿＿ 方式 不脱产☐半脱产☐全脱产☐ 日期 ＿＿＿＿＿＿

复习思考

1. 简述 LTZ2.2-H 型双塔式空气干燥器的组成。
2. 简述 LTZ2.2-H 型双塔式空气干燥器的工作原理。

数字学习资源

1. "空气干燥器的构成与工作原理" 数字课件。
2. "LTZ2.2-H 型双塔式空气干燥器" 微课。

任务 2.4 DK-1 型电空制动机各部件的构造、工作原理

DK-1 型电空制动机的工作位置分为两种工况：电空位（正常位）操作、空气位（故障位）操作。电空位操作时，通过操纵电空制动控制器可以控制、实施全列车的制动、保压与缓解；空气位操作时，通过操纵空气制动阀可以控制、实施全列车的制动、保压与缓解。

任务知识点

1. DK-1 型电空制动机电空制动控制器等主要电气部件的构造、作用（重点）
2. DK-1 型电空制动机电空制动控制器等主要电气部件的工作原理（难点）
3. DK-1 型电空制动机空气制动阀等主要气动部件的构造、作用（重点）
4. DK-1 型电空制动机空气制动阀等主要气动部件的工作原理（难点）
5. DK-1 型电空制动机压力开关等辅助部件的构造、作用（重点）
6. DK-1 型电空制动机压力开关等辅助部件的工作原理（难点）

任务技能要求

1. 掌握 DK-1 型电空制动机电空制动控制器等主要电气部件的构造、作用
2. 理解 DK-1 型电空制动机电空制动控制器等主要电气部件的工作原理
3. 掌握 DK-1 型电空制动机空气制动阀等主要气动部件的构造、作用
4. 理解 DK-1 型电空制动机空气制动阀等主要气动部件的工作原理
5. 熟知 DK-1 型电空制动机压力开关等辅助部件的构造、作用
6. 理解 DK-1 型电空制动机压力开关等辅助部件的工作原理

2.4.1 DK-1 型电空制动机主要电气部件的构造、工作原理

DK-1 型电空制动机主要电气部件包括电空制动控制器、制动逻辑控制装置 DKL、电空阀与电动放风阀等部件。

学习目标

- DK-1 型电空制动机电空制动控制器等主要电气部件的构造、作用
- DK-1 型电空制动机电空制动控制器等主要电气部件的工作原理

1. 电空制动控制器的构造、工作原理

电空制动控制器俗称"大闸",是 DK-1 型电空制动机的操作控制部件。通过对其手把的操纵,可以控制全列车的制动、保压和缓解。电空制动控制器在 DK-1 型电空制动机原理图上的代号为 1 或 1AC、2 或 2AC。电空制动控制器实际上是一种电器组合转换开关,其基本结构与司机控制器相似。

1)电空制动控制器的构造

电空制动控制器主要由操纵手柄、主轴组装、静触头组及定位机构等组成。电空制动控制器结构如图 2-22 所示。

(1)操纵手柄。操纵手柄共设 6 个工作位置,按逆时针顺序依次为:过充位、运转位、中立位、制动位、重联位、紧急位。由于安装面板上限位装置的作用,操纵手柄只能在重联位取出或插入。对于双端司机室操纵的机车,只配备一个操纵手柄,以确保行车安全。

(2)主轴组装。主轴组装随操纵手柄进行同步转动,用以控制和实现相应电路的闭合与断开。其主要由转轴、轴承、调速垫圈、隔板、动触头等组成。由于该控制器的工作范围小于 180°,其中一个凸轮动触头与两个对应的静触头构成相对独立的触头组,这既减少了凸轮动触头个数,又使得结构紧凑。电空制动控制器共设 9 个动触头。

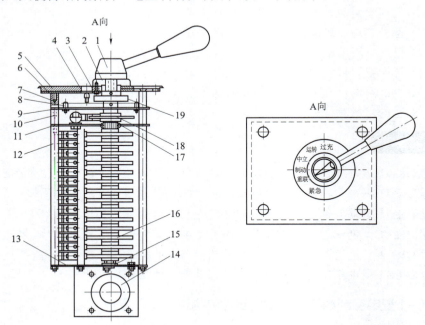

1—操纵手柄;2—限位器;3—标牌;4—限位器座;5—上面板组装;6—面板;7—上支柱;8—小支柱;9—上钢板;
10—中支柱;11—中钢板;12—下支柱;13—下钢板;14—插座;15—轴套;16—主轴组装;17、19—套;18—定位凸轮。

图 2-22 电空制动控制器结构

(3)静触头组。静触头组包括 18 个静触头,每个静触头均由触头座、触指、出线座及辅

助连接片等组成。18 个静触头分两列安装在一个触头座上，每一个凸轮动触头分别与一个或两个静触头构成一对或两对触头组。操纵手柄在不同工作位置时，凸轮动触头分别与对应静触头接触或分离，从而控制相应的电路闭合或断开。

（4）定位机构。定位机构组装位于电空制动控制器的上部，由定位凸轮、定位杠杆和弹簧组成。定位凸轮安装在主轴上，跟随主轴同步转动，利用定位凸轮、定位杠杆和弹簧张力实现定位，以控制操纵手柄可靠地停留在各个作用位置上。

在电空制动控制器下部底板上装有一个 20 芯插座，插座与外部电路相连。面板上的铭牌显示电空制动控制器的六个工作位置。

2）电空制动控制器的工作原理

电空制动控制器操纵手柄各位置触点闭合与导线接通情况见表 2-9。

表 2-9　电空制动控制器操纵手柄各位置触点闭合与导线接通情况

工作位置	触头闭合表	电路	作用
过充位		801 连通 803、805、813；405 连通 836	车辆快速缓解，机车保压
运转位		801 连通 803、809、813；405 连通 836	正常运行机车、车辆缓解
中立位		801 连通 807、806、813	列车保压

续表

工作位置	触头闭合表	电路	作用
制动位	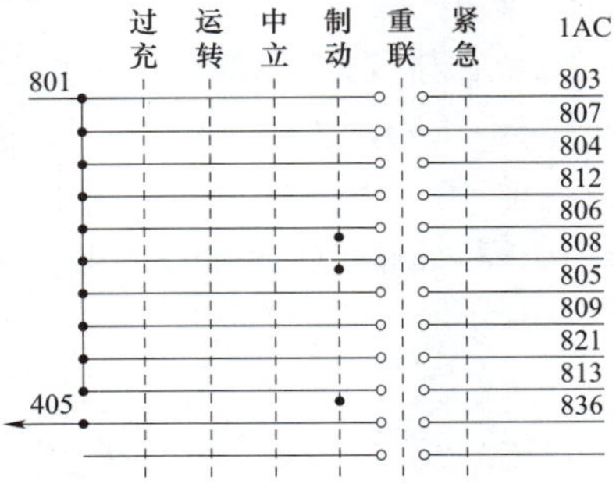 过充 运转 中立 制动 重联 紧急　1AC 801 … 803 807 804 812 806 808 805 809 821 813 836 … 405	801 连通 806、808、813	列车调速 列车停车
重联位	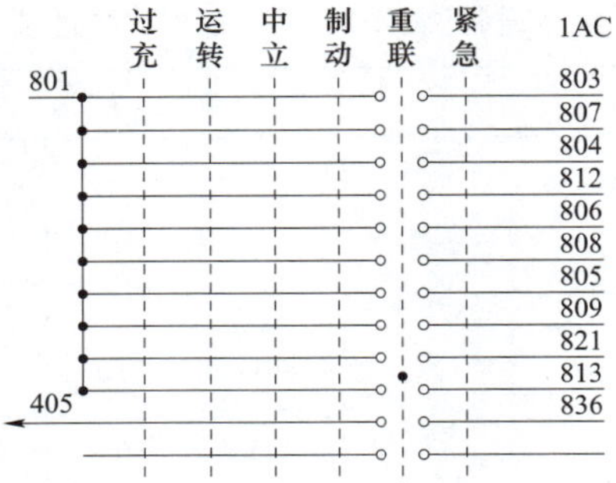 过充 运转 中立 制动 重联 紧急　1AC 801 … 803 807 804 812 806 808 805 809 821 813 836 … 405	801 连通 821	非操纵端 重联机车
紧急位	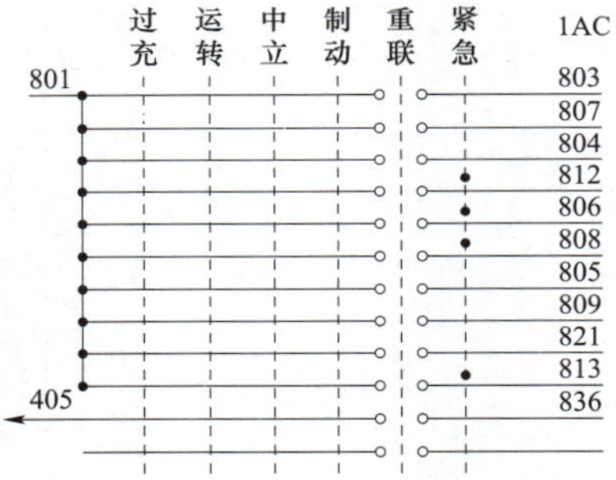 过充 运转 中立 制动 重联 紧急　1AC 801 … 803 807 804 812 806 808 805 809 821 813 836 … 405	801 连通 804、812、806、821	列车紧急制动

📢 **单元思考要点：电空制动控制器的构造、组成**

_____
_____
_____

📝 **任务小结**

计划方案：_____

组织实施：_____

完成效果：_____

姓名_____ 地点_____ 方式 不脱产□ 半脱产□ 全脱产□ 日期_____

2. 制动逻辑控制装置 DKL 的构造、工作原理

DKL 制动逻辑控制装置为电空制动机的电路集成控制装置,适用于 DK-1 型电空制动机控制系统。该装置将先进表面贴片 SMT（surface mount technology）技术与控制芯片相结合,取代 DK-1 型电空制动机控制系统中的迂回电路、阻流板、时间继电器与中间继电器等部件,具有可靠性高、抗干扰能力强、结构紧凑与检修方便等技术特点。可以通过调整软件实现不同的逻辑组合, 以达到不同的控制目的。

1）制动逻辑控制装置 DKL 的构造

制动逻辑控制装置 DKL,采用欧式 4U 标准结构框架,并采用 20 芯铁路专用连接器实现与机车的信号通信,其由四部分组成,分别为机箱、DKL 电源板、DKL 控制板和 DKL 输出板。制动逻辑控制装置如图 2-23 所示。

在固定基架前面板部, 安装有钮子开关,对应制动系统功能开关。基架后侧,装有 20 芯连接器插座,实现同外部机车信号联系。

图 2-23　制动逻辑控制装置

2）制动逻辑控制装置 DKL 的工作原理

DKL 装置系统框图如图 2-24 所示。来自机车的输入开关信号经过 20 芯插头进入 DKL 装置,通过输入单元的电阻网络降压、光电隔离后,将 DC 110 V 的机车信号转换为 5 V 电平信号;进入逻辑处理单元参加逻辑运算, 按照机车要求的逻辑关系进行处理;经输出单元的放大和继电器信号隔离转换, 变为电空阀驱动所需的电压,使 DK-1 制动系统中各电空阀进行相应动作。

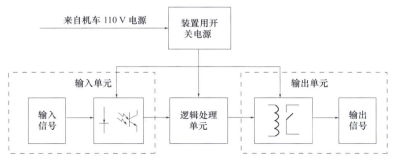

图 2-24　DKL 装置系统框图

3）制动逻辑控制装置 DKL 的钮子开关输出定义

SS$_4$ 改型电力机车 DKL 的钮子开关输出定义如表 2-10 所示。

表 2-10　SS$_4$ 改型电力机车 DKL 的钮子开关输出定义

编号	463QS	464QS	465QS	466QS	467QS	468QS	469QS	470QS
输入对应关系	I15	I16	I24	I25	I26	I27	I28	I29
向上（ON）	不补风	安全投入	电空投入	监控投入	空电联合投入	空联分相锁定	备用 1 投入	备用 2 投入
向下（OFF）	补风	安全切除	电空切除	监控切除	空电联合切除	空联分相切除	备用 1 切除	备用 2 切除

📝 **任务小结**

计划方案：＿＿＿＿＿＿＿＿＿＿＿＿＿＿＿＿＿＿＿＿＿＿

组织实施：＿＿＿＿＿＿＿＿＿＿＿＿＿＿＿＿＿＿＿＿＿＿

完成效果：＿＿＿＿＿＿＿＿＿＿＿＿＿＿＿＿＿＿＿＿＿＿

姓名＿＿＿＿＿　地点＿＿＿＿＿＿＿　方式 不脱产□ 半脱产□ 全脱产□ 日期＿＿＿＿＿＿

3. 电空阀的构造、工作原理

电空阀是借电磁吸力来控制压缩空气管路的导通或关断，从而达到远距离控制气动器械的目的。电空阀按电磁铁形式可以分为拍合式和螺管式两种；按组装方式可以分为立式和卧式两种；按工作原理可以分为开式和闭式两种。

1）电空阀的构造

电空阀主要由上阀门、下阀门、线圈、铜套、动铁芯、磁轭、阀杆等组成。TFK 型电空阀结构如图 2-25 所示。

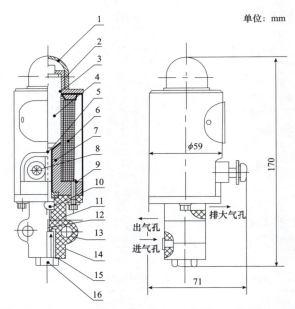

1—防尘罩；2—磁轭；3—铜套；4—动铁芯；5—芯杆；6—线圈；7—铁芯座；8—接线座；9—滑道；
10—上阀门；11—阀座；12—阀杆；13—下阀门；14—弹簧；15—密封垫；16—螺母。

图 2-25　TFK 型电空阀结构

2）电空阀的工作原理

电空阀的气阀部分一般由上、下两个气阀口作为分界，将其分成三个气室。各气室均可与外部连通。下气室与风源连接，中气室通向控制对象，除个别设置外，上气室一般与大气连通。

当线圈有电时，衔铁吸合，阀杆动作，使上阀门关闭，下阀门打开，关断了传动气缸和大气的通路，打开了气源和传动气缸的通路，压缩空气从气源经电空阀进入传动气缸，推动气动器械动作。当线圈失电时，衔铁在反力弹簧作用下打开，带动阀杆上移，使下阀门关闭，上阀门打开，关断了气源和传动气缸的通路，打开了传动气缸与大气的通路，传动气缸的压缩空气经电空阀排向大气，气动器械恢复原状。

3）DK–1 型电空制动机电空阀的代号、作用

SS_4 改型电力机车 DK–1 型电空制动机采用 TFK 型、TFK1B 型电空阀，两种电空阀的电磁机构完全相同，区别在气阀部分。TFK 型电空阀上气室的密封圈能保持气密性。TFK1B 型电空阀上阀门与滑道有间隙，无法保证上气室的气密性，只能通过排风口集中通大气。受结构限制，TFK1B 型电空阀无法利用排风口通向另一控制对象。

DK–1 制动系统中各电空阀代号及作用如表 2–11 所示。

表 2–11　DK–1 制动系统中各电空阀代号及作用

名称	型号	代号	配管			功　用
			输入口	输出口	排气口	
过充	TFK	252YV	总风管	中继阀过充管	不通	过充位得电，使制动主管得到 30～40 kPa 过充压力
中立	TFK$_{1B}$	253YV	总风管	总风遮断阀管	大气	中立、制动、重联、紧急位得电，切断中继阀的制动主管供风风源
排风 1	TFK$_{1B}$	254YV	作用管	大气	大气	得电时，排放作用管的压力空气，实现机车制动机的缓解
检查	TFK	255YV	总风管	均衡风缸管	堵	与检查按钮配合，用于发车前检查、判断制动主管开通状态
排风 2	TFK$_{1B}$	256YV	不通	过充风缸管	大气	中立、制动、重联、紧急位失电，加速排放过充风缸的压力空气，以免影响中继阀的作用
制动	TFK$_{1B}$	257YV	不通	初制风缸管	大气	失电时，排放初制风缸的压力空气；得电时关闭该气路
缓解	TFK	258YV	55 调压阀管	均衡风缸管	初制风缸管	过充位得电，使总风经调压阀 55 向均衡风缸充风；失电时，连通均衡风缸与初制风缸的气路
重联	TFK	259YV	列车管	均衡风缸管	不通	重联、紧急位得电，连通制动主管与均衡风缸的气路，使中继阀自锁
紧急	TFK	94YV	总风管	电动放风阀膜板下侧	大气	紧急位得电，以控制电动放风阀开放制动主管的放风气路；失电时，关闭该气路

📢 单元思考要点：电空阀的构造、组成

_____

_____

_____

_____

图 2-26　电动放风阀

4. 电动放风阀的构造、作用原理

DK-1 型电空制动机中，设有一个 ZDF 型电动放风阀，用来接受紧急电空阀 94YV 的控制。其动作后，连通列车管排大气通路，使列车管产生紧急排风波速，从而控制列车紧急制动作用。

1）电动放风阀的构造

电动放风阀为 DK-1 型电空制动机列车管紧急排风的执行机构。电动放风阀由紧急电空阀 94YV 与放风阀 94 两部分组成，如图 2-26 所示。

电动放风阀主要由下盖、铜碗、芯杆、放风阀、上盖等组成，如图 2-27 所示。电动放风阀内部空间分别与 3 条气路连通。如图 2-28 所示。

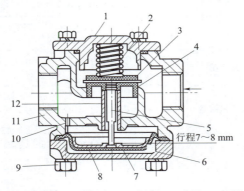

1—上盖；2—放风阀弹簧；3—放风阀；4—阀座；5—芯杆；6—下盖；7—橡胶膜板；8—铜碗；9—螺钉；10—小孔；11—阀体；12—芯杆套。

图 2-27　电动放风阀组成

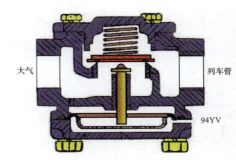

图 2-28　电动放风阀连通气路示意图

（1）放风阀上侧空间经阀体孔与列车管连通。

（2）放风阀下侧及铜碗上侧空间经阀体孔与大气连通。

（3）铜碗及膜板下侧空间与紧急电空阀 94YV 的控制气路连通。

2）电动放风阀的作用原理

正常情况下，紧急电空阀 94YV 失电，电动放风阀铜碗及膜板下侧空间经紧急电空阀 94YV 与大气沟通。在放风阀弹簧作用下，放风阀推动芯杆、铜碗、橡胶膜板下移，关闭放风阀口，切断列车管向大气排风的气路。

当紧急电空阀 94YV 得电时，接通总风经紧急电空阀 94YV 向电动放风阀铜碗及膜板下侧空间充风的气路。橡胶膜板、铜碗推动芯杆上移，顶放风阀，压缩放风阀弹簧，打开放风阀口，连通列车管向大气排风的气路，使列车管压力迅速降低，形成列车管排风波速，列车产生紧急制动作用。

📇 榜样标兵：牢记"火车头"使命，责任当先，标准值乘

"一监二非三感度，四把点八常制动，五缓六急七最大，八把下车去检查。"以上就是 EL-14 型制动机"八步闸"试验。"火车头"人群对这款制动机始终不忘学习，也不忘把自己的感悟编成平仄押韵的诗句，共同分享，共同提高业务水平。

某日，苏××操纵"北京"型内燃机车，牵引一列旅客列车驰骋在铁路津山线上。当运行至石郎庄站至福山寺站区间时，突然暴雨倾盆。苏××凭着对线路的认知与丰富的行车经验，结合机车转型运用的心得体会，果断采取常用制动使列车减速运行。当列车运行至福山寺站进站前的弯道区段时，苏××忽然发现眼前的钢轨即将被从两侧山体冲下的雨水淹没，苏××随即将 EL-14 型制动机手柄推向紧急制动位，使列车安全停车，防止了可能发生的列车脱轨事故。

> 📢 单元思考要点：电动放风阀的构造、组成
>
> _____
> _____
> _____

📝 任务小结

计划方案：_____

组织实施：_____

完成效果：_____

姓名_____　地点_____　方式 不脱产□ 半脱产□ 全脱产□ 日期_____

⁉️ 复习思考

1. 简述电空制动控制器的结构组成。
2. 简述电空制动控制器的工作原理。
3. 简述制动逻辑控制装置 DKL 的结构组成。
4. 简述制动逻辑控制装置 DKL 的工作原理。
5. 简述 TFK 型电空阀的结构组成。
6. 简述 TFK 型电空阀的工作原理。
7. 简述 ZDF 型电动放风阀的结构组成。
8. 简述 ZDF 型电动放风阀的作用原理。

◤▌ 数字学习资源 ▌◢

"DK-1 型电空制动机主要电气部件的构造、工作原理"数字课件。

2.4.2　DK-1型电空制动机主要气动部件的构造、工作原理

DK-1型电空制动机的主要气动部件包括空气制动阀、中继阀、分配阀、紧急阀与重联阀等。

📖 学习目标

● DK-1型电空制动机空气制动阀等主要气动部件的构造、作用
● DK-1型电空制动机空气制动阀等主要气动部件的工作原理

1. 空气制动阀的构造、工作原理

空气制动阀俗称"小闸",是DK-1型电空制动机的操作控制部件。在电空位时,通过对其手把的操纵,可以控制机车的单独制动与缓解。在空气位时,可以控制列车的制动、保压与缓解,具有电空制动控制器的基本作用。

1）空气制动阀的构造

空气制动阀如图2-29所示。空气制动阀主要由操纵手柄、电气部分、凸轮盒部分及阀体部分组成,如图2-30所示。

图2-29　空气制动阀

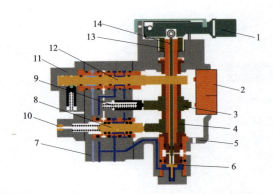

1—操纵手柄；2—微动开关；3—定位凸轮；4—作用凸轮；5—凸轮座；
6—单独缓解阀；7—阀座；8—作用柱塞；9—定位柱塞；10—排风堵；
11—阀体；12—转换柱塞；13—转轴；14—顶杆。

图2-30　空气制动阀结构

（1）操纵手柄。操纵手柄设有4个工作位置,按逆时针排列顺序为:缓解位、运转位、中立位和制动位。操作手柄只能在运转位取出或插入。

（2）电气部分。空气制动阀上共装有2个微动开关,分别受转换柱塞及定位凸轮的控制,并通过接线端子与外部电路相连。联锁微动开关包括双断点微动开关3SA1和单断点微动开关3SA2。

（3）凸轮盒部分。① 凸轮机构。凸轮盒内装有转轴、定位凸轮、作用凸轮,下方装有排风阀。转轴为空心方轴结构,上部与手柄座连接,外部套有定位凸轮和作用凸轮,中心装有顶杆,顶杆上接手柄,下与排气阀相连。定位凸轮有两个作用:与定位柱塞组成定位机构,确保位置的准确无误;与微动开关组成电控环节。作用柱塞凸轮只控制作用柱塞的左右移动,实现气路的连通与切断。② 单独缓解阀。单独缓解阀又称单缓阀,单独缓解阀与其阀套构成

该阀的阀口，通过下压手柄推动顶杆下移并顶开单缓阀阀口，从而连通作用管向大气排风的气路，以实现机车的单独缓解。

（4）阀体部分。① 转换柱塞阀。转换柱塞阀用于控制电空位与空气位的转换。转换柱塞阀主要由转换柱塞、转换柱塞阀套、定位机构及 O 形圈等组成。其中，转换柱塞通过阀侧电—空转换扳钮的扳动在转换柱塞套内做前后动作，通过转换柱塞尾部定位装置实现两个工作位置转换定位。转换柱塞阀套上设径向通孔，分别与均衡风缸管、作用管连通。② 作用柱塞阀。通过作用凸轮的左右移动，作用柱塞阀连通或切断相应气路，间接控制均衡风缸或作用管的充、排风。其主要由作用柱塞、阀套、弹簧及 O 形圈等组成。作用柱塞阀套上设径向通孔，分别与调压阀管、大气连通。③ 定位柱塞。定位柱塞与定位凸轮配合，实现空气制动阀手柄的定位作用。

2）空气制动阀的工作原理

空气制动阀的作用位置包括电空位和空气位两种。

（1）电空位操作。电空位为空气制动阀的正常工作位置，用于单独控制机车的制动、保压与缓解。空气制动阀有 4 个作用位置：缓解、运转、中立、制动。操作手柄在上述 4 个位置均可下压缓解机车制动。空气制动阀操纵手柄各位置作用（电空位）见表 2–12。

表 2–12　空气制动阀操纵手柄各位置作用（电空位）

工作位置	原理图	气路	电路
缓解位	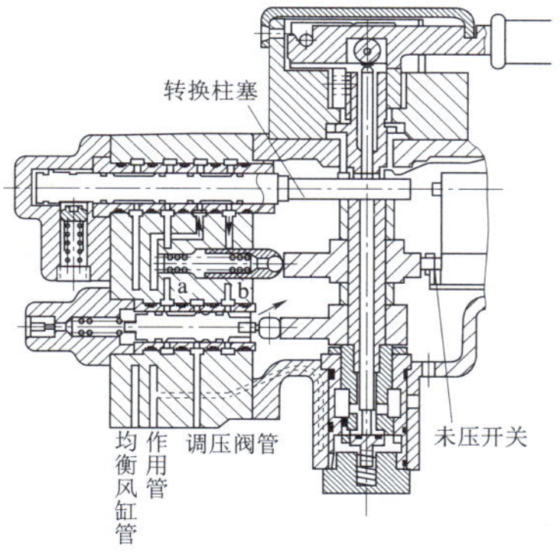	空气制动阀手柄置于缓解位，作用柱塞阀沟通作用管—电空转换阀—作用柱塞阀—大气，实现机车的单独缓解	微动开关 3SA2 闭合电路 809 —818
运转位	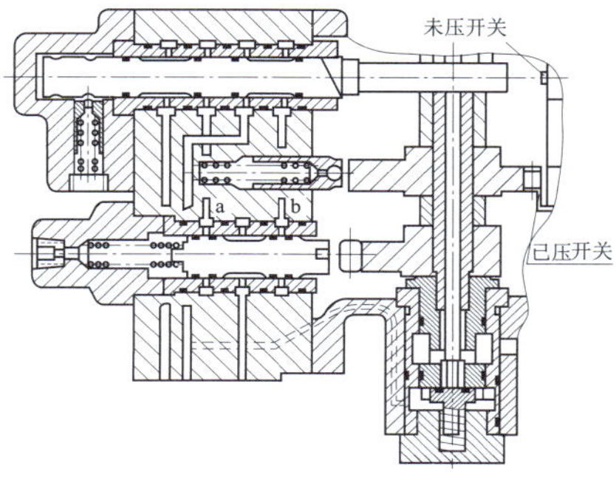	空气制动阀手柄置于运转位，作用柱塞阀左移至中间位，切断所有气路	微动开关 3SA1 闭合电路 899—801，接通电空制动控制器的电源；断开电路 899—800

工作位置	原理图	气路	电路
中立位		空气制动阀手柄置于中立位,作用柱塞阀切断所有气路	微动开关 3SA2 切断电路 809—818
制动位		空气制动阀手柄置于制动位,作用柱塞阀沟通调压阀管—作用柱塞阀—电空转换阀—作用管,实现机车的单独制动	微动开关 3SA2 切断电路 809—818
下压手把位		在中立位时,下压空气制动阀手柄,推动顶杆压缩单缓阀弹簧,并顶开单缓阀口。从而连通作用管—单缓阀口—大气,实现机车的单独缓解	同中立位。微动开关 3SA2 切断电路 809—818

（2）空气位操作。空气位为空气制动阀的非正常工作位,是作为电空位故障后的一种应急补救操纵措施。在此种模式下,空气制动阀可以控制全列车的常用制动、保压与缓解。

在运行中遇电空系统出现故障,司机需将设置在空气制动阀左侧的电—空转换扳钮由电空位扳至空气位。转换柱塞除转换相应的空气通路外,还带动相应的联锁 3SA1 断开电路 899—801,使电空制动控制器断电失控;闭合电路 899—800,单独使制动电空阀 257YV 得电。调整调压阀 53 或 54,将调压阀整定压力由 300 kPa 调至制动主管额定压力 500 kPa（600 kPa）。空气制动阀操纵手柄各位置作用（空气位）见表 2-13。

表 2-13　空气制动阀操纵手柄各位置作用（空气位）

工作位置	原理图	气路
缓解位	转换柱塞　已压开关　a　b　均衡风缸管　调压阀管	空气制动阀手柄置于缓解位，作用柱塞处于左极端位置，连通了调压阀管—作用柱塞阀—转换柱塞阀—均衡风缸管的通路
运转位、中立位	已压开关	空气制动阀手柄置于运转位，作用柱塞阀左移至中间位，切断所有气路。中立位作用位置与运转位相同，均为保压作用
制动位	已压开关　a　b	当空气制动阀手柄置于制动位时，作用柱塞阀开通了均衡风缸管—转换柱塞阀—作用柱塞阀—大气的通路
下压手把位	a　b	在中立位时，下压空气制动阀手柄，推动顶杆压缩单缓阀弹簧，并顶开单缓阀口。从而连通作用管—单缓阀口—大气，实现机车的单独缓解

📢 单元思考要点：空气制动阀的构造、组成

_____

_____

_____

📝 **任务小结**

计划方案：_____

组织实施：_____

完成效果：_____

姓名_____ 地点_____ 方式 不脱产☐ 半脱产☐ 全脱产☐ 日期_____

2. 中继阀的构造、工作原理

中继阀是 DK-1 型电空制动机的中间控制部件，作为气动部件的中继阀用来控制列车管的充、排风与保压作用，实现对列车的制动、保压与缓解的操作。

1）中继阀的构造

中继阀（见图 2-31）由总风遮断阀、双阀口式中继阀和管座三部分组成，通过同一个阀座安装于制动屏柜上，并经阀座与总风管、列车管、均衡风缸管、过充风缸管、总风遮断阀管 5 条管路连接。

（1）总风遮断阀。总风遮断阀的功用是适时地打开或关闭总风到双阀口式中继阀供气阀室的通路。总风遮断阀属于阀口式空气阀，其主要由遮断阀盖、遮断阀、阀座、遮断阀套等组成，如图 2-32 所示。

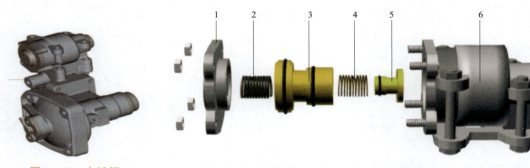

图 2-31　中继阀

1—遮断阀盖；2—作用弹簧；3—遮断阀套；4—遮断阀弹簧；5—遮断阀；6—阀套。

图 2-32　总风遮断阀结构示意图

（2）双阀口式中继阀。双阀口式中继阀是依据均衡风缸、过充风缸的压力变化情况直接控制列车管的充气、消除过充、排气和保压，从而实现全列车缓解、制动作用。

双阀口式中继阀主要由主活塞、供气阀机构、排气阀机构、顶杆、阀座组成。双阀口式中继阀结构如图 2-33 所示。

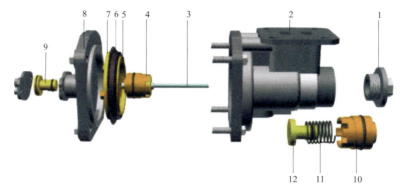

1—端盖；2—阀体；3—顶杆；4—供气阀；5—内活塞；6—膜板阀座；7—外活塞；8—中继阀盖；
9—过充柱塞；10—排气阀套；11—排气阀弹簧；12—排气阀。

图 2-33　双阀口式中继阀结构

（3）中继阀气路通路。双阀口式中继阀内部空间分别
与 5 条气路连通，如图 2-34 所示。

① 过充柱塞左侧空间与过充风缸管连通。

② 中继阀活塞膜板左侧空间中均室与均衡风缸管连通。

③ 中继阀活塞膜板右侧及阀座中间的空间与列车管连通。

④ 排气室与大气连通。

⑤ 供气室与总风缸管连通。

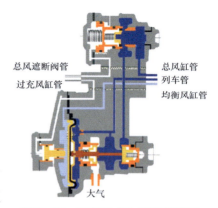

图 2-34　双阀口式中继阀气路图

2）中继阀的工作原理

中继阀具有充、排气快和灵敏度高的特点。当自动制
动阀手柄在过充位时，中继阀能使列车管得到高于额定压
力 30～40 kPa 的过充压力，以加快列车的制动与缓解速度。
当自动制动阀手柄由过充位移回运转位后，列车管的过充压力缓慢地消除，而不会引起列车
产生自然制动。当自动制动阀手柄移至制动位后移回中立位时，列车管随着均衡风缸实施减
压，且两者的最终压力相等。

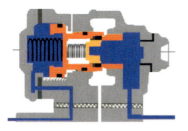

图 2-35　总风遮断阀

（1）总风遮断阀。总风遮断阀（见图 2-35）的工作过程
包括关闭状态、开启状态。

① 关闭状态。当中立电空阀 253YV 得电时，总风缸管向
总风遮断阀充风。总风遮断阀在左侧的总风遮断阀管压力及弹
簧力的作用下右移，迅速关闭总风遮断阀口，切断总风管通往
双阀口式中继阀供气室的通路。

② 开启状态。当中立电空阀 253YV 失电时，总风遮断阀
管通大气。总风遮断阀套左侧无压力，总风遮断阀在其右侧的
总风压力作用下，克服弹簧的反力左移，使遮断阀口呈开启状态。总风遮断阀连通总风通往
中继阀供气室的通路。

（2）双阀口式中继阀。双阀口式中继阀结构、管路连接示意图如图 2-36 所示。双阀口
式中继阀主要根据均衡风缸压力变化，配合活塞膜板两侧的压力差发生变化，从而通过活塞
膜板带动顶杆左、右移动，顶开供气阀口或排气阀口，连通或切断列车管的排气或供气气路，

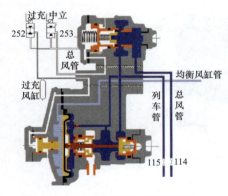

图 2-36 双阀口式中继阀结构、管路连接示意图

实现列车管的充、排气。双阀口式中继阀有充气缓解位、缓解后保压位、制动位、制动后保压位、快速充风位 5 个作用位置。

① 充气缓解位。当自动制动阀置于运转位时，缓解电空阀得电，均衡风缸压力升至定压。中立电空阀失电，总风遮断阀口开启。当列车管压力低于定压时，活塞膜板右移，通过顶杆打开供气阀口，由总风遮断阀来的总风缸压力空气经开启的供风阀口直接充入列车管，同时经过 $\phi 1$ mm 缩孔进入活塞右侧。列车管压力升高，列车缓解。

② 缓解后保压位。随着列车管压力的逐渐增加，活塞膜板逐渐左移，当活塞膜板两侧压力平衡时，供气阀自动关闭。总风管不再向列车管充风，形成缓解后保压位。

③ 制动位。当活塞膜板左侧压力降低时，列车管的压力推动活塞膜板左移，活塞膜板使顶杆带动排气阀打开排风口，列车管的压力空气经排风口排向大气。同时，活塞膜板右侧的压力空气经缩孔随列车管压力空气一同排向大气，直至列车管停止排风，活塞膜板左、右侧压力平衡为止。

④ 制动后保压位。当活塞膜板两侧压力接近一致时，活塞膜板处于平衡状态，供气阀在其弹簧的作用下，关闭供气阀口。而排气阀在其弹簧的作用下，关闭排气阀口，形成制动后的保压位。

⑤ 快速充风位。电空制动控制器手柄在过充位时，在过充活塞左侧充入总风缸压力空气，使过充柱塞右移，过充柱塞的端部顶在活塞上，该作用力的大小相当于 30～40 kPa 压力空气所产生的作用力，同时均衡风缸为定压。在过充风缸、均衡风缸共同作用下，活塞膜板带动顶杆迅速右移，顶开供气阀口，并且阀口开启较大，使总风管迅速向列车管及活塞膜板右侧充风。当活塞膜板右侧压力及列车管压力与活塞膜板左侧压力平衡时，在供气阀弹簧作用下，关闭供气阀口。

如欲消除过充压力，可将电空制动控制器操作手柄由过充位移至运转位。此时，均衡风缸仍保持定压，而过充风缸内的压力经过充风缸本身 $\phi 0.5$ mm 小孔缓慢排向大气。过充柱塞端部作用在活塞膜板上的附加力缓慢消失，列车管过充压力缓慢排向大气，不会引起列车产生自然制动。

📢 单元思考要点：中继阀的工作原理

✎ **任务小结**

计划方案：＿＿＿＿＿＿＿＿＿＿＿＿＿＿＿＿＿＿＿＿＿＿＿＿

组织实施：＿＿＿＿＿＿＿＿＿＿＿＿＿＿＿＿＿＿＿＿＿＿＿＿

完成效果：＿＿＿＿＿＿＿＿＿＿＿＿＿＿＿＿＿＿＿＿＿＿＿＿

3. 分配阀的构造、工作原理

机车分配阀受列车管压力或作用管压力变
化的影响，去控制机车制动缸的压力变化，从
而控制机车的制动、保压与缓解作用。

1）分配阀的构造

DK-1 型电空制动机采用了 109 型分配阀
（见图 2-37），该阀主要由主阀、安全阀、安装
座三部分组成，通过同一个阀座安装于制动屏
柜上，并经阀座与总风管、列车管、作用管、
工作风缸管、制动缸管 5 条管路连接。

（1）主阀。主阀是分配阀的主要部分。控
制着容积室、工作风缸、制动缸等不同通路的
充风、排风和保压作用。主阀由主阀部、均衡
部、紧急增压阀 3 部分组成。

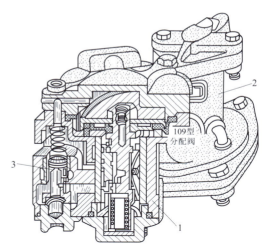

1—主阀部；2—均衡部；3—紧急增压阀。

图 2-37　109 型分配阀

① 主阀部。主阀部根据列车管的压力变化来控制容积室和作用管的充风、排风。其由活
塞、活塞杆、滑阀、节制阀、节制阀弹簧、稳定杆、稳定弹簧及挡圈等组成。109 型分配阀
主阀部结构如图 2-38 所示。

② 均衡部。均衡部根据容积室和作用管的压力变化来控制制动缸的充风、排风。均衡部
位于主阀部右侧，由均衡活塞（上活塞、下活塞）、空芯阀杆、上盖、弹簧、供气阀导向杆、
供气阀、均衡部下盖等组成。109 型分配阀均衡部结构如图 2-39 所示。

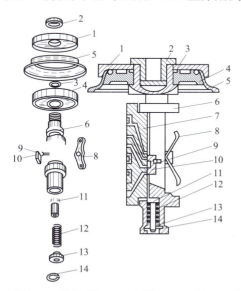

1—上活塞；2—活塞压帽；3—密封圈；4—下活塞；5—膜板；
6—活塞杆；7—滑阀；8—滑阀弹簧；9—节制阀弹簧；10—节制阀；
11—稳定杆；12—稳定弹簧；13—稳定弹簧座；14—挡圈。

图 2-38　109 型分配阀主阀部结构

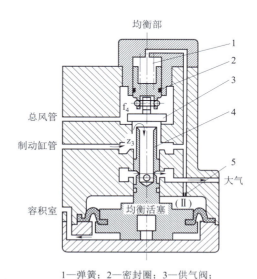

1—弹簧；2—密封圈；3—供气阀；
4—空芯阀杆；5—缩口。

图 2-39　109 型分配阀均衡部结构

③ 紧急增压阀。紧急增压阀用于紧急制动时，使总风向容积室迅速充风，从而使机车制动缸压力迅速上升，以实现紧急制动。

紧急增压阀主要由增压阀、增压阀套、增压阀弹簧、密封圈等组成。109 型分配阀紧急增压阀如图 2-40 所示。

（2）安全阀。安全阀装在安装座上，主要由阀、阀杆、调整弹簧、阀体等组成。109 型分配阀安全阀如图 2-41 所示。安全阀通过安装座内管路与容积室相通，其作用是防止紧急制动时制动缸压力过高，引起车轮的滑行。当容积室压力超过调整弹簧压力时，开放排风口，防止容积室压力超过其整定压力。安全阀整定压力为 450 kPa，无动力回送时整定值为 200 kPa。

（3）安装座。安装座既是分配阀的安装座，又是分配阀与外部管路的连接座。安装座内铸有 1.85 L 的容积室空腔和 0.6 L 的局减室空腔。安装座背面为接管面，分别与总风管、制动缸管、作用管、列车管及工作风缸管 5 根管子相连。其正面为主阀安装面，顶面装有安全阀。109 型分配阀安装座结构如图 2-42 所示。

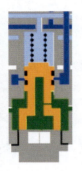

图 2-40　109 型分配阀
紧急增压阀

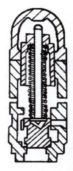

图 2-41　109 型分配阀
安全阀

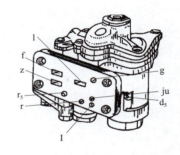

l—接列车管；f—接总风管；z—接制动缸管；
g—接工作风缸管；r、r_5—容积室；ju—局减室；
d_5—作用管排气孔；I—局减室排气孔。
图 2-42　109 型分配阀安装座结构

（4）分配阀气路通路。109 型分配阀分别与 5 条气路连通，如图 2-43 所示。

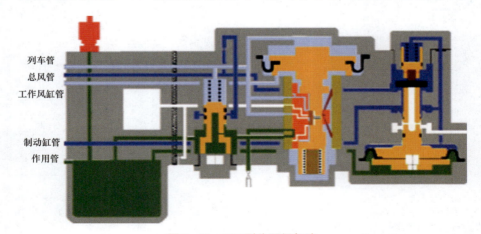

列车管
总风管
工作风缸管

制动缸管
作用管

图 2-43　109 型分配阀气路

① 主活塞的膜板上、下两侧互相密封。膜板上侧通列车管，下侧通工作风缸。

② 均衡部橡胶膜板上侧通制动缸，下侧通容积室。均衡活塞杆上的轴向中心孔经杆上的四个径向孔通大气，并装有密封圈以防制动缸的泄漏。均衡阀上侧通总风管、下侧通制动缸，均衡阀杆的上方也通制动缸。在杆上也套有密封圈，以防下方的总风压力空气向上漏入制动缸。另在阀体上装有缩孔堵，以使制动缸压力保持稳定上升。

③ 紧急增压阀上侧与列车管连通，下侧及内侧与容积室连通。紧急增压阀套上的孔与总风连通。

④ 容积室在缓解时与 156 塞门连通。

⑤ 局减室经局减室排气孔与大气连通。

2）分配阀的工作原理

109 型分配阀作用位置可分为：充气缓解位、初制动位、制动位、制动后保压位、紧急位、单独制动位、单独缓解位 7 个位置。

（1）充气缓解位。109 型分配阀充气缓解位作用原理如图 2-44 所示。

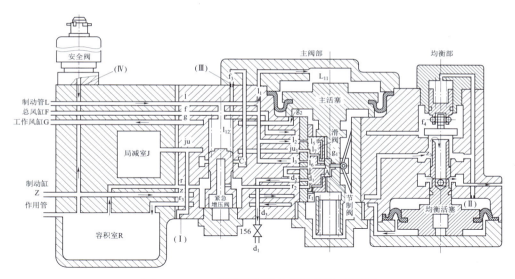

图 2-44　109 型分配阀充气缓解位作用原理

① 主阀部。当列车管升压时，列车管压力空气经内部通路到达主活塞上部，使主活塞下移，同时带动节制阀、滑阀下移到充风缓解位。列车管—工作风缸充风的通路、容积室—156 塞门—大气通路开通。若 156 塞门开放，将使容积室压力空气经该通路排向大气。

② 均衡部。由于主阀部通路使容积室压力空气排出，所以均衡部均衡活塞处于缓解位，均衡活塞下移，使空心阀杆顶部离开供风阀，排气阀阀口打开，制动缸压力空气—空芯阀杆内部通道排向大气，机车缓解。

（2）初制动位。当列车管减压时，主活塞上部的列车管压力降低，主阀活塞在工作风缸压力作用下，将带动节制阀上移，切断了列车管与工作风缸的通路。使列车管压缩空气通局减室，并经主阀安装孔通向大气，形成了分配阀的初制动位。

初制动位主活塞仅上移 4 mm，使滑阀与主活塞杆之间的间隙处于滑阀上方，列车管产生局减作用。

（3）制动位。109 型分配阀制动位作用原理如图 2-45 所示。

① 主阀部。由于列车管的进一步减压及列车管的局减作用，增大了主活塞上、下间的压力差，主活塞继续上移，带动滑阀克服滑阀与滑阀座间的摩擦阻力上移至制动位，开通了工作风缸—滑阀—容积室通路。容积室压力上升，工作风缸压力下降。

② 均衡部。容积室压力空气通均衡活塞下部。首先，均衡活塞上移使空芯阀杆端部密贴于供风阀，关闭排风口。然后，继续上移顶开供风阀，总风缸压力空气通制动缸，机车制动；总风缸压力空气通供气阀上部，确保排气阀口的关闭；总风缸压力空气通缩口风堵Ⅱ均衡活塞上方，用以平衡均衡活塞上、下侧压力。

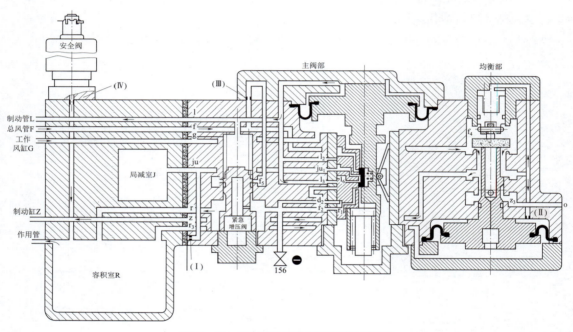

图 2-45　109 型分配阀制动位作用原理

（4）制动后保压位。

① 主阀部。列车管刚停止减压时，工作风缸仍在向容积室充风，直到主活塞两侧的列车管与工作风缸压力接近时，在主活塞尾部被压缩的稳定弹簧的反力及主活塞自重的作用下，使主活塞仅带动节制阀向下移动，切断工作风缸与容积室的通路，工作风缸保压。

② 均衡部。由于容积室保压，均衡活塞上侧的制动缸压力与均衡活塞下部的容积室压力接近，在供气阀、均衡活塞的自重及供气阀弹簧的作用下，关闭供气阀口，停止总风缸向制动缸充风，使分配阀处于制动后保压位。

工作风缸与容积室及均衡活塞下方的容积比为 2.5∶1，机车制动缸的压力 P 与减压量 r 的关系为：$P = 2.5r$。

（5）紧急位。109 型分配阀紧急位作用原理如图 2-46 所示。

① 施行紧急制动时，列车管压力迅速降至 0，主阀部迅速进入制动位，工作风缸向容积室迅速充风。

② 均衡部的动作亦与制动位时相同，各气路开放至最大状态。

③ 紧急增压阀上部列车管压力急剧下降，下部容积室压力急速上升，紧急增压阀柱塞克服弹簧作用上移，紧急增压阀横向小孔开放，总风压力空气通容积室至均衡活塞下部；总风压力空气通容积室至安全阀。容积室的压力达到（450±10）kPa 时，安全阀动作。

④ 均衡部供气阀开启时间延长，使制动缸压力达到（450±10）kPa 并实现限压，也防止机车的滑行。

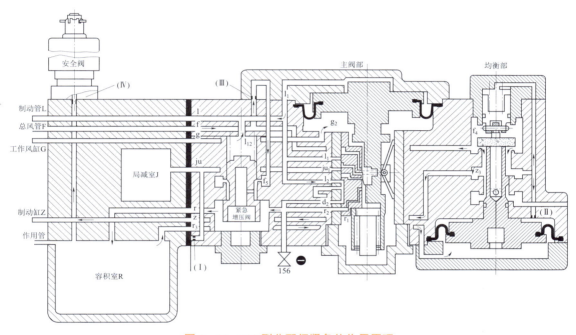

图 2−46　109 型分配阀紧急位作用原理

（6）单独制动位。单独操纵空气制动阀使作用管增压，作用管—容积室—均衡活塞下方压力上升。均衡活塞上移，空芯杆顶开供气阀，总风缸压力空气经供气阀进入制动缸；总风缸压力空气经缩孔进入均衡活塞上方。当均衡活塞上方制动缸压力与下方容积室压力平衡时，均衡活塞下移关闭供气阀；同时空芯杆与供气阀底面保持密贴，制动缸保压。

（7）单独缓解位。单独操纵空气制动阀使作用管减压，容积室的减压使均衡活塞上下失去了平衡。在制动缸压力作用下，均衡活塞下移，使空芯杆顶面离开供气阀，制动缸压缩空气通均衡部排气口至大气，而均衡活塞上侧及供气阀杆上侧的压力空气也经上述通路排入大气。机车制动缸压力下降，实现单独缓解。

📢 **单元思考要点：分配阀的工作原理**

计划方案：_____

组织实施：_____

完成效果：_____

姓名_____ 地点_____ 方式 不脱产□ 半脱产□ 全脱产□ 日期 _____

4. 紧急阀的构造、工作原理

紧急放风阀（紧急阀）根据列车管排风速度的快慢，自动选择作用位置。在紧急制动时，紧急放风阀参与电动放风阀排风，加快列车管排风波速，提高了紧急制动的灵敏度。通过机车电气线路联锁，切除牵引工况机车的动力源，使紧急制动作用更加可靠。

1）紧急阀的构造

紧急放风阀由阀座、紧急阀部分两部分组成，如图 2-47 所示。阀安装在安装座上，安装座内部设一个空腔容积为 1.5 L 的紧急室。

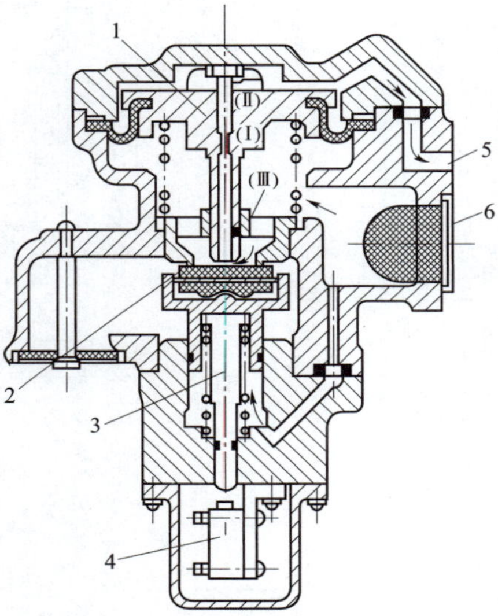

1—紧急活塞；2—夹心阀；3—传递杆；
4—微动开关；5—紧急室；6—列车管。

图 2-47 紧急放风阀结构

（1）活塞膜板。活塞膜板是传感部件，用于感应作用在橡胶膜板上、下两侧的压力差，从而带动紧急活塞杆上、下移动，控制夹心阀关闭或开启放风阀口，切断或连通列车管的放风通路。

（2）活塞杆。活塞杆随活塞膜板上、下移动，控制夹心阀关闭或顶开放风阀口。活塞杆轴向中心开一通孔，并设 3 个缩孔：缩孔 I $\phi1.8$ mm、缩孔 II $\phi0.5$ mm、缩孔 III $\phi1.2$ mm，用来限制紧急室的充、排风速度。缩孔 I 在常用制动时，控制紧急室向列车管逆流速度；缩孔 II 在充气缓解时，用以控制列车管向紧急室的充风速度；缩孔 III 在紧急制动时，控制紧急室压力空气排入大气的时间。

（3）放风阀机构。连通或切断列车管放风气路并联动微动开关 95SA 的执行部件。

（4）微动开关。微动开关代号为 95SA，为双断点微动开关，用来控制电路 838—839 的闭合与断开。

2）紧急阀的工作原理

紧急阀有三个工作位置：充气缓解位、常用制动位和紧急制动位。

（1）充气缓解位。列车管充风缓解时，紧急阀处于充气缓解位。列车管充风增压时，紧急活塞膜板上、下产生较大压力差，列车管压力空气首先把紧急活塞压紧在上盖上，并使紧急活塞通过密封圈与上盖密贴。列车管压力空气先通过活塞空芯阀杆垂向缩孔 I 后，再经上部横向缩孔 II 向紧急室充风，为紧急制动做好准备。

（2）常用制动位。紧急阀常用制动位作用原理如图 2-48 所示。

列车管常用减压时，紧急活塞膜板下部压力降低，紧急室的压力空气经缩孔 II、I 向列车管逆流的速度小于列车管的减压速度，造成活塞膜板上方压力稍高于下方压力。紧急活塞克服弹簧力下移，使活塞上方的密封圈与上盖分开，紧急室压力空气经较大的缩孔Ⅰ向列车管逆流，使紧急室压力空气逆流速度与列车管压力下降速度保持一致。紧急活塞悬在中间位置。当列车管保压时，活塞在弹簧反力作用下恢复到充风缓解位。

限制缩孔Ⅰ直径的大小直接影响紧急阀的性能，过大会影响紧急阀的灵敏度，过小会降低常用制动的安定性，误动作则会引起紧急制动。

（3）紧急制动位。紧急阀紧急制动位作用原理如图2-49所示。

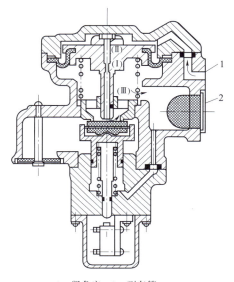

1—紧急室；2—列车管。

图 2-48　紧急阀常用制动位作用原理

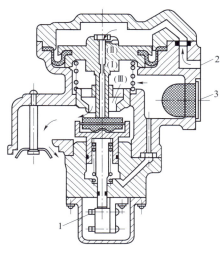

1—接触开关；2—紧急室；3—列车管。

图 2-49　紧急阀紧急制动位作用原理

当列车管按紧急制动波速排风时，紧急活塞膜板下侧压力下降较快，活塞膜板带动活塞杆下移，顶开放风阀口，使列车管通大气。同时，夹心阀带动传递杆下移，压缩微动开关95SA，实现电路转换，切断列车管风源与机车动力源。

紧急室压缩空气经缩孔Ⅰ、Ⅲ排向大气，此排风时间大概为15 s，即发生紧急制动后，夹心阀打开时间约为15 s。在紧急制动后的15 s内进行缓解操纵，则不能实现缓解。

📢 单元思考要点：紧急阀的工作原理

_____

_____

_____

📝 **任务小结**

计划方案：_____

组织实施：_____

完成效果：_____

姓名_____　地点_____　方式 不脱产☐ 半脱产☐ 全脱产☐ 日期_____

5. 重联阀的构造、工作原理

重联阀可以保证重联机车制动机的制动、保压、缓解作用与本务机车同步、一致。若重联运行中一旦发生分离事故，重联机车制动机会产生紧急制动作用，并保持制动保压作用。

1）重联阀的构造

重联阀主要由重联阀部、本—补转换阀部、制动缸遮断阀部及阀体、管座等组成。重联阀结构如图2-50所示。其连接管路包括作用管、平均管、总风联管及制动缸管。

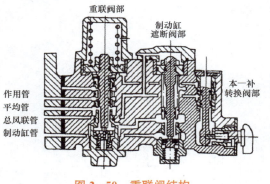

图2-50　重联阀结构

（1）重联阀部。重联阀部主要由重联阀弹簧、重联阀活塞、O形圈、活塞杆、止回阀、止回阀弹簧等组成。

重联阀部的工作受转换阀部控制。本—补转换阀部的转换按钮置于不同位置时，根据重联阀活塞上下两侧的作用力之差带动活塞杆上下移动，关闭或顶开止回阀，并由活塞杆连通或切断相应气路。

（2）制动缸遮断阀部。

制动缸遮断阀部主要由制动缸遮断阀活塞、O形圈、活塞杆、遮断阀弹簧、止回阀、止回阀弹簧等组成。

正常运行时，在总风联管压力空气作用下，制动缸遮断阀活塞和活塞杆下移顶开止回阀，连通制动缸与相应管路之间的气路。

一旦发生机车间分离事故时，由于总风联管压力迅速降低，在遮断阀弹簧作用下，活塞杆上移，止回阀关闭，切断了制动缸与其他管路之间的气路，并使机车保持制动缸的压力。

（3）本—补转换阀部。

本—补转换阀部主要由转换按钮、弹簧、偏心杆、柱塞、O形圈、阀套等组成。

该部设本机位和补机位两个工作位置。在弹簧和定位销的作用下，转换按钮保持在某一固定位置上。若需转换位置，须先将转换按钮向里推，然后再转动180°至所需的位置。转换按钮带动偏心杆转动，从而带动柱塞在阀套内上下移动，以连通或切断相应气路。本机位切断总风联管与重联阀活塞下侧之间的气路，连通重联阀活塞下侧与大气之间的气路。补机位连通总风联管与重联阀活塞下侧之间的气路。

2）重联阀的工作原理

（1）本机位。重联阀本机位作用原理如图2-51所示。

在本机位时，连通列车管与平均管之间的气路。为实现重联机车制动缸压力变化与本务机车制动缸压力变化协调一致做好准备。

（2）补机位。重联阀补机位作用原理如图2-52所示。

在补机位时，平均管与作用管气路的连通，使本务机车制动缸的压力变化通过平均管传入重联机车的

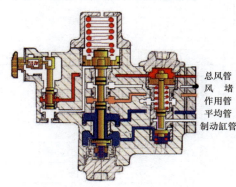

图2-51　重联阀本机位作用原理

作用管。通过重联机车分配阀均衡部动作，控制重联机车制动缸压力变化与本务机车制动缸压力变化同步、一致。

（3）分离事故的保护作用。

① 本机位。运行中发生分离事故时，制动缸管、总风联管、平均管等连接软管均被拉断，本务机车产生紧急制动。由于总风联管内压力迅速下降，制动缸遮断阀活塞在其弹簧作用下，带动活塞杆上移，关闭止回阀口，切断了制动缸管与重联阀止回阀处的制动缸通路。可以防止制动缸压力空气经重联阀部止回阀、平均管向大气排风，保证本务机车紧急制动的可靠实施。

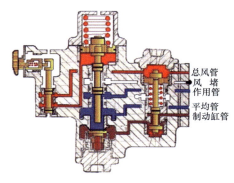

图 2-52　重联阀补机位作用原理

② 补机位。运行中发生分离事故时，制动缸管、总风联管、平均管等连接软管均被拉断，本务机车产生紧急制动。由于总风联管内压力迅速下降，重联机车制动缸遮断阀部活塞在其弹簧作用下，带动活塞杆上移，关闭止回阀口，切断了制动缸管与平均管的通路，保证重联机车紧急制动可靠实施。

📢 **单元思考要点：重联阀的工作原理**

✏️ **任务小结**

计划方案：_____

组织实施：_____

完成效果：_____

姓名_____　地点_____　方式 不脱产☐ 半脱产☐ 全脱产☐ 日期_____

💬 **复习思考**

1. 简述空气制动阀的结构组成。

2. 简述空气制动阀"电空位"的工作原理。

3. 简述空气制动阀"空气位"的工作原理。

4. 中继阀由哪些部件组成？

5. 简述总风遮断阀的工作原理。

6. 简述双阀口式中继阀的工作原理。

7. 为什么过充压力消失不会引起列车产生自然制动？

8. 简述 109 型分配阀由哪些部件组成。

9. 简述 109 型分配阀主阀部的结构及作用。

10. 简述 109 型分配阀均衡部的结构及作用。

11. 简述 109 型分配阀紧急增压阀的结构及作用。

12. 简述 109 型分配阀安全阀的结构及作用。

13. 简述 109 型分配阀充气缓解位的工作原理。

14. 简述 109 型分配阀制动位的工作原理。

15. 简述 109 型分配阀制动后保压位的工作原理。

16. 简述 109 型分配阀紧急位的工作原理。

17. 109 型分配阀均衡部上设缩孔 Ⅱ 有何作用？

18. 简述 109 型分配阀单独制动位的工作原理。

19. 简述 109 型分配阀单独缓解位的工作原理。

20. 紧急放风阀由哪些部件组成？紧急放风阀有何作用？

21. 简述紧急放风阀充气缓解位的工作原理。

22. 简述紧急放风阀常用制动位的工作原理。

23. 简述紧急阀紧急制动位的工作原理。

24. 重联转换阀由哪些部件组成？重联转换阀有何作用？

25. 简述重联转换阀重联阀部的结构及工作原理。

26. 简述重联转换阀遮断阀部的结构及工作原理。

27. 简述重联转换阀断钩保护作用。

▌▌ 数字学习资源 ▌▌

"DK-1 型电空制动机主要气动部件的构造、工作原理" 数字课件。

2.4.3 DK-1 型电空制动机辅助部件的构造、工作原理

DK-1 型电空制动机辅助部件主要包括：压力开关、转换阀、调压阀、机车无动力回送装置及管道滤尘器等阀类。辅助部件主要是为制动机本身不能完成的一些特殊性能而设置的，且各型机车制动机辅助部件性能略有不同。

📖 学习目标

- DK-1 型电空制动机压力开关等辅助部件的构造、作用
- DK-1 型电空制动机压力开关等辅助部件的工作原理

1. 压力开关的构造、工作原理

压力开关是一种气动电器，通过压力空气的压力变化来实现电路的转换控制。

DK-1 型电空制动机采用两个 TYJ 型压力开关，该压力开关利用上下气室的压力差而动作。压力开关整定值已经设定，无法调整。压力开关 208 是为自动控制列车管的最大减压量而设置的，其动作压差值为 190～230 kPa。压力开关 209 是为满足列车管最小初减压量的控制需求而设置的，其动作压差为不大于 20 kPa。

1）压力开关的构造

压力开关主要由气动部分和微动开关两部分组成。其主要包括阀体、芯杆、导套、膜板、下盖、外罩及微动开关等部件。TYJ 型压力开关结构如图 2-53 所示。

　　将膜板、挡板套装在芯杆上，压紧后再将弹性挡圈卡在芯杆下部的沟槽中。根据动作压差的不同，芯杆上部的直径是不同的，中央套装的导套的内径也是不同的。膜板将压力开关内空腔隔离为上、下气室，由上、下气室分别与外接管路相通。利用上、下气室的压力差使膜板下凹或上凸，带动芯杆上下移动，顶触或脱离微动开关，控制相应电路开闭。

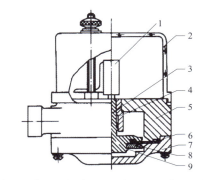

1—微动开关；2—外罩；3—芯杆；4—导套；5—阀体；
6—膜板；7—下盖；8—挡板；9—弹性挡圈。
图 2-53　TYJ 型压力开关结构

　　2）压力开关的工作原理

　　压力开关是根据膜板上、下两侧的压力差，带动芯杆上下移动，控制微动开关实现电路的闭合与断开。压力开关有缓解、制动两个作用状态。

　　（1）缓解状态。当均衡风缸为定压时，压力开关上、下气室压力平衡，但由于芯杆的存在，减小了膜板上侧的受力面积，所以形成一个向上的推力，推动膜板带动芯杆上移，压缩微动开关。

　　（2）制动状态。均衡风缸减压，压力开关上气室压力减小，但由于膜板上侧的压力保持不变，所以当均衡风缸减压量达到一定值时，在膜板上形成一个向下的推动力，推动膜板带动芯杆下移，脱离与微动开关的接触。

　　压力开关 208 微动开关常闭联锁外接两根导线，线号分别为 800、808，在均衡风缸减压大于 190～230 kPa 时断其连接电路。

　　压力开关 209 微动开关常开、常闭联锁均外接两根导线，常开联锁的线号为 807、837，常闭联锁的线号为 822、800。当均衡风缸充气到接近定压时，导线 822、800 连接电路断开，而导线 807、837 连通。当均衡风缸减压超过 20 kPa 时，导线 807、837 连接电路断开，而导线 822、800 连接电路连通。

📢 **单元思考要点：压力开关的工作原理**

_____

_____

_____

📝 **任务小结**

　　计划方案：_____

　　组织实施：_____

　　完成效果：_____

　　姓名_____　地点_____　方式 不脱产☐ 半脱产☐ 全脱产☐ 日期_____

　　2. 转换阀的构造、工作原理

　　转换阀用来控制空气管路的开通与关断，保证良好的气密性并满足屏（柜）部件组装的需要。DK-1 型电空制动机中设有两个手动转换阀，代号为 153、154。

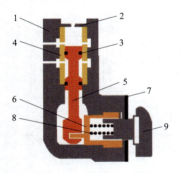

1—阀体；2—挡圈；3—O形圈；4—阀套；5—柱塞；
6—偏心杆；7—标示牌；8—弹簧；9—转换按钮。

图 2-54　转换阀结构

1）转换阀的构造

转换阀是一个手动操纵阀，由阀体、阀套、转换按钮、偏心杆、柱塞、弹簧、O形圈、标示牌、挡圈、定位销等组成。转换阀结构如图2-54所示。

2）转换阀的作用原理

转换按钮在弹簧和定位销的作用下，保持在某一固定位置上。若需转换位置，须先将转换按钮向里推，然后再转动180°到达所需的作用位置后松开再实现定位。转换阀的两个作用位置通过标示牌显示，转换阀153工作位置分为正常位与空气位；转换阀154工作位置分为客车位与货车位。

（1）转换阀153。转换阀153用来控制均衡风缸与电空阀255YV、258YV、259YV及压力开关208、209之间气路的开通与关断。

① 正常位。将转换阀153的转换按钮旋转至正常位，控制均衡风缸与电空阀255YV、258YV、259YV及压力开关208、209之间气路的开通。电空制动器可以通过有关电空阀控制均衡风缸的充、排风。

② 空气位。将转换阀153的转换按钮旋转至空气位，切断均衡风缸与电空阀255YV、258YV、259YV及压力开关208、209之间气路。

（2）转换阀154。转换阀154根据牵引的是客车还是货车，用来控制初制风缸58（1）、58（2）之间的开通与关断，以便在客、货不同工况下实现最小减压量的控制。

① 客车位。初制风缸58（1）、58（2）之间的通路关断。

② 货车位。初制风缸58（1）、58（2）之间的通路开通。

📣 单元思考要点：转换阀的作用原理

_____

_____

_____

✍ **任务小结**

计划方案：_____

组织实施：_____

完成效果：_____

姓名 _____ 地点 _____ 方式 不脱产☐ 半脱产☐ 全脱产☐ 日期 _____

3. 调压阀的构造、作用原理

为了满足空气管路系统内不同的整定压力并保证稳定供给而设置调压阀。DK-1型电空制动机采用QTY型调压阀，双端机车调压阀的代号分别为53、54、55。

1）调压阀的构造

调压阀主要是由调整手轮、弹簧、膜板及各种阀门等组成。调压阀结构如图2-55所示。

调压阀53、54分别设置在双端机车司机室通往空气制动阀的总风支管上，用来调节通往空气制动阀的风压。其整定值为：电空位时，300 kPa；空气位时，500 kPa 或 600 kPa。

调压阀 55 设置在通往制动屏柜 258YV、255YV、259YV、208、209 的总风支管上，用来调整供给均衡风缸充风的压力，整定值为定压，即 500 kPa 或 600 kPa。

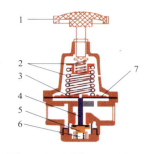

1—调整手轮；2—调压弹簧；3—溢流阀；4—顶杆；
5—进风阀；6—进风阀弹簧；7—膜板。

图 2−55　调压阀结构

2）调压阀的作用原理

当输出压力小于调整压力时，可通过调压阀调整手轮调整压力。由于调整弹簧通过膜板将阀杆下压，打开进气阀，使压缩空气通过进气阀口进入输出端。同时通过小孔进入中央气室，以平衡调整弹簧下方压力。

当输出压力与调整压力相等时，调整弹簧力被膜板下方压力所克服，进气阀在其弹簧力作用下关闭阀口，膜板处于平衡状态。

当中央气室压力高于调整弹簧力时，膜板上凸，打开溢流阀，将多余的压缩空气排入大气，直至平衡时为止。

📢 **单元思考要点：调压阀的作用原理**

_____

_____

_____

📝 **任务小结**

计划方案：_____

组织实施：_____

完成效果：_____

姓名_____　地点_____　方式 不脱产□ 半脱产□ 全脱产□ 日期_____

4. 无动力回送装置的构造、作用原理

机车无动力回送过程中，须开放无动力回送装置，通过列车管与无动力回送装置向机车总风缸充风，以备无动力回送制动时使用。

1）无动力回送装置的构造

无动力回送装置由滤尘止回阀 103 和无火塞门 155 组成。无动力回送装置结构如图 2−56 所示。

无动力回送装置连接在机车列车管与总风缸管之间。当开通无火塞门时，列车管内压力空气经无火塞门与滤尘止回阀充入总风缸，此时总风缸在机车制动机系统中相当于车辆副风缸的作用。

2）无动力回送装置的作用原理

从阀的右侧进入列车管的压力空气，经阻流盖、滤网、填料后，推动阀组成并压缩弹簧开放阀口，最后充入总风管。

阀组成上部的弹簧的调整压力为 140 kPa。当列车管压力为 500 kPa 时，充入总风缸的最大压力应不大于 360 kPa。当列车管压力由于减压而下降时，弹簧可下压阀，继而关闭阀口，防止总风缸的压力空气向列车管逆流。

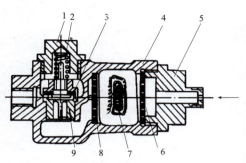

1—阀盖；2—弹簧；3—阀组装；4—阀体；
5—阻流盖；6、7、8—滤网；9—阀座。

图 2-56 无动力回送装置结构

阻流盖上有一个 $\phi 3\ mm$ 的小孔，该孔是为防止当列车管向总风缸充风时，因总风缸容量大而使列车管压力骤然下降，从而发生自然制动现象。

3）无动力回送装置的操作注意事项

（1）当无动力回送机车时，除开放无动力回送装置塞门155外，还必须按操作方法对制动机进行处理。

（2）关断总风缸塞门112。

（3）关断中继阀列车管塞门115。

（4）开放分配阀缓解塞门156。

（5）调整机车分配阀安全阀，使其整定值在 $180 \sim 200\ kPa$ 之间。

📢 **单元思考要点：无动力回送装置的作用原理**

✏️ **任务小结**

计划方案：_____

组织实施：_____

完成效果：_____

姓名_____ 地点_____ 方式 不脱产□ 半脱产□ 全脱产□ 日期_____

5. 管道滤尘器的构造、作用

管道滤尘器是防止压力空气中的机械杂质进入机车制动系统的装置。

1）管道滤尘器的构造

管道滤尘器主要由盖、垫、O形圈、滤芯、阀体等组成，如图2-57所示。

2）管道滤尘器的作用与维护注意事项

管道滤尘器有两种规格，阀体的对外联管尺寸规格有所不同。压力空气进入管道滤尘器，经滤芯过滤后流出。

滤芯为青铜粉末冶金烧结而成，其滤尘效果较好。

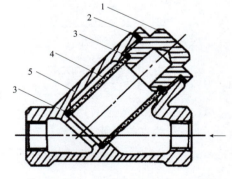

1—盖；2—垫；3—O形圈；4—滤芯；5—阀体。

图 2-57 管道滤尘器结构

滤芯在运用中，须定期进行清洗。清洗时，拆下盖，抽出滤芯，放在柴油中清洗。清洗完毕后，用压缩空气吹净。吹风时，必须由里向外进行吹扫。

📢 **单元思考要点：管道滤尘器的作用**

任务小结

计划方案：_____

组织实施：_____

完成效果：_____

姓名_____   地点_____   方式 不脱产☐ 半脱产☐ 全脱产☐ 日期 _____

复习思考

1. 压力开关由哪些部件组成？

2. 试述压力开关的工作原理。

3. 简述转换阀的结构、组成及作用原理。

4. 为什么 DK−1 型电空制动机要设置初制风缸？

5. 调压阀由哪些部件组成？

6. 简述 DK−1 型电空制动机调压阀的安装位置及整定值。

7. 简述无动力回送装置的组成、作用及工作原理。

8. 简述无动力回送装置的操作注意事项。

9. 简述管道滤尘器的组成、作用。

数字学习资源

"DK−1 型电空制动机辅助部件的构造、工作原理"数字课件。

任务 2.5   CCBⅡ型制动机主要部件的组成、功能

CCBⅡ型制动机是采用基于线上可换式 LRU 分布式体系结构的、基于网络的电空制动系统，其仍属于自动制动机，即其是通过控制均衡风缸压力变化，从而控制制动主管压力变化，去实现列车的制动、保压与缓解的机车制动机系统。

任务知识点

1. 电子制动阀 EBV 的组成、功能（重点）

2. 制动显示屏 LCDM 的组成、功能（难点）

3. 电空控制单元 EPCU 的组成、功能（难点）

4. 微处理器 IPM 的组成、功能（重点）

5. CCBⅡ型制动机其他部件的组成、功能（重点）

任务技能要求

1. 掌握电子制动阀 EBV 的组成、功能

2. 掌握制动显示屏 LCDM 的组成、功能

3. 掌握电空控制单元 EPCU 的组成、功能

4. 熟悉微处理器 IPM 的组成、功能

5. CCBⅡ型制动机其他部件的组成、功能

2.5.1 电子制动阀 EBV 的组成、功能

学习目标

- 电子制动阀 EBV 的组成
- 电子制动阀 EBV 各位置的功能

1. 电子制动阀的组成

电子制动阀 EBV 是 CCBⅡ型制动机的人机接口。通过 EBV 给电空控制单元 EPCU 发送指令，并通知微处理器 IPM 进行逻辑控制。

图 2-58　电子制动阀 EBV

电子制动阀 EBV 采用水平安装结构，设有自动制动阀（简称自阀）和单独制动阀（简称单阀）。自动制动阀和单独制动阀的手柄均采用推拉式操作方式，并具有自保压特性，如图 2-58 所示，自动制动手柄位于左侧，中间为手柄位置的指示标牌，单独制动手柄位于右侧。在电子制动阀 EBV 内部有一个机械阀，当自动制动手柄置于紧急制动位时机械阀动作，保证实施紧急制动时紧急波速的产生，从而使机车、车辆产生紧急制动。

2. 电子制动阀各位置及功能

自动制动手柄从下往上依次包括运转位、初制动位、全制动位、重联位、抑制位和紧急制动位 6 个作用位置。在初制动位和全制动位之间为常用制动区。单独制动手柄从下往上依次为运转位和全制动位等作用位置，在运转位和全制动位之间为制动区。通过侧压单独制动阀手柄可以实现机车的单独缓解功能。

1）自动制动阀

（1）运转位：ERCP 响应手柄位置，给均衡风缸充风到设定值；BPCP 响应均衡风缸压力变化，制动主管被充风到均衡风缸设定压力；16CP 响应制动主管压力变化，将作用管压力排放；BCCP 响应作用管压力变化，机车制动缸缓解；同时，车辆副风缸充风，车辆制动机缓解。

（2）初制动位：手柄放置在初制动位时，ERCP 响应手柄位置，均衡风缸压力将减少 40～60 kPa（定压 500 kPa 或 600 kPa）；BPCP 响应均衡风缸压力变化，压力也减少 40～60 kPa；16CP 响应制动主管压力变化，作用管压力上升到 90～110 kPa；BCCP 响应作用管压力变化，机车制动缸压力上升到作用管压力。

（3）常用制动区：手柄放置在初制动与全制动之间时，均衡风缸将根据手柄的不同位置减少压力。

（4）全制动位：手柄放置在全制动位时，均衡风缸压力将减少 140 kPa（定压 500 kPa）或 170 kPa（定压 600 kPa），制动缸压力将上升到 360 kPa（定压 500 kPa）或 420 kPa（定压 600 kPa）。

（5）抑制位：机车产生常用惩罚制动后，必须将手柄放置在此位置使制动机复位后，手柄再放置到运转位，机车制动作用才可缓解。在抑制位，机车将产生常用全制动作用。

（6）重联位：当制动机系统在补机或断电状态时，手柄应放在此位置。在此位置，均衡风缸将按常用制动速率减压到 0。

（7）紧急制动位：在此位置，自动制动阀上的机械阀动作，制动主管压力排向大气，触发 EPCU 中 BPCP 及机车管路中的紧急排风阀，机车产生紧急制动作用。

2）单独制动阀

（1）运转位：列车运行所放位置。

（2）制动区：20CP 响应手柄的不同位置，制动缸产生作用压力为 0～300 kPa。

（3）全制动位：机车制动缸压力为 300 kPa。

（4）侧压位：13CP 工作，可以实现缓解机车的自动制动作用。

📣 **单元思考要点：电子制动阀的功能**

_____

_____

_____

📝 **任务小结**

计划方案：_____

组织实施：_____

完成效果：_____

姓名_____　地点_____　方式 不脱产☐ 半脱产☐ 全脱产☐ 日期_____

❓ **复习思考**

1. 简述电子制动阀 EBV 的结构、组成。

2. 简述电子制动阀 EBV 自动制动阀各位置及作用。

3. 简述电子制动阀 EBV 单独制动阀各位置及作用。

▮ **数字学习资源** ▮

"电子制动阀 EBV 的组成、功能"数字课件。

2.5.2　制动显示屏 LCDM 的结构、功能

📖 **学习目标**

● 制动显示屏 LCDM 的结构

● 制动显示屏 LCDM 的功能

1. 制动显示屏的结构

制动显示屏 LCDM 位于司机室操纵台，是人机接口。制动显示屏 LCDM 如图 2–59 所示。制动显示屏 LCDM 是 CCB Ⅱ 型制动机的主要显示和操作装置，其采用 10.4 英寸液晶显示器，具有 8 个功能键和 3 个亮度调节键。功能键用来实现操作菜单的选择及制动功能的选定。系统可在中、英文两种界面之间进行切换。

图 2-59　制动显示屏 LCDM

2. 制动显示屏的功能

制动显示屏在机车正常操作时，实时显示均衡风缸、制动主管、总风缸和制动缸的压力值，实时显示制动主管流量和空气制动模式的当前状况。

制动显示屏还可以实时显示制动机故障信息，并进行记录。

另外，通过制动显示屏可以对制动机进行如下操作：对制动机各模块进行自检、进行本机/补机、均衡风缸压力设定、制动主管投入/切除设定、客车/货车设定、补风/不补风设定、风表值标定、故障查询等功能的选择和应用。

📢　单元思考要点：制动显示屏的功能

_____

_____

_____

📝　**任务小结**

计划方案：_____

组织实施：_____

完成效果：_____

姓名_____　地点_____　方式 不脱产□ 半脱产□ 全脱产□ 日期_____

❓❓❓　**复习思考**

1. 简述制动显示屏 LCDM 的显示内容。
2. 简述制动显示屏 LCDM 的基本设置内容。

▍▍ **数字学习资源** ▍▍

"制动显示屏 LCDM 的结构、功能"数字课件。

2.5.3　电空控制单元 EPCU 的组成、功能

电空控制单元 EPCU 由八个模块化线路可更换单元 LRU 组成。其中五个智能的 LRU，可以通过软件进行自检并通过 LON 网与 EBV、IPM 进行通信。电空控制单元内的主要部件采用冗余设计。电空控制单元 EPCU 如图 2-60 所示。

📘 学习目标

- 电空控制单元 EPCU 的组成
- 电空控制单元 EPCU 的功能

图 2-60　电空控制单元 EPCU

1. 均衡风缸控制模块ＥＲＣＰ的组成、功能

1）均衡风缸控制模块的组成

均衡风缸控制模块 ERCP 如图 2-61 所示。其由外壳、均衡风缸、REL（release）缓解电磁阀、APP（apply）作用电磁阀、MVER（equalizing reservoir default magnet valve）均衡模块电磁阀、MRT（main reservoir transducer）总风压力传感器、ERT 均衡风缸压力传感器、TPER 均衡风缸压力测试点、TPMR 总风压力测试点、过滤器等部分组成。无动力回送装置也集成于此控制模块，其由 DE 无动力塞门、DER 压力调整阀、C2 充风节流孔、CV 单向止回阀等部分组成。

图 2-61　均衡风缸控制模块 ERCP

（1）管座。管座设有四根管子的连接孔，分别为制动主管 BP、总风管 MR、制动主管控制管 BP control、均衡风缸备份管 ERBU（equalizing reservoir backup），均衡风缸（90CUIN）直接连接在管座上。

（2）主要部件。

① REL 缓解电磁阀。

得电——均衡风缸通大气 EX，均衡风缸减压。

失电——停止均衡风缸通大气 EX，均衡风缸保压。

② APP 作用电磁阀。

得电——总风通均衡风缸，均衡风缸增压。

失电——停止总风通均衡风缸，均衡风缸保压。

③ MVER 均衡模块电磁阀。

得电——产生预控压力，允许机械阀接口 A2 通 A3。均衡风缸接受 REL 缓解电磁阀、APP 作用电磁阀的控制。

失电——预控压力排向大气，允许机械阀接口 A1 通 A3。

MVER 均衡模块电磁阀是 ERCP 模块的预控电磁阀，用来控制机械接口的连通状态。

当制动机断电、机车设置为补机或 ERCP 模块故障处于备用模式下，MVER 均衡模块电磁阀失电。

④ MRT 总风压力传感器。

产生与第二总风缸压力成比例的电压信号，并通过 IPM 在制动显示屏 LCDM 上显示总风压力。

当此传感器故障时，会自动由 BPCP 模块中的 MRT 总风压力传感器代替其功能。

⑤ ERT 均衡风缸压力传感器。

产生与均衡风缸压力成比例的电压信号，并通过 IPM 在制动显示屏 LCDM 上显示均衡风缸压力。

在备用模式下，由 16CP 模块中的 16T 压力传感器传递均衡风缸压力信号，通过 IPM 在制动显示屏 LCDM 上显示。

⑥ TPER 均衡风缸压力测试点。

此测试点直接与均衡风缸连接。用于检测任何状态下均衡风缸的实际压力。

⑦ TPMR 总风压力测试点。

此测试点直接与第二总风缸连接。用于检测任何状态下第二总风缸的实际压力。

⑧ DE 无动力塞门。

此塞门在机车无动力附挂时使用。有投入和切除两个位置。

投入——将制动主管和第二总风缸连通。机车附挂时使用此位置，允许制动主管向总风缸充风。

切除——断开制动主管和第二总风缸的通路。

⑨ DER 压力调整阀。

当无动力塞门在投入位时，限制总风缸的压力值为 250 kPa 左右。

⑩ C2 充风节流孔。

制动主管给总风缸充风时，限制压缩空气的流速。既保证总风缸能够获得稳定的压缩空气，也避免列车制动管压力下降太快而引起的故障发生。

⑪ CV 单向止回阀。

防止机车在正常状态或无动力回送状态时，总风缸压力空气向制动主管逆流现象的发生。

2）均衡风缸控制模块的功能

均衡风缸控制模块接收来自电子制动阀 EBV 的自动制动手柄指令，以及微处理器 IPM 及列车自动保护系统的指令来控制机车均衡风缸的压力。如果此模块发生了故障，会自动由 16CP 来代替其功能。

均衡风缸控制模块 ERCP 工作原理如表 2-14 所示。

表 2-14 均衡风缸控制模块 ERCP 工作原理

工作位置	原理图	主要气路
ER 充风缓解位	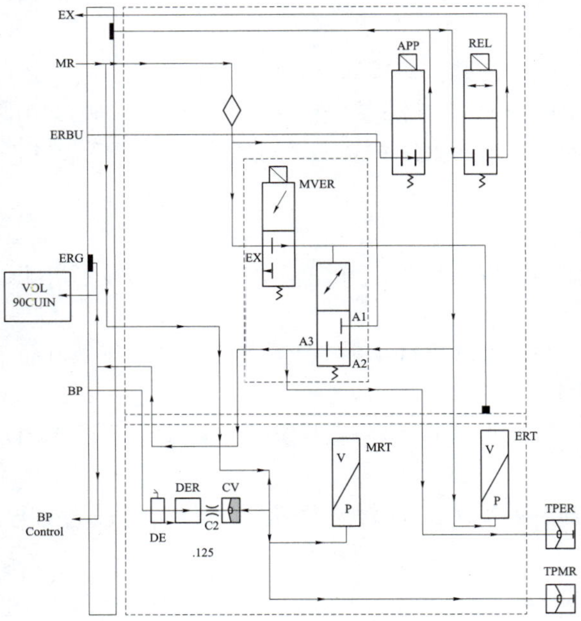	1. MVER 均衡模块电磁阀得电，产生预控压力，允许机械阀接口 A2 通 A3。 2. APP 作用电磁阀得电，总风管 MR—机械阀接口 A2—机械阀接口 A3—均衡风缸连通，均衡风缸增压

续表

工作位置	原理图	主要气路
ER 减压制动位	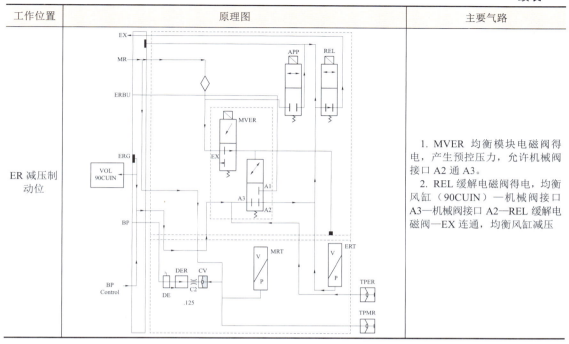	1. MVER 均衡模块电磁阀得电，产生预控压力，允许机械阀接口 A2 通 A3。 2. REL 缓解电磁阀得电，均衡风缸（90CUIN）—机械阀接口 A3—机械阀接口 A2—REL 缓解电磁阀—EX 连通，均衡风缸减压

📢 **单元思考要点：ERCP 的组成**

_____
_____
_____

✏️ **任务小结**

计划方案：_____

组织实施：_____

完成效果：_____

姓名_____　地点_____　方式 不脱产□ 半脱产□ 全脱产□ 日期_____

2. 制动主管控制模块 BPCP 的组成、功能

1）制动主管控制模块的组成

制动主管控制模块 BPCP 如图 2−62 所示。其由外壳、管座、BP 作用阀、MV53 电磁阀、BPCO（brake pipe cut−off valve）机械阀、BPT 制动主管压力传感器、MRT 总风压力传感器、FLT（flow transducer）制动主管流量传感器、C1 充风节流孔、TPBP 制动主管压力测试点、EMV 紧急电磁阀、MVEM（emergency magent valve）紧急电磁阀、PVEM（emergency pilot air valve）紧急放风阀、C3 充风节流孔等部分组成。

（1）管座。管座设有五根管子的连接孔，分别接总风管

图 2−62　制动主管控制模块 BPCP

MR、制动主管 BP、制动主管压力反馈管 BPVV、制动主管控制管 ER、21 号管。

（2）主要部件。

① BP 作用阀。BP 作用阀是 BPCP 模块的核心部件，属于机械阀。该阀接受均衡风缸的控制压力，产生与之相等的制动主管压力，实现对列车的制动、缓解控制功能。

② MV53 电磁阀、BPCO 机械阀。MV53 电磁阀与 BPCO 机械阀共同作用，实现制动主管投入/切除设定、补风/不补风设定、一次缓解/阶段缓解设定等功能。

MV53 电磁阀失电——允许由 BP 作用阀产生的制动主管压力通过本阀，使 BPCO 机械阀开通。BPCO 开通后，MR 压力空气经 BP 作用阀、BPCO 机械阀过滤后进入制动主管。

MV53 电磁阀得电——由 BP 作用阀产生的制动主管压力不能通过本阀，并且控制 BPCO 机械阀的预控压力排向大气，从而使得 BPCO 机械阀通路关闭。制动主管处于保压状态，BP 作用阀虽仍受均衡风缸压力的控制，但它不再控制制动主管压力。

机车处于本机/补风/阶段缓解状态时，MV53 电磁阀处于常失电状态。机车设置为本机/不补风状态，当自动制动阀在运转位时，MV53 电磁阀失电；当自动制动阀在制动区时，制动主管减压到均衡风缸控制压力后，微处理器 IPM 使 MV53 电磁阀得电。如果运行时产生紧急制动作用或将机车设置为单机状态、补机状态时，MV53 电磁阀将常得电。当制动主管压力低于 90 kPa 时，BPCO 机械阀将自动关闭通路。

③ BPT 制动主管压力传感器。其产生与制动主管压力成比例的电压信号，传送给微处理器 IPM 进行数据处理并通过制动显示屏 LCDM 显示压力值。

④ MRT 总风压力传感器。其产生与第二总风缸压力成比例的电压信号，并传送给微处理器 IPM。当 ERCP 模块上的 MRT 总风压力传感器故障时，此 MRT 总风压力传感器将代替其功能，并在制动显示屏 LCDM 上显示总风压力值。

制动主管控制模块 BPCP 工作原理如表 2-15 所示。

表 2-15　制动主管控制模块 BPCP 工作原理

工作位置	原理图	主要气路
BP 充风、BC 缓解位	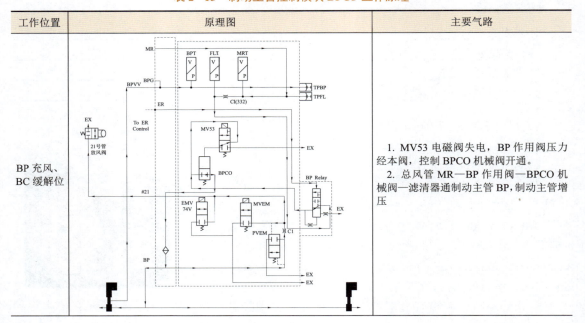	1. MV53 电磁阀失电，BP 作用阀压力经本阀，控制 BPCO 机械阀开通。 2. 总风管 MR—BP 作用阀—BPCO 机械阀—滤清器通制动主管 BP，制动主管增压

续表

工作位置	原理图	主要气路
BP 减压、BC 制动位	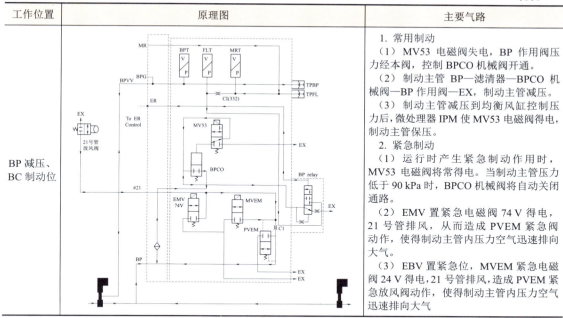	1. 常用制动 （1）MV53 电磁阀失电，BP 作用阀压力经本阀，控制 BPCO 机械阀开通。 （2）制动主管 BP—滤清器—BPCO 机械阀—BP 作用阀—EX，制动主管减压。 （3）制动主管减压到均衡风缸控制压力后，微处理器 IPM 使 MV53 电磁阀得电，制动主管保压。 2. 紧急制动 （1）运行时产生紧急制动作用时，MV53 电磁阀将常得电。当制动主管压力低于 90 kPa 时，BPCO 机械阀将自动关闭通路。 （2）EMV 置紧急电磁阀 74 V 得电，21 号管排风，从而造成 PVEM 紧急阀动作，使得制动主管内压力空气迅速排向大气。 （3）EBV 置紧急位，MVEM 紧急电磁阀 24 V 得电，21 号管排风，造成 PVEM 紧急放风阀动作，使得制动主管内压力空气迅速排向大气

⑤ FLT 制动主管流量传感器。产生与经过充风节流孔 C1 的总风压力成比例的电压信号，并传送给微处理器 IPM。IPM 通过比较 MRT 和 FLT 的电压信号，计算出制动主管的充风速度后，在制动显示屏 LCDM 上显示。

⑥ C1 充风节流孔。C1 充风节流孔的作用是限制总风给制动主管的充风速度。

⑦ TPBP 制动主管压力测试点。此测试点直接和制动主管压力反馈管 BPVV 连接。用于通过与系统外部的压力表连接，检测制动主管的实际压力。

⑧ EMV 紧急电磁阀。EMV 紧急电磁阀由微处理器 IPM 直接控制，产生紧急作用。EMV 紧急电磁阀 74 V 得电，21 号管排风，产生紧急制动。

⑨ MVEM 紧急电磁阀。MVEM 紧急电磁阀接受电子制动阀 EBV 的紧急动作指令，产生紧急作用。MVEM 紧急电磁阀 24 V 得电，21 号管排风，产生紧急制动。

⑩ PVEM 紧急放风阀。由于 21 号管排风，造成 PVEM 紧急放风阀动作，使得制动主管内压力空气迅速排向大气，保证紧急制动的产生。

2）制动主管控制模块的功能

根据均衡风缸控制模块 ERCP 提供的控制压力，快速产生与均衡风缸具有相同压力的制动主管的压力，从而完成制动主管充风、排风或保压；根据 MV53 电磁阀、EMV 紧急电磁阀、MVEM 紧急电磁阀等紧急制动作用信号，快速排出制动主管的压力空气。

📢 单元思考要点：EPCP 的功能

计划方案：_____

组织实施：_____

完成效果：_____

姓名_____ 地点_____ 方式 不脱产☐ 半脱产☐ 全脱产☐ 日期 _____

3. 16CP 控制模块的组成、功能

1）16CP 控制模块的组成

16CP 控制模块如图 2-63 所示。16CP 控制模块由外壳、管座、REL 缓解电磁阀、APP 作用电磁阀、MV16 电磁阀、PVTV 三通阀、DCV1 变向阀、PVE（emergency detection pilot air valve）紧急压力阀、ELV（emergency limiting valve）紧急限压阀、DCV2 变向阀、16T 压力传感器、BPT 制动主管压力传感器、BCT 制动缸压力传感器、TP16 作用管压力测试点、TPBC 制动缸压力测试点等部分组成。

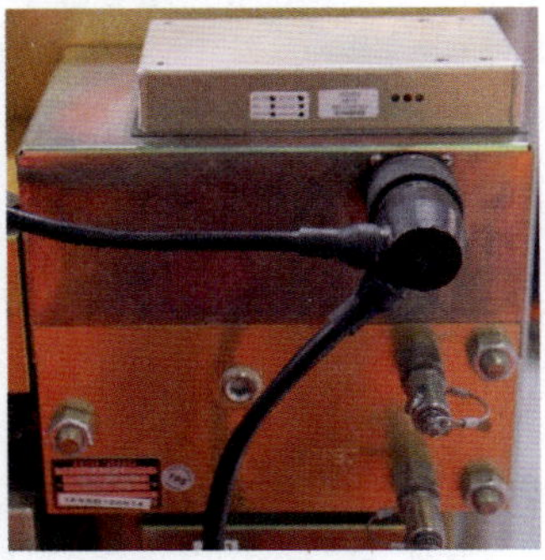

图 2-63 16CP 控制模块

（1）管座。管座设有七根管子的连接孔，分别接均衡风缸备份管 ERBU、总风管 MR、制动缸控制管（16 号管）、DBTV 控制管（16TV 管）、制动主管 BP、单独缓解管（13 号管）、制动缸压力反馈管 BCCO。

（2）主要部件。

① REL 缓解电磁阀。

得电—作用风缸通大气，作用风缸减压。

失电—停止作用风缸通大气，作用风缸保压。

② APP 作用电磁阀。

得电—总风通作用风缸，作用风缸增压。

失电—停止总风通作用风缸，作用风缸保压。

③ MV16 电磁阀。

得电—产生控制压力，允许机械阀接口和 PVTV 三通阀接口 A2 通 A3，从而使作用风缸接收 REL 缓解电磁阀、APP 作用电磁阀指令。

失电—控制压力排向大气，允许机械阀接口和 PVTV 三通阀接口 A1 通 A3，从而使作用风缸同 DBTV 控制模块连通，并受其控制。

④ PVTV 三通阀。PVTV 三通阀为机械阀，受控于 MV16 电磁阀。PVTV 三通阀与 MV16 电磁阀配合作用，完成 16CP 控制模块对作用风缸的控制或 DBTV 控制模块对作用风缸的控制选择或自动转换。在正常的工作状态下，作用风缸的压力控制应由 16CP 产生的 16 号管压力来完成，但 DBTV 控制模块也适时根据制动主管的压力变化产生作用风缸的控制压力，但此控制压力在 PVTV 三通阀处被堵截。

⑤ DCV1 变向阀。DCV1 变向阀从制动主管 BP 和单独缓解管（13 号管）中选择最高压力，作为 PVE 紧急压力阀动作控制压力。在紧急后自动制动单独缓解时，13 号管强制 PVE 紧急压力阀动作，切断总风通往作用风缸的通路，可进行机车缓解。但当解除单缓命令后，PVE 紧急压力阀恢复原态，作用风缸压力恢复到 440 kPa。当使用单独手柄进行单独缓解时，建议将单独手柄置于制动区，以免单独缓解后机车发生溜车。

⑥ DCV2 变向阀。DCV2 变向阀从 16 号管、16TV 管或 ELV 紧急限压阀中选择最高压力向

作用风缸充风。

⑦ PVE 紧急压力阀。当制动主管 BP 压力低于 140 kPa 时，PVE 紧急压力阀动作，接通 ELV 紧急限压阀和 DCV2 变向阀，允许总风通过 ELV 紧急限压阀直接进入作用风缸。

⑧ ELV 紧急限压阀。其将总风管 MR 压力限制到 440 kPa，使通过 PVE 紧急压力阀控制的作用风缸压力不超过 440 kPa。

⑨ 16T 压力传感器。16T 压力传感器产生与作用管压力成比例的电压信号，传送给微处理器 IPM 进行数据处理。16T 压力传感器同 REL 缓解电磁阀、APP 作用电磁阀配合，实现对作用风缸压力的控制。

⑩ BPT 制动主管压力传感器。其产生与制动主管压力成比例的电压信号，传送给微处理器 IPM 进行数据处理。如果 BPCP 模块上的 BPT 制动主管压力传感器故障，此压力传感器将代替其功能，通过微处理器 IPM 进行数据处理，并在显示屏上显示制动主管压力。

⑪ BCT 制动缸压力传感器。BCT 制动缸压力传感器产生与制动缸压力成比例的电压信号，传送给微处理器 IPM 进行数据处理，并在显示屏上显示制动缸压力。

⑫ TP16 作用管压力测试点。此测试点直接和作用风缸连接，用于检测任何状态下作用风缸的实际压力。

⑬ TPBC 制动缸压力测试点。此测试点直接和制动缸压力反馈管 BCCO 连接，用于检测任何状态下制动缸的实际压力。

2）16CP 控制模块的功能

16CP 控制模块工作原理如表 2-16 所示。

表 2-16　16CP 控制模块工作原理

工作位置	原理图	主要气路
BP 充风、BC 缓解位		1. MV16 电磁阀得电，MR 总风压力经本阀，控制 MV16 机械阀开通 A2、A3，控制 PVTV 三通阀开通 A2、A3。 2. 作用风缸—DCV2 变向阀—PVTV 三通阀—MV16 机械阀—REL 缓解电磁阀—EX 连通，作用风缸减压

续表

工作位置	原理图	主要气路
BP 减压、BC 制动位	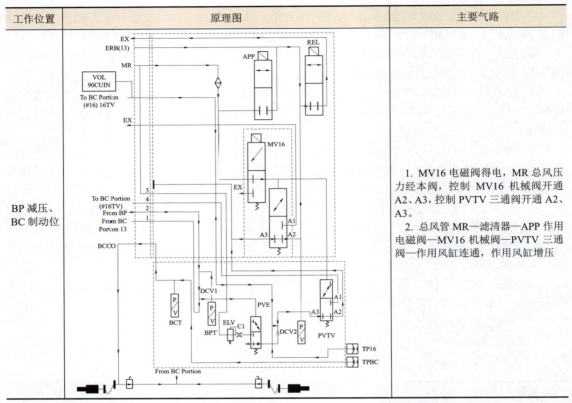	1. MV16 电磁阀得电，MR 总风压力经本阀，控制 MV16 机械阀开通 A2、A3，控制 PVTV 三通阀开通 A2、A3。 2. 总风管 MR—滤清器—APP 作用电磁阀—MV16 机械阀—PVTV 三通阀—作用风缸连通，作用风缸增压

16CP 控制模块根据制动主管的减压量、平均管压力、单缓指令来产生制动缸管的控制压力。

在 ERCP 均衡风缸控制模块发生故障时，16CP 控制模块自动代替其功能。此时由 DBTV 三通阀模块控制制动缸的控制压力。

在 20CP 控制模块故障情况下，16CP 控制模块可以根据 EBV 单独制动手柄的位置产生制动缸控制压力。这种方式可以在本务机车上产生相应的制动缸压力，但是不能在本务机车上产生相应的平均管的压力，并且只能作用于本机。

📢 单元思考要点：16CP 控制模块的功能

_____

_____

_____

📝 **任务小结**

计划方案：_____

组织实施：_____

完成效果：_____

姓名_____ 地点_____ 方式 不脱产☐ 半脱产☐ 全脱产☐ 日期 _____

4. 20CP 控制模块的组成、功能

1）20CP 控制模块的组成

20CP 控制模块如图 2-64 所示。20CP 控制模块由外壳、管座、REL 缓解电磁阀、APP 作用电磁阀、MVLT 电磁阀、20R 阀、PVLT 阀、20TL 压力传感器、20TT 压力传感器、TP20 平均管压力测试点等部分组成。

图 2-64　20CP 控制模块

（1）管座。管座设有两根管子的连接孔，分别接总风管 MR、20 号平均管，作用风缸（45CUIN）直接连接在管座上。

（2）主要部件。

① REL 缓解电磁阀。

得电—作用风缸通大气，作用风缸减压，平均管排风。

失电—停止作用风缸通大气，作用风缸保压，平均管停止排风。

② APP 作用电磁阀。

得电—总风通作用风缸，作用风缸增压，平均管充风。

失电—停止总风通作用风缸，作用风缸保压，平均管停止充风。

若将机车设置在补机位，两个电磁阀均在失电状态。

③ MVLT 电磁阀。

得电—产生控制压力，允许机械阀接口 A2 通 A3，同时开通 PVLT 阀，从而使作用风缸接收 REL 缓解电磁阀、APP 作用电磁阀的指令。

失电—控制压力排向大气，允许机械阀接口 A1 通 A3，同时关闭 PVLT 阀，从而使 20CP 控制模块失去对平均管的控制能力。

MVLT 电磁阀是 20CP 控制模块的预控电磁阀。当制动系统断电、20CP 控制模块故障、机车处于补机模式时，MVLT 电磁阀失电，PVLT 阀关闭，20CP 控制模块失去对平均管的控制，机车平均管管路呈自保压状态。机车设置为本机、单机模式时，MVLT 电磁阀均得电。

④ 20R 阀。在 20CP 控制模块控制平均管时，20R 阀提供较大的充风、排风通道。

⑤ PVLT 阀。PVLT 阀和 MVLT 电磁阀配合使用，实现 20CP 控制模块对平均管的控制。PVLT 阀属两位两通阀，其关断后不能将机车平均管排空。

⑥ 20TL 压力传感器。机车在本机模式下，产生与平均管控制压力成比例的电压信号，传送给微处理器 IPM 进行数据处理。

⑦ 20TT 压力传感器。机车在补机模式下，产生与机车平均管压力成比例的电压信号，传送给微处理器 IPM 进行数据处理。

⑧ TP20 平均管压力测试点。此测试点直接和 PVLT 阀前部的平均管连接，用于检测任何状态下平均管的实际压力。

2）20CP 控制模块的功能

20CP 控制模块根据制动主管减压量、单独缓解命令、本机/单机模式下单独制动手柄位置等信号，产生本务机和补机的制动缸、平均管压力。平均管压力为制动主管减压量的 2.5 倍。当制动主管压力增加 14 kPa 或者单独缓解时，平均管压力缓解。

平均管压力直接根据单独制动手柄命令产生，从离开运转位到制动区，制动缸压力由 0 kPa 直到全制动时的 300 kPa，平均管可以实现阶段变化。

平均管压力取常用制动与单独制动命令中的压力高值。

20CP 控制模块只在本务机车上有效，在补机中不起作用，将保持在失电状态。

20CP 控制模块在电源故障时进行管路保压作用，将保持制动缸原压力值、平均管原压力值。20CP 控制模块工作原理如表 2-17 所示。

表 2-17　20CP 控制模块工作原理

工作位置	原理图	主要气路
20 号管缓解（正常模式）	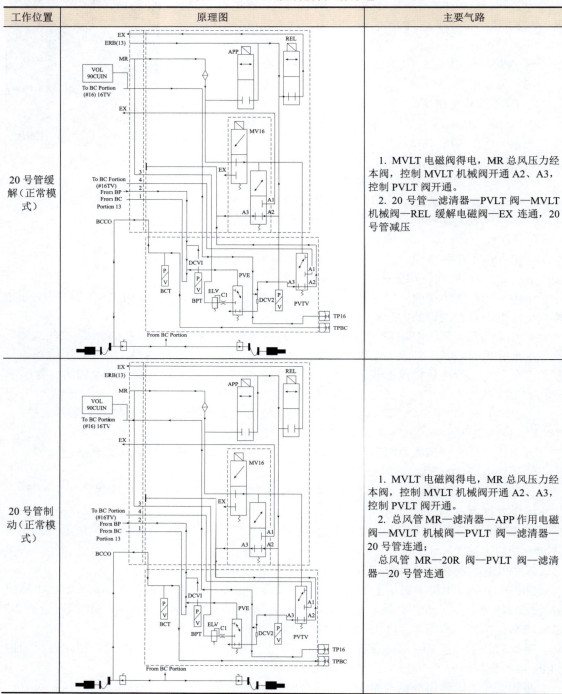	1. MVLT 电磁阀得电，MR 总风压力经本阀，控制 MVLT 机械阀开通 A2、A3，控制 PVLT 阀开通。 2. 20 号管—滤清器—PVLT 阀—MVLT 机械阀—REL 缓解电磁阀—EX 连通，20 号管减压
20 号管制动（正常模式）		1. MVLT 电磁阀得电，MR 总风压力经本阀，控制 MVLT 机械阀开通 A2、A3，控制 PVLT 阀开通。 2. 总风管 MR—滤清器—APP 作用电磁阀—MVLT 机械阀—PVLT 阀—滤清器—20 号管连通； 总风管 MR—20R 阀—PVLT 阀—滤清器—20 号管连通

📝 **任务小结**

计划方案：_____

组织实施：_____

完成效果：_____

姓名_____　　地点_____　　方式 不脱产☐ 半脱产☐ 全脱产☐ 日期

5. 13CP 控制模块的组成、功能

1）13CP 控制模块的组成

13CP 控制模块如图 2-65 所示。13CP 控制模块由外壳、管座、MV13S 电磁阀、ERBU 电磁阀等部分组成。

（1）管座。

管座为 13CP 控制模块的安装座，设有三根管子的连接孔，分别接总风管 MR、通往 16CP 的 ERBU 管、通往 DBTV 三通阀模块的 13 号管。

（2）主要部件。

① MV13S 电磁阀。

得电—总风缸给 13 号管充风，帮助 DBTV 内部实现机械的单缓功能。

失电—停止总风缸给 13 号管充风。

图 2-65　13CP 控制模块

② ERBU 电磁阀。

ERBU 电磁阀与 16CP 控制模块、ERCP 均衡风缸控制模块配合使用，当 ERCP 均衡风缸控制模块故障失效时，微处理器 IPM 使 MVER 均衡模块电磁阀失电，MV16 电磁阀失电，ERBU 电磁阀得电。利用 16CP 控制模块中的 REL 缓解电磁阀、APP 作用电磁阀代替 ERCP 均衡风缸控制模块中的 REL 缓解电磁阀、APP 作用电磁阀的作用，用 ERBU 电磁阀代替 16CP 控制模块中 MV16 电磁阀的功能，实现对均衡风缸的控制。

2）13CP 控制模块的功能

当单独制动手柄侧压时，13CP 控制模块控制 13 号管充风，对 DBTV 三通阀模块里的 BO 阀进行控制，排空 16TV 作用管的压力空气。同时，微处理器 IPM 控制 16CP 控制模块中的 REL 缓解电磁阀，排空作用风缸和 16 号作用管的压力空气，实现单独缓解机车制动缸压力。

13CP 在 ER 备用情况下与 16CP 控制模块共同动作来实现均衡风缸的压力控制。

13CP 控制模块工作原理如表 2-18 所示。

表2-18　13CP控制模块工作原理

工作位置	原理图	主要气路
13CP控制模块各部件连接示意图	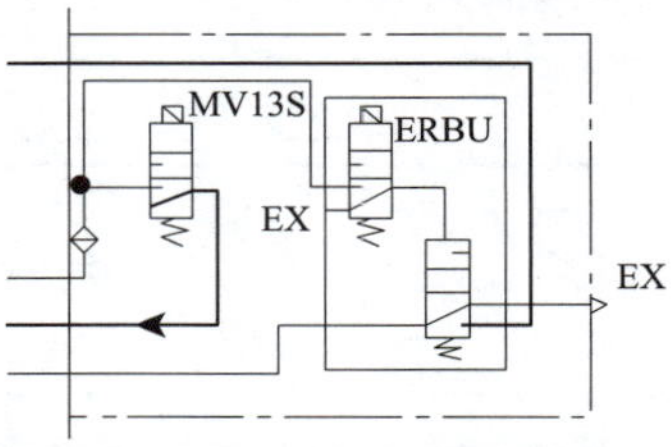	单独制动手把侧压时,MV13S电磁阀得电,MR总风压力经本阀与13号管连通

📢 单元思考要点:13CP控制模块的功能

_____
_____
_____

📝 任务小结

计划方案:_____
组织实施:_____
完成效果:_____
姓名_____ 地点_____ 方式 不脱产☐ 半脱产☐ 全脱产☐ 日期_____

6. BCCP控制模块的组成、功能

1)BCCP控制模块的组成

BCCP控制模块如图2-66所示。BCCP控制模块由外壳、管座、BCCP作用阀、DCV1变向阀、PVPL阀等部件组成。空电互锁电磁阀也位于BCCP模块的16号管路中。

（1）管座。管座为BCCP控制模块的安装座,设有五根管子的连接孔,分别接总风管MR、通往16CP控制模块的16号管,通往20CP控制模块的20号管,通往13CP控制模块的ERBU管,通往制动缸的BC管。

（2）主要部件。

① BCCP作用阀。BCCP是大容量的空气中继阀。该阀按照16号管控制压力或与平均管压力按1:1的比例产生制动缸压力。

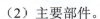

图2-66　BCCP控制模块

② DCV1变向阀。DCV1变向阀在16号管和20号管中选择最高压力,导通此压力作为BCCP的控制压力。

③ PVPL阀。在均衡风缸备份管ERBU工作时、ERCP断电时、均衡风缸排风时或机车设置为补机状态时,连接制动缸和机车平均管。避免因20CP控制模块不能工作,本务机车不能产生平均管控制压力,从而导致补机不能获得制动缸的控制压力。

2)BCCP控制模块的功能

BCCP控制模块属大通道的空气中继阀,响应16CP控制模块控制或接收平均管压力,对

机车制动缸进行制动与缓解控制。

　　在失电情况下，BCCP 控制模块使制动缸通过 PVPL 阀与平均管连接产生平均管压力，补机可以同本务机一样产生制动。PVPL 阀在均衡风缸后备管路压力大于 69 kPa 时开通。

　　失电时，13CP 控制模块缩堵限制均衡风缸压力的释放，本务机的 PVPL 阀可以将其制动缸与平均管相连而产生平均管压力，用于控制补机的制动缸压力。

　　BCCP 控制模块工作原理如表 2-19 所示。

表 2-19　BCCP 控制模块工作原理

工作位置	原理图	主要气路
BC 缓解位	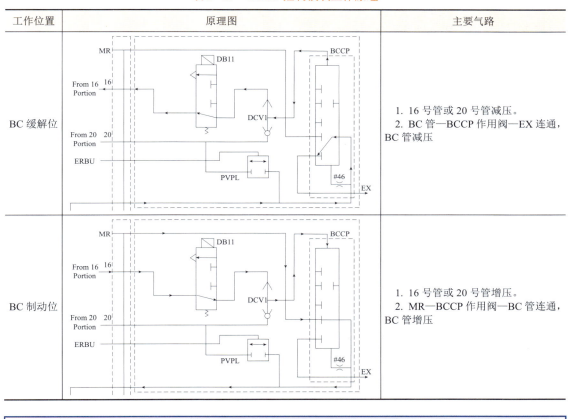	1. 16 号管或 20 号管减压。 2. BC 管—BCCP 作用阀—EX 连通，BC 管减压
BC 制动位		1. 16 号管或 20 号管增压。 2. MR—BCCP 作用阀—BC 管连通，BC 管增压

📢 **单元思考要点：BCCP 控制模块的功能**

_____

_____

_____

✍ **任务小结**

　计划方案：_____

　组织实施：_____

　完成效果：_____

　姓名_____　地点_____　方式 不脱产☐半脱产☐全脱产☐ 日期_____

7. DBTV 控制模块的组成、功能

1）DBTV 控制模块的组成

DBTV 控制模块如图 2-67 所示。DBTV 控制模块由外壳、管座、DBTV 阀、BO 阀、缩堵、辅助风缸和 3 号风缸等部件组成。

图 2-67 DBTV 控制模块

（1）管座。管座为 DBTV 控制模块的安装座，设有三根管子的连接孔，分别接制动主管 BP，通往 16CP 控制模块的 16 号管，通往 13CP 控制模块的 13 号管。辅助风缸和 3 号风缸直接连接在管座上。

（2）主要部件。

① DBTV 阀。

制动主管压力增加—16TV 管排风，制动缸缓解，制动主管给辅助风缸充风。

制动主管压力降低—辅助风缸和 16TV 管接通，16TV 管充风，制动缸产生制动作用。

制动主管压力不变—16TV 管关闭，制动缸保持原有压力。

由于 DBTV 阀为纯机械结构，为使每次产生的制动缸压力达到目标值，在列车缓解时，辅助风缸必须完全充满。

② BO 阀。

DBTV 中 13 号管压力高于 140 kPa 时，BO 阀将控制 16TV 管排风，自动制动作用缓解。

2）DBTV 控制模块的功能

在 16CP 控制模块故障情况时，DBTV 三通阀为 16CP 控制模块提供了一个空气备份功能，用来控制制动缸中继阀。

制动主管充风缓解时，DBTV 控制模块使制动主管向 EPCU 上的辅助风缸充风。当制动主管压力降低时，辅助风缸通过 DBTV 三通阀向 16TV 管充风。当产生全制动时，DBTV 控制模块会使辅助风缸与 16TV 管和 3 号风缸压力平衡，从而产生全制动。

DBTV 控制模块工作原理如表 2-20 所示。

表 2-20 DBTV 控制模块工作原理

工作位置	原理图	主要气路
BC 缓解位	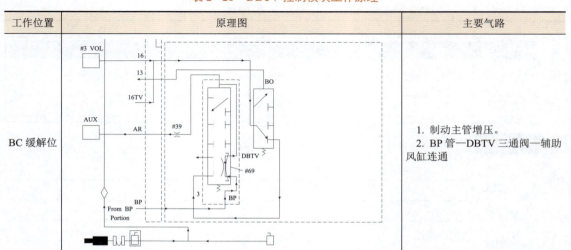	1. 制动主管增压。 2. BP 管—DBTV 三通阀—辅助风缸连通

续表

工作位置	原理图	主要气路
BC 制动位	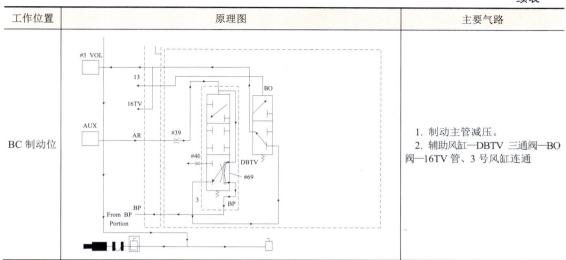	1. 制动主管减压。 2. 辅助风缸—DBTV 三通阀—BO 阀—16TV 管、3 号风缸连通

📢 **单元思考要点：DBTV 控制模块的功能**

✏️ **任务小结**

计划方案：_____

组织实施：_____

完成效果：_____

姓名_____　地点_____　方式 不脱产☐ 半脱产☐ 全脱产☐ 日期_____

8. 电源箱 PSJB 等部件的组成、功能

1）电源箱 PSJB 的组成、功能

电源箱 PSJB 如图 2−68 所示。电源箱 PSJB 位于电空控制单元 EPCU 上，内置变压器。其将 110 V 直流电源转换为 24 V 直流电源后提供给 CCB Ⅱ 型制动机，供 EPCU、EBV 等部件使用。PSJB 的外部有多个接插口，允许 EPCU、EBV 阀、IPM 和 RIM 相互通信。

2）过滤器模块的组成、功能

过滤器模块如图 2−69 所示。在 EPCU 上安装有 4 个过滤器，分别是总风管 MR、制动主管 BP、13 号管、20 号管过滤器，对进入相关模块的压力空气进行过滤，而进入制动主管中继阀的空气用过滤网过滤。

3）电缆箱 CJB 的组成、功能

电缆箱如图 2−70 所示。HXD$_3$ 型电力机车在制动柜中安装了电缆箱 CJB，为电子制动阀 EBV 和显示屏 LCDM 进行通信线转换。

图 2-68　电源箱 PSJB

图 2-69　过滤器模块

图 2-70　电缆箱

拓展知识：制动控制单元硬件

法维莱电力机车制动系统制动控制单元 BCU 是一个被称作 Gemini Ⅱ 的通用软硬件平台，其可成为整列车或单台车的控制装置。该系统先导室控制单元软件通过制动控制单元驱动司机制动阀 RM 的电磁阀来控制先导室，即均衡风缸。先导室压力按照闭环控制，图 2-71 所示为制动控制单元闭环控制示意图。

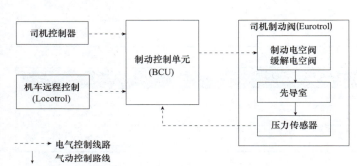

电气控制线路
气动控制路线

图 2-71　制动控制单元闭环控制示意图

制动控制单元接收制动指令，通过司机制动阀 RM 的电空阀将其转换成气动压力。压力传感器读取先导室压力，以模拟量信号的形式发送给制动控制单元。制动控制单元根据该信号，使制动阀和缓解阀得电或失电。

📢 **单元思考要点**：电源箱 PSJB 等部件的功能

📝 任务小结

计划方案：＿＿＿＿＿＿＿＿＿＿＿＿＿＿＿＿＿＿＿＿＿

组织实施：＿＿＿＿＿＿＿＿＿＿＿＿＿＿＿＿＿＿＿＿＿

完成效果：＿＿＿＿＿＿＿＿＿＿＿＿＿＿＿＿＿＿＿＿＿

姓名＿＿＿＿＿　地点＿＿＿＿＿＿＿　方式 不脱产□ 半脱产□ 全脱产□ 日期＿＿＿＿

⁉ 复习思考

1. 简述均衡风缸控制模块 ERCP 的组成。
2. 均衡风缸控制模块 ERCP 有何功能？
3. 简述制动主管控制模块 BPCP 的组成。

4. 制动主管控制模块 BPCP 有何功能？

5. 制动主管控制模块 BPCP 紧急制动的触发条件有哪些？

6. 简述 16CP 控制模块的组成。

7. 16CP 控制模块有何功能？

8. 简述 20CP 控制模块的组成。

9. 20CP 控制模块有何功能？

10. 简述 13CP 控制模块的组成。

11. 13CP 控制模块有何功能？

12. 简述 BCCP 控制模块的组成。

13. BCCP 控制模块有何功能？

14. 简述 DBTV 控制模块的组成。

15. DBTV 控制模块有何功能？

16. 简述电源箱 PSJB 的组成与功能。

▌▌ 数字学习资源 ▌▌

"电空控制单元 EPCU 的组成、功能"数字课件。

2.5.4　微处理器 IPM 的组成、功能

▤ 学习目标

- 微处理器 IPM 的组成
- 微处理器 IPM 的作用
- 微处理器 IPM 的 LED 指示灯的含义

1. 微处理器 IPM 认知

微处理器 IPM 是 CCB Ⅱ 制动系统的中央处理器，可进行各制动功能的软件计算，并对各部分软件运行状态进行检测与维护。微处理器 IPM 包括电子系统、处理系统、继电器驱动回路、I/O 板和 MVB 接口，如图 2-72 所示。微处理器 IPM 通过 LON 网和 EPCU、EBV 通信，通过 RS422 电缆线和 LCDM 通信，通过 MVB 网和机车 TCMS 通信，并可提供二进制输出，驱动机车继电器。

2. LED 指示灯的含义

微处理器 IPM 前端有 13 个 LED 指示灯，用于反馈系统状态。对于正常制动操作，顶端两个绿色的灯点亮，红色的制动故障灯不亮。

（1）电源。该绿色 LED 灯亮表示微处理器 IPM 已加电。如果在 IPM 得电的情况下，指示灯熄灭，则很有可能是电源失效。

图 2-72　微处理器 IPM

（2）CPU OK。根据内部看门狗计时器，该绿色 LED 灯亮表示 IPM CPU 的状况良好，并表示 IPM 成功通过每 15 min 一次的自检。

（3）DP LEAD。该绿色 LED 灯亮表示该机车处于动力分散本机机车模式。

（4）DP REMOTE。该绿色 LED 灯亮表示该机车处于动力分散重联机车模式。

（5）DP TX A。该黄色 LED 灯亮表示该机车电台 A 正在传输 DP 无线信息。

（6）DP TX B。该黄色 LED 灯亮表示该机车电台 B 正在传输 DP 无线信息。

（7）DP RX。该绿色 LED 灯亮表示该机车正接受 DP 无线信息。

（8）DP COMM INT。该红色 LED 灯亮表示该机车 DP 无线通信故障。

（9）DATALINK FA。该红色 LED 灯亮表示该机车 IPM 无法通过 LON 网或 RS422 数据线与机车控制系统或 EPCU、LCDM 通信。

（10）NETWORK FA。该红色 LED 灯亮表示 LOCOTROL EB 或 CCBⅡ制动系统内部（IPM，EPCU、EBV）LON 网通信有问题。

（11）EBV FAIL。该红色 LED 灯亮表示 CCBⅡ制动系统 EBV 失效，可能是电子部分故障，或空气部分故障，或两者皆故障。

（12）EPCU FAIL。该红色 LED 灯亮表示 CCBⅡ制动系统 EPCU 失效，可能是电子部分故障，或空气部分故障，或两者皆故障。

（13）EAB BACKUP。该红色 LED 灯亮表示 CCBⅡ制动系统已工作于一项后备模式，比如第一主风缸传感器失效，系统工作于第二主风缸传感器。

3. 电缆接口的定义

微处理器 IPM 前端七个电缆接口的具体含义如下。

J1—数据传输装置。通过 RS422 数据线连接显示屏。

J2—测试接口。用于系统软件的更新，以及维护软件的下载。

J3—远程控制用电台连接接口。

J4—连接继电器接口模块 RIM。

J5—电源输入接口。

J6—网络接口。连接电空控制单元 EPCU。

J7—远程控制接口。

📢 单元思考要点：微处理器 IPM 的功能

_____

_____

_____

📝 **任务小结**

计划方案：_____

组织实施：_____

完成效果：_____

姓名_____ 地点_____ 方式 不脱产☐ 半脱产☐ 全脱产☐ 日期 _____

💬 **复习思考**

1. 简述微处理器 IPM 的组成与功能。

2. 简述微处理器 IPM 的 LED 指示灯的含义。

3. 简述微处理器 IPM 七个电缆接口的具体含义。

2.5.5　继电器接口模块 RIM 的组成、功能

学习目标

- 继电器接口模块 RIM 的组成
- 继电器接口模块 RIM 的功能

1. 继电器接口模块 RIM 的组成

图 2-73　继电器接口模块 RIM

继电器接口模块 RIM（见图 2-73）位于机车制动柜，是微处理器 IPM 与机车间进行通信的继电器接口。

2. 继电器接口模块 RIM 的功能

继电器接口模块 RIM 的信号输入部分包括：安全装置 ATP 产生的惩罚制动和紧急制动信号，再生制动投入信号，MREP 压力开关工作状态信号，机车速度信号。

继电器接口模块 RIM 的信号输出部分包括：紧急制动信号，动力切除 PCS 信号，撒砂开关动作信号，再生制动切除信号，制动系统故障信号。

单元思考要点：继电器接口模块 RIM 的功能

_____

_____

_____

任务小结

计划方案：_____

组织实施：_____

完成效果：_____

姓名_____　地点_____　方式 不脱产☐半脱产☐全脱产☐日期 _____

复习思考

1. 简述继电器接口模块 RIM 的组成。
2. 继电器接口模块 RIM 有何功能？

任务 2.6　DK-2 型电空制动机各部件的组成、功能

DK-2 型电空制动机由司机室制动操作部件和制动柜组成，其主要组件有制动控制器、后备制动阀、制动显示屏等操纵显示部件，以及制动柜内的制动控制单元 BCU、分配阀、紧急阀、中继阀、重联阀、放风阀、电空阀、传感器等。

▶ **任务知识点**

1. 电子制动阀等司机室操作部件的作用（重点）
2. 制动柜列车管/均衡控制等模块的作用（难点）

▶ **任务技能要求**

1. 掌握电子制动阀等司机室操作部件的组成
2. 掌握制动柜列车管/均衡控制等模块的作用

2.6.1　DK-2 型电空制动机司机室操作部件的组成、功能

📖 **学习目标**

- DK-2 型电空制动机制动控制器的组成、作用
- DK-2 型电空制动机制动显示屏的组成、作用

1. DK-2 型电空制动机制动控制器的组成、功能

司机室安装了制动系统的各操作部件，包括制动控制器、制动显示屏、风压表、紧急制动按钮、停放制动/缓解按钮、后备制动阀、单缓按钮、车长阀。司机操作台如图 2-74 所示。

1）制动控制器的组成

制动控制器是制动机系统的主要操作部件，制动控制器的两个操作手柄分别是自动制动控制器（以下简称大闸）手柄和单独制动控制器（以下简称小闸）手柄，中间有手柄位置指示牌，用于指示手柄停留位置。制动控制器采用水平安装结构，是一个集成在一起的制动操纵装置，如图 2-75 所示。

图 2-74　司机操作台

图 2-75　制动控制器

大闸、小闸均采用推拉式操作方式。插入钥匙手柄并逆时针转动到"开"位时，大、小闸手柄可在各个位置间进行操作；移动大、小闸手柄后，钥匙手柄被锁在"开"位。大闸手柄在重联位、小闸手柄在运转位时，钥匙手柄可转至"关"位并可取出。

2）制动控制器的功能

制动控制器的主要功能是：发送电信号指令到制动控制单元 BCU 上，为机车制动机提供自动制动和单独制动指令，同时还具备紧急位机械排风功能。

（1）自动制动控制器。大闸手柄最前位为紧急位（带排风），往后拉依次为重联位、制动位、中立位、运转位、过充位。

过充位：使列车管获得过充压力，以达到加速列车管充气速度的目的，同时车辆快速缓解，而机车仍处制动后保压的工作位置。

运转位：列车管按定压进行充风控制，是机车运行、列车制动后进行缓解和列车管充风的位置。

中立位：操纵列车常用制动前的准备和常用制动后保压的工作位置。

制动位：操纵列车常用制动的工作位置。

重联位：非操纵端、无动力回送、重联时所放位置，也是制动机开机解锁及惩罚制动解锁的位置。

紧急位：大闸的此位置设有列车管机械排风阀，手柄置于该位置，列车管压力排风至 0。

（2）单独制动控制器。

小闸手柄最前位为制动位，往后依次为中立位、运转位、缓解位。

缓解位：用来单独缓解机车制动缸压力。

运转位：机车正常运行时所放位置。

中立位：机车单独制动前的准备及单独制动后的保压位置。

制动位：单独操纵机车制动的作用位置。

📢 **单元思考要点：制动控制器的功能**

_____
_____
_____

📝 任务小结

计划方案：_____

组织实施：_____

完成效果：_____

姓名_____　地点_____　方式 不脱产□ 半脱产□ 全脱产□ 日期 _____

2. DK-2 型电空制动机制动显示屏的组成、功能

1）制动显示屏的组成

制动显示屏采用 10.4 英寸的 TFT 彩色液晶显示器。采用 LINUX 操作系统，上层应用程序采用 QT 专业版开发工具。通过 CAN 总线实现显示屏与 BCU 之间的实时通信。制动显示屏如图 2-76。

2）制动显示屏的功能

显示屏的界面主要由"主界面""电空制动设置界面""维护界面""显示信息界面"等组成，通过触发主界面和子界面按键可进入各级子界面，各级子界面均设有"返回""主界面"按键，通过触发"返回"按键可返回上一级界面，通过触发"主界面"按键可返回显示屏主界面。制动显示屏主界面如图2-77所示。

图2-76 制动显示屏

图2-77 制动显示屏主界面

制动显示屏的主要功能如下。

（1）实时显示 BCU 钮子开关的状态信息。

（2）以风表和数值的形式显示总风压力值、列车管压力值、均衡风缸压力值、前后制动缸压力值。

（3）以流量计的形式动态显示列车管的充风流量值。

（4）显示制动机操作的提示信息和故障信息。

（5）提供机车号、时间日期、软件版本号的显示及设置功能。

（6）提供单机自检、事件记录和传感器校准等列车诊断功能。

📢 单元思考要点：制动显示屏的功能

_____

_____

_____

📝 **任务小结**

计划方案：_____

组织实施：_____

完成效果：_____

姓名_____ 地点_____ 方式 不脱产☐ 半脱产☐ 全脱产☐ 日期 _____

💬 **复习思考**

1. 简述 DK-2 型电空制动机制动控制器的组成。

2. 简述 DK-2 型电空制动机制动控制器的主要功能。

3. 简述 DK-2 型电空制动机制动显示屏的组成。

4. DK-2 型电空制动机制动显示屏有哪些功能？

数字学习资源

"DK-2 型电空制动机司机室操作部件的组成、功能"数字课件。

2.6.2　DK-2 型电空制动机制动柜主要模块的组成、功能

制动柜是制动机的核心部分，通过它来实现列车管、制动缸停放制动的压力控制及防滑控制，同时还能实现主压缩机的自动启停控制、撒砂控制，并为受电弓、主断路器提供压缩空气。

学习目标

- 列车/均衡控制模块的组成、作用
- 制动缸控制模块的组成、作用
- 制动控制单元 BCU 的组成、作用
- 主压缩机启停控制等模块的组成、作用

1. DK-2 型电空制动机列车/均衡控制模块的组成、功能

列车/均衡控制模块的主要功能是控制均衡风缸和列车管的压力。列车/均衡控制模块由中继阀、紧急阀、遮断阀、流量计、转换阀、调压阀、电空阀、传感器、塞门及气路板等部件组成，该模块中还包含电空阀集成模块和均衡控制模块。列车/均衡控制模块如图 2-78 所示，列车/均衡控制模块气路控制原理如图 2-79 所示。

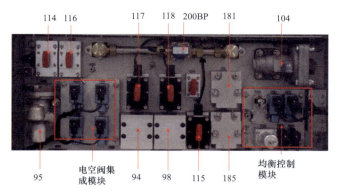

94—放风阀；95、98—紧急阀；104—中继阀；114—中继阀总风塞门；115—中继阀列车管塞门；

116—紧急阀列车管塞门；117—94 列车管塞门；118—98 列车管塞门；181—总风遮断阀；

185—列车管遮断阀；200BP—列车管充风流量计。

图 2-78　列车/均衡控制模块

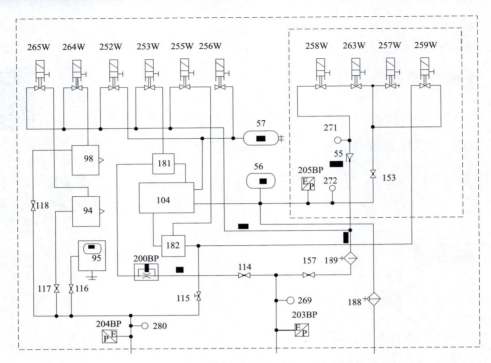

图 2-79　列车/均衡控制模块气路控制原理

1）列车管控制模块的组成、功能

列车管控制模块的主要功能是控制列车管的初充风和再充风、常用制动排风、紧急制动排风及列车管与中继阀间的遮断。

（1）列车管控制模块的组成。

列车管控制模块主要由总风遮断阀、列车管遮断阀、中继阀、过充电空阀、中立电空阀、遮断电空阀、紧急电空阀、均衡风缸、塞门、流量计、滤尘器、检测口等部件组成。

（2）列车管控制模块的作用。

列车管的充气与排气由中继阀根据均衡风缸压力控制，中继阀能保证列车管压力在均衡风缸压力±10 kPa 范围内。流量计用于检测列车管充风流量。总风遮断阀受中立电空阀控制，用来切断常用制动与紧急制动工况下的列车管补风通路。列车管遮断阀受遮断电空阀控制，用于制动机重联工况下切断中继阀与列车管的通路。

一旦来自大闸紧急、ATP、列车分离保护作用等的紧急电信号产生，紧急制动电空阀得电，驱动电动放风阀直接将列车管压力排向大气，列车管压力迅速降至 0。

当紧急阀检测到列车分离时的列车管快速减压信号，立刻通过电联锁向制动控制单元发出断钩信号，同时自动打开列车管排风阀口加快列车管排风并锁定紧急制动信号约 15 s。

2）均衡压力控制模块的组成、功能

均衡压力控制模块的主要功能是对均衡风缸压力进行闭环控制，当制动系统失电时使均衡风缸排风。

（1）均衡压力控制模块的组成。

均衡压力控制模块主要由电空转换阀、均衡风缸调压阀、制动高速电空阀、缓解高速电空阀、保护电空阀、重联电空阀、均衡模块总风压力检测口、均衡风缸压力检测口、均衡风缸压力传感器等部件组成。

（2）均衡压力控制模块的作用。

制动控制单元采用高速电空阀、压力传感器及 PWM 脉宽调制方式实现对压力精确控制的 EP 闭环模拟控制。

在 EP 闭环模拟控制模式下，制动控制单元接收大闸发出的均衡风缸目标值命令，比较目标值与压力传感器反馈的均衡风缸实时压力值，通过对进、排气高速电空阀的 PWM 控制，达到精确控制均衡风缸压力的目的。

保护电空阀可以确保系统故障或失电时均衡风缸的自动减压排风。

📢 **单元思考要点：列车管控制模块的功能**

_____

_____

_____

✏️ **任务小结**

计划方案：_____

组织实施：_____

完成效果：_____

姓名_____ 地点_____ 方式 不脱产☐ 半脱产☐ 全脱产☐ 日期_____

2. DK-2 型电空制动机制动缸控制模块的组成、功能

制动缸控制模块的主要功能是根据系统指令输出制动缸压力，实现预控风缸闭环控制、电子分配阀和空气分配阀切换、机车单缓等功能。制动缸控制模块如图 2-80 所示。制动缸控制模块气路控制原理如图 2-81 所示。

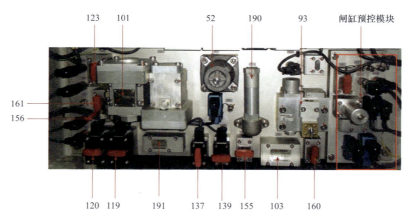

52—紧急增压调压阀；93—重联阀；101—分配阀；103—无火滤尘止回阀；119—制动缸Ⅰ塞门；120—制动缸Ⅱ塞门；123—分配阀总风供给塞门；137—紧急增压塞门；139—无火安全阀塞门；155—无火塞门；156—分配阀缓解塞门；160—重联阀总风联管塞门；161—制动缸切换总风塞门；190—无火安全阀；191—制动缸切换阀。

图 2-80　制动缸控制模块

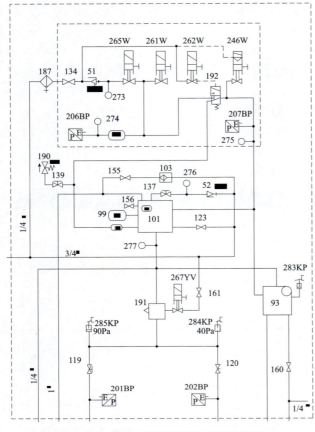

图 2-81　制动缸控制模块气路控制原理

1）制动缸控制模块的组成

制动缸控制模块主要由滤尘器、分配阀、分配阀缓解塞门、无火滤尘止回阀、无火塞门、紧急增压调压阀、工作风缸、制动缸切换阀、切换电空阀、制动缸压力开关、制动缸压力传感器、制动缸Ⅱ压力传感器、重联阀、重联阀压力开关、制动缸预控模块及塞门等组成。

制动缸预控模块主要包括单独制动总风塞门、单独制动减压阀、单独制动高速电空阀、单独缓解高速电空阀、预控风缸压力传感器、切换电空阀、切换阀、强缓电空阀、作用管压力传感器等。

2）制动缸控制模块的功能

电子分配阀包括分配阀均衡部、切换电空阀、制动缸预控压力的 EP 闭环模拟控制部件、高速电空阀、压力传感器。电子分配阀中的制动缸预控压力的 EP 闭环模拟控制方式与均衡风缸 EP 闭环模拟控制方式相同，制动控制单元 BCU 接收大闸、小闸发出的指令，再根据列车管减压量计算出制动缸预控压力的目标值，比较目标值与制动缸预控压力传感器反馈的制动缸预控压力实时值，通过对进、排气高速电空阀的 PWM 控制，达到精确控制制动缸预控压力的目的。分配阀均衡部根据制动缸预控压力变化，实现制动缸的充气与排气。

空气分配阀为 109 型分配阀，为电子分配阀常用制动时的热备冗余。当切换电空阀失电，制动缸预控切换至空气分配阀的通路，由空气分配阀根据列车管压力变化产生相应制动缓解作用，从而控制机车制动缸的充气与排气。

为确保紧急制动的可靠，机车紧急制动时，优先采用空气分配阀来控制制动缸压力。当发生紧急制动时，109 分配阀增压阀打开，实现对容积室的快速充气，控制制动缸压力快速上升至最高压力 450 kPa。为解决 109 分配阀紧急制动安全阀惯性故障，对紧急制动限压从原理上进行了设计改进：正常情况下，关闭塞门 139 隔离安全阀，利用调压阀 52 来限制紧急制动时制动缸最高压力；只有在机车无动力回送的情况下，才打开塞门 139，安全阀投入使用，用来限制无动力回送机车制动缸压力不超过 250 kPa。

DK-2 型电空制动机通过重联阀、平均管、列车管实现本机与补机制动/缓解的同步。当重联阀置于本机位时，机车制动缸与平均管连通，平均管压力跟随制动缸压力变化而变化。当重联阀置于补机位时，机车平均管与作用管连通，作用管压力跟随平均管压力变化而变化，从而实现本机通过平均管控制补机制动缸压力的功能。

此外，重联阀压力开关 283KP 可检测重联阀转换手柄处于本机位或补机位，并将检测到的压力信号传送给制动控制单元 BCU，BCU 将根据该信息实施不同的控制作用，并通过制动显示屏将重联阀位置信息反馈给司乘人员。

> 📢 **单元思考要点：制动缸控制模块的功能**
>
> _____
> _____
> _____

✍ **任务小结**

计划方案：_____

组织实施：_____

完成效果：_____

姓名_____ 地点_____ 方式 不脱产☐ 半脱产☐ 全脱产☐ 日期_____

3. 制动控制单元 BCU 的组成、功能

制动控制单元 BCU 是制动机核心控制部件，用来实时、快速地处理制动机模拟量、网络通信数据，以及制动机信息化数据，实现机车制动机控制、状态监控及故障诊断、显示、报警、数据记录存储、网络通信等功能。为了和 CCU 交换制动系统的信号，制动控制单元与 CCU 的接口通过 MVB 连接，停放制动等部分制动信号由 CCU 进行控制。

1）制动控制单元 BCU 的组成

制动控制单元 BCU 采用欧式 4U 标准结构框架，由七块 4U 标准插件组成：一块 PWM板、一块输入板、两块输出板、一块控制板、一块模拟板、一块电源板。插件通过面板由带防脱的紧固件与机箱固定，母线板安装在机箱后部，母线板也与 BCU 后面的专用连接器相连，这些连接器用来实现与外部电路通信。制动控制单元 BCU 如图 2-82 所示。

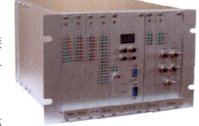

2）制动控制单元 BCU 各组件的功能

PWM 板主要提供 24 V 的 PWM 调制信号，用于驱动高速电磁阀。每块 PWM 板共设置 4 路 PWM 输出信号，每路信号都设置了对应的信号输出指示灯。

图 2-82　制动控制单元 BCU

控制板采用 PC104 总线结构，主要完成输入信号状态的采集、逻辑运算、通信控制、系统自动实时检测、输出状态确定，以及与 MVB 板的数据交换等任务。采用 PC104 嵌入式处理器，可通过总线集成网络接口卡，实现制动控制单元与网络交换数据。

输入板用于制动控制单元开关量信号的采集，每路开关量信号都经过了电阻网络降压、稳压管限幅、电容滤波、光电隔离后再经过施密特触发器输入控制板。输入板电路可靠性很高，抗干扰能力强，能适应机车上的恶劣工作环境。每块输入板设计为 32 路，每路都有指示灯指示该点的工作状态。

输出板用于制动控制单元 BCU 开关量信号的输出，每路开关量信号都经过了光电隔离耦合器、滤波电路单元、过流保护电路单元后送至制动机的电空阀。每块输出板设计为 8 路，每路都有指示灯指示该点的工作状态。

图 2-83　BCU 上钮子开关

模拟板主要用来采集传感器送来的 4～20 mA 的电流信号，信号经过整形转换限幅、滤波等后送到 A/D 芯片进行模数转换。模拟板的硬件电路采用 16 位精度的采样芯片，包含 14 路 4～20 mA 电流信号输入通道和 2 路 0～10 V 电压信号输入通道。

电源板用于提供制动控制单元 BCU 工作的 DC 5 V 内部工作电源和 DC 24 V 外供电源，具有过热和过流、过压、欠压保护功能。制动控制单元 BCU 输入电压为 DC 110 V。

电源板上有六个钮子开关，如图 2-83 所示，制动显示屏上对应的钮子开关信息栏状态显示如图 2-84 所示。各钮子开关的功能描述如下。

补风/不补风：控制列车管的补风和不补风，正常运用时打到不补风位。

ATP 投入/ATP 切除：控制 ATP 投入/切除。

空联投入/空联切除：控制空电联合制动投入/切除。

500 kPa/600 kPa：选择列车管定压 500 kPa/600 kPa。

图 2-84　制动显示屏上对应的钮子开关信息栏状态显示

📢 单元思考要点：制动控制单元 BCU 的功能

_____

_____

_____

📝 **任务小结**

计划方案：_____

组织实施：_____

完成效果：_____

姓名_____　地点_____　方式 不脱产□ 半脱产□ 全脱产□ 日期_____

4. 其他控制模块的组成、功能

1）主压缩机起停控制模块的组成、功能

（1）组成。主压缩机起停控制模块主要由主压缩机压力控制器 287KP、289KP，总风联管压力测试口 278，总风压力传感器 203BP 等组成。主压缩机起停控制模块如图 2-85 所示。

（2）作用。主压缩机起停控制模块的主要功能是为主压缩机起停状态控制提供压力信号。主压缩机起停控制模块气路原理图如图 2-86 所示。

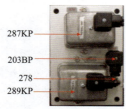

287KP、289KP—主压缩机压力控制器；
203BP—总风压力传感器；278—总风联管压力测试口。

图 2-85　主压缩机起停控制模块

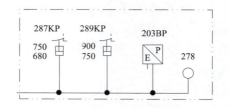

图 2-86　主压缩机起停控制模块气路原理图

> 📢 单元思考要点：主压缩机起停控制模块的功能
>
> _____
>
> _____
>
> _____

2）停放制动控制模块的组成、功能

（1）组成。停放制动控制模块由停放制动调压阀、停放制动双脉冲电磁阀、停放制动压力开关、双向阀、停放制动塞门、停放制动压力测试接口等部件组成。停放制动控制模块如图 2-87 所示。

（2）作用。停放制动控制模块的主要功能是接受停放制动施加与缓解指令，实现停放制动缸排气与充气，同时可防止停放制动力和制动缸制动力叠加。停放制动控制模块气路原理如图 2-88 所示。

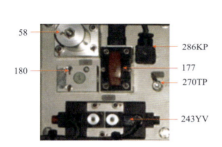

58—停放制动调压阀；177—停放制动塞门；180—双向阀；
243YV—停放制动双脉冲电磁阀；270TP—停放制动管压力检测口；
286KP—停放制动压力开关。

图 2-87　停放制动控制模块

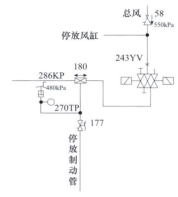

图 2-88　停放制动控制模块气路原理

根据停放制动缸所需的缓解压力，停放制动调压阀整定值为 550 kPa，停放制动压力开关整定值为 480 kPa。

当停放制动双脉冲电磁阀中停放施加电空阀得电时，停放制动缸的压缩空气通过停放制动双脉冲电磁阀排向大气，停放制动作用施加；当停放制动双脉冲电磁阀中停放缓解电空阀得电，总风通过调压阀、双停放制动脉冲电磁阀向停放制动缸充风，停放制动作用缓解。

双向阀的功能是取制动缸压力与停放制动缸压力两者的较大值，防止停放制动力与制动缸力同时施加，避免制动力叠加而造成制动力过大。

> 📢 单元思考要点：停放制动控制模块的功能
>
> _____
>
> _____
>
> _____

3）撒砂控制模块的组成、功能

（1）组成。撒砂控制模块主要由撒砂总风塞门 132，撒砂电空阀 240YV、250YV 等组成。

撒砂控制模块如图 2-89 所示。

（2）作用。撒砂控制模块的主要功能是接受撒砂控制指令，控制撒砂器撒砂作用。撒砂控制模块气路原理如图 2-90 所示。

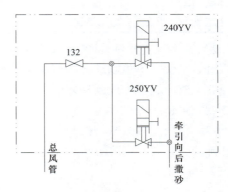

132—撒砂总风塞门；240YV—撒砂电空阀；250YV—撒砂电空阀。

图 2-89　撒砂控制模块

图 2-90　撒砂控制模块气路原理

📢 **单元思考要点：撒砂控制模块的功能**

4）升弓控制模块的组成、功能

（1）组成。升弓控制模块主要由升弓模块总风控制塞门 140、控制管路总风止回阀 108、升弓风缸塞门 97、辅助压缩机压力控制器 288KP、升弓风缸压力测试口 279、主断总风塞门 145、升弓风缸压力表 5、辅助风缸压力表 6 等组成。升弓控制模块如图 2-91 所示。

（2）作用。升弓控制模块的主要功能是为受电弓和主断路器提供风源，实现升弓风源不同工况的转换。升弓控制模块气路原理如图 2-92 所示。

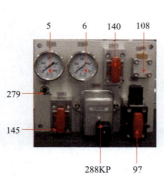

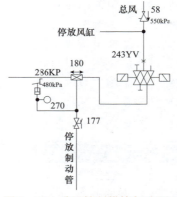

5—升弓风缸压力表；6—辅助风缸压力表；97—升弓风缸塞门；
108—控制管路总风止回阀；140—升弓模块总风控制塞门；
145—主断总风塞门；279—升弓风缸压力测试口；
288KP—辅助压缩机压力控制器。

图 2-91　升弓控制模块

图 2-92　升弓控制模块气路原理

📢 单元思考要点：升弓控制模块的功能

_____

_____

_____

✏️ **任务小结**

计划方案：_____

组织实施：_____

完成效果：_____

姓名_____ 地点_____ 方式 不脱产☐半脱产☐全脱产☐日期 _____

📝 **复习思考**

1. 列车管控制模块由哪些部件组成？

2. 简述列车管控制模块的功能。

3. 均衡压力控制模块由哪些部件组成？

4. 简述均衡压力控制模块的功能。

5. 制动缸控制模块由哪些部件组成？

6. 简述制动缸控制模块的功能。

7. 制动控制单元 BCU 由哪些部件组成？

8. 简述制动控制单元 BCU 各组件的功能。

9. 简述主压缩机启停控制模块的组成与功能。

10. 简述停放制动控制模块的组成与功能。

11. 简述撒砂控制模块的组成与功能。

12. 简述升弓控制模块的组成与功能。

数字学习资源

"DK-2 型电空制动机制动柜主要模块的组成、功能" 数字课件。

模块 **3**

电力机车制动系统的操纵方法

通过对制动控制器手柄进行操作，改变其相应位置，控制电力机车制动机系统各部件相应动作，从而达到对机车、列车制动机系统制动、保压与缓解作用的控制。

模块学习要求

1. 熟知 DK-1 型电空制动机的综合作用
2. 掌握 DK-1 型电空制动机的操作办法
3. 熟知 CCBⅡ型制动机的综合作用
4. 掌握 CCBⅡ型制动机的操作办法
5. 熟知 DK-2 型电空制动机的综合作用
6. 掌握 DK-2 型电空制动机的操作办法

任务 3.1　DK-1 型电空制动机的综合作用

DK-1 型电空制动机的综合作用分为电空位操作和空气位操作。电空位包括自动制动作用、单独制动作用。自动制动作用是通过电空制动控制器操作全列车的制动作用，单独制动作用是通过空气制动阀单独操作机车的制动作用。空气位作为电空位操作故障时的备用制动，可利用空气制动阀操作全列车的制动作用。另外，DK-1 型电空制动机具备与机车其他系统的配合功能，拓展了机车制动机的辅助功能。

▶ 任务知识点

1. DK-1 型电空制动机的综合作用（难点）
2. DK-1 型电空制动机电空位操作（重点）
3. DK-1 型电空制动机空气位操作（重点）
4. DK-1 型电空制动机无动力回送操作
5. DK-1 型电空制动机辅助功能

▶ 任务技能要求

1. 熟知 DK-1 型电空制动机综合作用原理
2. 掌握 DK-1 型电空制动机电空位操作办法

3. 掌握 DK-1 型电空制动机空气位操作办法

4. 掌握 DK-1 型电空制动机无动力回送操作办法

5. 掌握 DK-1 型电空制动机的辅助功能

3.1.1　DK-1 型电空制动机电空位操作——自动制动作用

学习目标

- DK-1 型电空制动机电空位综合作用
- DK-1 型电空制动机电空位操作

SS_4 改型电力机车是双节固定重联的电力机车，在每一节上独立安装一套 DK-1 型电空制动机。SS_9 型电力机车是双端操作的电力机车，在每一司机室均安装电空制动控制器、空气制动阀等相应部件。本部分仅以单端操作为例进行分析。

DK-1 型电空制动机系统组成如图 3-1 所示。

电空位操纵的转换处理如下。

（1）将空气制动阀上的电空转换扳键置于电空位。

（2）将制动屏柜中的电空转换阀 153 置正常位。

（3）调压阀 55 输出压力调整为定压（600 kPa 或 500 kPa）。

（4）调压阀 53（54）输出压力调整为 300 kPa。

电空转换扳键扳到电空位，空气制动阀手柄处于运转位，机车控制电源经微动开关 3SA1 闭合电路 899—801，断开电路 899—800。

1. 电空制动控制器运转位综合作用

运转位是列车运行时手柄所放的位置，也是缓解列车制动与列车管充风至定压的位置。

1）电路

电空制动控制器的触头组闭合导线 803、809、813，通路得电。

（1）导线 803 得电，经制动逻辑控制装置 DKL，使缓解电空阀 258YV 及排风 2 电空阀 256YV 得电。258YV 得电动作，使均衡风缸获得定压。

（2）导线 809 得电，经微动开关 3SA1—导线 818 —DKL，使排风 1 电空阀 254YV 得电，容积室压力空气排向大气。

（3）导线 813 得电，为列车分离、列车安全运行监控记录等辅助装置准备电路。

2）气路

（1）总风—塞门 157—调压阀 55—均衡风缸止回阀 203—缓解电空阀 258YV 下阀口—电空转换阀 153—均衡风缸 56。

（2）容积室—作用管—排风 1 电空阀 254YV 下阀口—大气。

（3）初制风缸 58—制动电空阀 257YV 上阀口—大气。

（4）总风遮断阀活塞左侧—中立电空阀 253YV 上阀口—大气。

3）主要部件的作用

（1）中继阀。总风遮断阀活塞左侧压力空气经中立电空阀 253YV 排向大气，总风遮断阀呈开启状态。由于均衡风缸压力上升，双阀口式中继阀处于充风缓解位。双阀口式中继阀活塞在均衡风缸压力作用下，打开供风阀口。总风缸的压力空气经总风遮断阀口、供风阀口进入列车管，同时经缩堵进入活塞膜板右侧。待列车管压力上升至与均衡风缸压力相等时，双阀口式中继阀呈缓解后保压位。

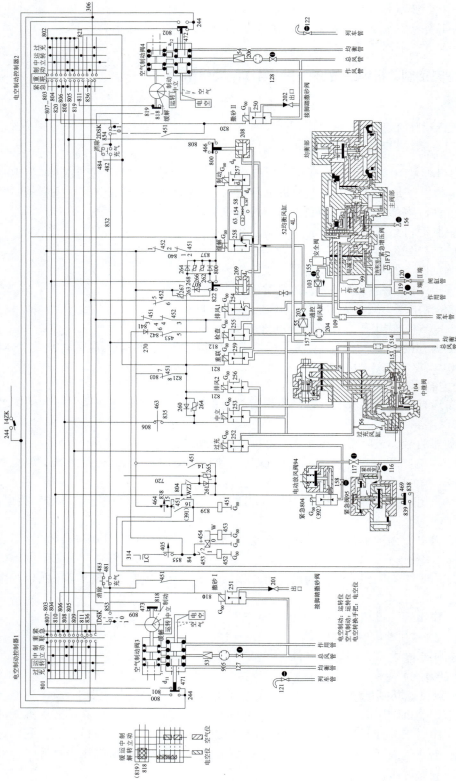

图 3-1 DK-1 型电空制动机系统组成

53～55—调压阀；103—无火塞门；106、109—滤尘器；153、154—转换阀；204～206—分水滤气器；208、209—压力开关；250～259—电空阀；260～264、270—二级管；
265～269—压敏电阻；451～453—中间继电器；451～453—压敏电阻；454—延时板；463～465—钮子开关；481～484—检查按钮；1FYJ—风压继电器。

（2）分配阀。由于列车管压力上升，分配阀主阀部处于充风缓解位。主阀活塞下移至与主阀体下底面接触。列车管经开放的充风孔向工作风缸充风，直至工作风缸压力与列车管定压相等。

由于主阀体上的 d_3 小排气口被分配阀缓解塞门 156 关闭，分配阀容积室压力空气不能经主阀部的缓解通路排入大气。

增压阀在增压弹簧和列车管压力作用下处于下部关闭位，切断总风与容积室的通路。

均衡部由于作用管压力已经经排风 1 电空阀 254YV 通大气，均衡活塞下移至缓解位。制动缸压力空气经均衡活塞中心孔和径向孔及均衡部大排气口排入大气，机车制动缸缓解。

（3）紧急阀。由于列车管压力上升，紧急阀处于充气位。列车管压力推紧急活塞上移，活塞顶端的密封圈与阀盖密贴。列车管压力空气通过活塞空心杆垂向缩孔 I 和上部的横向缩孔 II 向紧急室缓慢充风，直至紧急室压力与列车管定压相等。夹心阀在下部弹簧和列车管压力作用下，关闭排风阀口。

（4）压力开关。由于均衡风缸压力上升到定压，压力开关 208KP、209KP 的膜板带动芯杆上移顶动微动开关。压力开关 208KP 断开导线 808 与 800；压力开关 209KP 连通导线 807 与 827，断开导线 822 与 800。

📢 **单元思考要点：电空制动控制器运转位综合作用**

_____

_____

_____

✏️ 任务小结

计划方案：_____

组织实施：_____

完成效果：_____

姓名_____　地点_____　方式 不脱产☐半脱产☐全脱产☐日期 _____

2. 电空制动控制器制动位综合作用

制动位是列车常用制动时手柄所放的位置。列车管减压量的大小，随电空制动控制器手柄在此位置停留时间而决定，其需与中立位配合实现常用制动列车管减压量的控制。

1）电路

电空制动控制器的触头组闭合导线 806、808、813，通路得电。

（1）导线 806 得电，经制动逻辑控制装置 DKL，使中立电空阀 253YV 得电，总风遮断阀口关闭。

（2）导线 808 得电，当均衡风缸减压量超过 190～230 kPa 时，压力开关 208KP 动作，使制动电空阀 257YV 得电。257YV 得电切断均衡风缸的排风通路，实现最大有效减压量的控制。

（3）导线 813 得电，为列车分离、列车安全运行监控记录等辅助装置准备电路。

2）气路

（1）缓解电空阀 258YV 失电，缓解电空阀下阀口关闭，切断了均衡风缸的充风通路。均衡风缸—电空转换阀 153—258YV 上阀口—初制风缸 58—制动电空阀 257YV 上阀口—大气。

制动电空阀 257YV 失电时间的长短，即司机控制电空制动控制器手把在制动位的停留时长，决定了均衡风缸减压量的大小。由于初制风缸 58 的设置，使得均衡风缸有一个确保列车制动可靠动作的最小减压量 40～50 kPa。

（2）总风—塞门 157—中立电空阀 253YV 下阀口—总风遮断阀。

（3）过充风缸—排风 2 电空阀 256YV 上阀口—大气。

3）主要部件的作用

（1）中继阀。由于总风进入中继阀总风遮断阀左侧，总风遮断阀呈关闭状态，切断了列车管的风源。

由于均衡风缸减压，双阀口式中继阀处于制动位，活塞左移开启排风阀，列车管压力空气排向大气，列车产生制动作用。

（2）分配阀。列车管压力下降，主阀部活塞向上移动，先是关闭列车管向工作风缸的充风通路，随后开通局减通路。列车管压力空气进入局减室，并经主阀安装面上的缩孔排入大气，实现局减作用。主阀部活塞继续向上移动，形成常用制动位，开通了工作风缸向容积室充风通路。

由于均衡部均衡活塞下侧容积室压力上升，致使活塞上移顶开均衡阀，均衡部呈制动位。总风经开放的均衡阀口进入制动缸，机车产生制动作用。

由于增压阀上部增压弹簧和列车管压力大于下部容积室压力，增压阀处于关闭位。

（3）紧急阀。由于列车管按常用制动速率下降，紧急室压力经缩孔 I 与列车管压力同步下降，紧急活塞悬在中间，紧急阀处于常用制动位。夹心阀在下部弹簧作用下，关闭排风阀口。

（4）压力开关。由于均衡风缸压力下降，压力开关 209KP 膜板将带动芯杆下移，断开导线 807 与 827，连通导线 822 与 800。当均衡风缸压力继续下降至最大减压量时，压力开关 208KP 膜板将带动芯杆下移，连通导线 808 与 800。

📢 单元思考要点：电空制动控制器制动位综合作用

_____

_____

_____

📝 **任务小结**

计划方案：_____

组织实施：_____

完成效果：_____

姓名_____ 地点_____ 方式 不脱产☐ 半脱产☐ 全脱产☐ 日期 _____

3. 电空制动控制器中立位综合作用

中立位是制动前的准备及常用制动保压所用的位置。根据中立位作用的不同可分为制动前中立位和制动后中立位。

1）电空制动控制器制动前中立位综合作用

（1）电路。电空制动控制器的触头组闭合导线 806、807、813，通路得电。

① 导线 806 得电，经制动逻辑控制装置 DKL—中立电空阀 253YV 得电，使总风遮断阀口关闭。

② 导线 807 得电。制动前电空制动控制器移至中立位，由于均衡风缸未减压，压力开关 209KP 未动作，由导线 807 经 DKL—使缓解电空阀 258YV 得电，均衡风缸压力保持定压。

③ 导线 807 经 DKL—排风 2 电空阀 256YV 得电。

④ 导线 813 得电，为列车分离、列车安全运行监控记录等辅助装置准备电路。

（2）气路。

① 若钮子开关 463QS 在不补风位，总风—塞门 157—中立电空阀 253YV 下阀口—总风遮断阀，总风遮断阀关闭。

② 总风—塞门 157—调压阀 55—均衡风缸止回阀 203—缓解电空阀 258YV 下阀口—电空转换阀 153—均衡风缸 56。

（3）主要部件的作用。

① 中继阀。由于总风压力空气充入总风遮断阀左侧，总风遮断阀关闭，切断了列车管补风源。

若钮子开关 463QS 在不补风位，由于均衡风缸压力没有下降，中继阀活塞两侧压力平衡，列车管保持原有压力。若在保压过程中，列车管压力由于空气泄漏而下降，尽管供风阀口将打开，但由于总风遮断阀已关闭，列车管的泄漏不能得到压力空气的补充。

若钮子开关 463QS 在补风位，则中立电空阀 253YV 失电。由于均衡风缸压力没有下降，中继阀活塞两侧压力平衡，列车管保持原有压力。在保压过程中，若列车管压力由于泄漏而下降，因总风遮断阀打开，中继阀供风阀会使列车管的压力空气得到补充。

② 分配阀。由于列车管没有减压，分配阀仍处于充风缓解位。分配阀主阀部、增压阀、均衡部与运转位相同。工作风缸经充风通路与列车管保持沟通。

③ 紧急阀。紧急阀处于充气位。夹心阀在下部弹簧和列车管压力作用下，关闭排风阀口。

④ 压力开关。压力开关 208KP 断开导线 808 与 800；压力开关 209KP 连通导线 807 与 827，断开导线 822 与 800。

📣 **单元思考要点：电空制动控制器制动前中立位综合作用**

_____

_____

_____

2）电空制动控制器制动后中立位综合作用

（1）电路。电空制动控制器的触头组闭合导线 806、807、813，通路得电。

① 导线 806 得电，经制动逻辑控制装置 DKL 使中立电空阀 253YV 得电，总风遮断阀口关闭。

② 导线 807 得电。若是制动后移此位，压力开关 209KP 动作，导线 817—导线 827 断开，使缓解电空阀 258YV 和排风 2 电空阀 256YV 断电，均衡风缸压力保持不变，过充风缸通大气。

③ 导线 813 得电，为列车分离、列车安全运行监控记录等辅助装置准备电路。

（2）气路。

① 若钮子开关 463QS 在不补风位，总风—塞门 157—中立电空阀 253YV 下阀口—总风

遮断阀，总风遮断阀关闭。

②由于制动电空阀 257YV 得电，关闭了均衡风缸排风口，均衡风缸不再减压而呈保压状态。

③过充风缸内压力空气—排风 2 电空阀 256YV 上阀口通大气。

（3）主要部件的作用。

①中继阀。由于总风压力空气充入总风遮断阀左侧，总风遮断阀关闭，切断了列车管供风源。均衡风缸压力停止下降，当列车管压力下降接近均衡风缸压力时，中继阀活塞处于平衡状态。排风阀在其弹簧作用下关闭排风阀口，列车管压力停止下降而保压。

②分配阀。列车管停止减压。工作风缸向容积室充风后压力下降到接近列车管压力时，在主阀活塞尾部稳定弹簧的反力及活塞自重的作用下，主阀活塞带动节制阀下移切断工作风缸与容积室的通路。工作风缸停止向容积室充风，容积室压力停止上升。在均衡部制动缸压力增大到与容积室压力接近时，在均衡阀、均衡活塞自重及均衡部弹簧的作用下，使均衡阀与均衡活塞杆一起下移，关闭均衡阀口，制动缸压力停止上升。增压阀处于关闭位。

③紧急阀。列车管停止减压，紧急阀活塞在弹簧反力作用下恢复到充风位。

④压力开关。由于均衡风缸压力已下降，压力开关 209KP 膜板将带动芯杆下移离开开关，断开导线 807 与 827，连通导线 822 与 800。如果均衡风缸减压量已超过最大减压量，压力开关 208KP 膜板也将下移离开开关，连通导线 808 与 800，但无作用。

📢 单元思考要点：电空制动控制器制动后中立位综合作用

_____

_____

_____

📝 **任务小结**

计划方案：_____

组织实施：_____

完成效果：_____

姓名_____ 地点_____ 方式 不脱产□ 半脱产□ 全脱产□ 日期 _____

4. 电空制动控制器过充位综合作用

过充位是为迅速向列车管充气，促使车辆快速缓解时手柄所处的位置。与运转位不同，此时机车处于制动保压状态，列车管得到高于定压 30～40 kPa 的过充压力。

1）电路

电空制动控制器的触头组闭合导线 803、805、813，通路得电。

（1）导线 803 得电，经制动逻辑控制装置 DKL 使缓解电空阀 258YV 及排风 2 电空阀 256YV 得电。缓解电空阀 258YV 得电使均衡风缸获得定压，排风 2 电空阀 256YV 得电，关闭过充风缸经 256YV 上阀口排大气的通路。

（2）导线 805 得电，过充电空阀 252YV 得电，总风进入过充风缸。

（3）导线 813 得电，为列车分离、列车安全运行监控记录等辅助装置准备电路。

2）气路

（1）总风—塞门 157—调压阀 55—均衡风缸止回阀 203—缓解电空阀 258YV 下阀口—电空转换阀 153—均衡风缸 56。

（2）初制风缸 58—制动电空阀 257YV 上阀口—大气。

（3）总风遮断阀活塞左侧—中立电空阀 253YV 上阀口—大气。

（4）总风—塞门 157—过充电空阀 252YV 下阀口—过充风缸（同时经过充风缸本身 $\phi 0.5$ mm 孔通大气）—中继阀过充柱塞左侧。

3）主要部件的作用

（1）中继阀。总风遮断阀活塞左侧经中立电空阀 253YV 通大气，总风遮断阀呈开启状态。

由于过充柱塞左侧充入了总风压力，使作用在活塞膜板左侧的压力增加，从而使列车管压力上升速度加快。当中继阀处于保压位时，列车管压力将高于定压 30～40 kPa。当电空制动控制器手柄由过充位移回运转位时，首先关闭了过充风缸的充风通路，过充风缸内压力空气经 $\phi 0.5$ mm 孔缓慢排入大气，时间为 120～180 s。随着过充柱塞逐渐左移，中继阀活塞带动顶杆、排气阀逐渐移动，列车管内过充压力空气经排气阀口缓慢排往大气，直至列车管压力恢复定压。由于此过程受过充风缸缓慢排气所控制，所以不会引起机车、车辆产生自然制动。

（2）分配阀。列车管压力上升，分配阀主阀部处于充风缓解位。主阀活塞下移与主阀体下底面接触。列车管经开放的充风孔向工作风缸充风，直至工作风缸压力与列车管定压相等。

由于排风 1 电空阀 254YV 未得电，加之主阀体上的 d_3 小排气口被分配阀缓解塞门 156 关闭，容积室压力空气不能经主阀部的缓解通路排入大气。均衡活塞下侧压力空气不能排入大气，均衡部处于保压状态。故制动缸也处于保压状态，机车制动不能缓解。

（3）紧急阀。由于列车管压力上升，紧急阀处于充气位。列车管压力推紧急活塞上移，活塞顶端的密封圈与阀盖密贴，列车管压力空气通过活塞空芯杆垂向缩孔 Ⅰ 和上部的横向缩孔 Ⅱ 向紧急室缓慢充风，直到紧急室压力与列车管定压相等。夹心阀在下部弹簧和列车管压力作用下，关闭排风阀口。

（4）压力开关。由于均衡风缸压力上升到定压后，压力开关 208KP、209KP 的膜板带动芯杆上移顶动微动开关。压力开关 208KP 断开导线 808 与 800；压力开关 209KP 连通导线 807 与 827，断开导线 822 与 800。

📢 **单元思考要点：电空制动控制器过充位综合作用**

_____

_____

_____

✒ 任务小结

计划方案：_____

组织实施：_____

完成效果：_____

姓名_____　地点_____　方式 不脱产□ 半脱产□ 全脱产□ 日期_____

5. 电空制动控制器重联位综合作用

重联位是机车非操纵端、重联的补机或电空制动控制器手柄取出所放置的位置。

1）电路

电空制动控制器的触头组闭合导线 811，通路得电。

若另一端自动制动阀手柄也在重联位，则经导线 811—导线 821 分别使重联电空阀 259YV、制动电空阀 257YV 和中立电空阀 253YV 得电。

（1）重联电空阀 259YV 得电，沟通中继阀膜板两侧，使中继阀自锁并失去对列车管压力的控制。

（2）制动电空阀 257YV 得电，阻止制动系统均衡风缸压力空气排入大气。

（3）中立电空阀 253YV 得电，使总风遮断阀口关闭，防止向列车管补风。

2）气路

（1）总风—塞门 157—中立电空阀 253YV 下阀口—总风遮断阀活塞左侧。

（2）均衡风缸 56—电空转换阀 153—重联电空阀 259YV 中阀口—列车管。

（3）过充风缸—排风 2 电空阀 256YV 上阀口—大气。

3）主要部件的作用

（1）中继阀。中立电空阀 253YV 得电，总风压力充入总风遮断阀左侧，总风遮断阀关闭。重联电空阀 259YV 得电，连通了中继阀活塞两侧均衡风缸与列车管之间的气路，双阀口式中继阀处于自锁状态。

（2）分配阀。若电空制动控制器手柄从运转位或过充位直接移至重联位，由于列车管没有减压，则分配阀处于缓解位；若电空制动控制器手柄移重联位前列车管已减压，则分配阀处于制动位或制动后保压位。

（3）紧急阀。紧急阀处于充气位。夹心阀在下部弹簧和列车管压力作用下，关闭排风阀口。

（4）压力开关。压力开关 208KP 断开导线 808 与 800；压力开关 209KP 连通导线 807 与 827，断开导线 822 与 800。

📢 单元思考要点：电空制动控制器重联位综合作用

（空白填写区）

📝 任务小结

计划方案：＿＿＿＿＿＿＿＿＿＿＿＿＿＿＿＿＿＿＿＿＿＿＿＿

组织实施：＿＿＿＿＿＿＿＿＿＿＿＿＿＿＿＿＿＿＿＿＿＿＿＿

完成效果：＿＿＿＿＿＿＿＿＿＿＿＿＿＿＿＿＿＿＿＿＿＿＿＿

姓名＿＿＿＿＿＿ 地点＿＿＿＿＿＿＿＿ 方式 不脱产□ 半脱产□ 全脱产□ 日期 ＿＿＿＿＿＿＿＿

6. 电空制动控制器紧急位综合作用

紧急位是列车运行中施行紧急制动所放置的位置。

1）电路

电空制动控制器的触头组闭合导线 804、806、811、812，通路得电。

（1）导线 804 得电，紧急电空阀 94YV 得电，电动放风阀动作，使列车管压力空气迅速排入大气。

（2）导线 806 得电，中立电空阀 253YV 得电，使总风遮断阀呈关闭状态。

（3）导线 811 得电，经导线 811—导线 821 分别使重联电空阀 259YV、制动电空阀 257YV 和中立电空阀 253YV 得电。

（4）导线 812 得电，使撒砂电空阀 251YV、241YV 或 250YV、240YV 得电，自动撒砂。

2）气路

（1）总风—塞门 157—中立电空阀 253YV 下阀口—总风遮断阀活塞左侧。

（2）总风—塞门 158—紧急电空阀 94YV 下阀口—电动放风阀膜板下方。

（3）列车管—电动放风阀 94—大气。

（4）均衡风缸 56—电空转换阀 153—重联电空阀 259YV 中阀口—列车管。

（5）过充风缸—排风 2 电空阀 256YV 上阀口—大气。

（6）初制风缸—缓解电空阀 258YV 上阀口—电空转换阀 153—均衡风缸。

3）主要部件的作用

（1）电动放风阀。由于总风充入电动放风阀膜板下方，膜板上凸，带动顶杆顶开夹心阀，开通了列车管通大气通路。

（2）紧急阀。由于列车管压力急剧下降，紧急室压力来不及通过缩孔 I 逆流到列车管，致使紧急活塞失去平衡下压夹心阀，开放排风阀口，进一步加速列车管的排风。同时，带动 95SA 闭合。

（3）中继阀。由于总风压力空气充至总风遮断阀左侧，遮断阀口迅速关闭，列车管的风源被切断。同时，由于重联电空阀已将中继阀活塞两侧均衡风缸、列车管连通，故中继阀处于自锁状态。

（4）分配阀。由于列车管压力急速下降，分配阀主阀部快速移至常用制动位，工作风缸迅速向容积室充风，容积室压力上升。同时，增压阀下部容积室压力将超过上部增压弹簧反力，增压阀上移，开放总风至容积室的通路，容积室压力继续上升，直至分配阀安全阀动作。容积室压力保持在 450 kPa 左右。

由于均衡部容积室压力迅速上升到 450 kPa，均衡活塞快速上移，其顶面接触均衡阀并顶开均衡阀，总风进入制动缸。制动缸压力迅速上升到 450 kPa，机车产生紧急制动作用。

（5）压力开关。由于均衡风缸压力已下降，膜板将带动芯杆下移离开开关，断开导线 807 与 827，连通导线 822 与 800。压力开关 208KP 膜板也将下移离开开关，连通导线 808 与 800，但无作用。

📂 榜样标兵：我眼中的兵头将尾

JZ-7 型空气制动机的优点是二、三压力混合，操作简捷，更为有效地保证了列车运行安全。从 1990 年至今，天津机务段配属的东风型内燃机车一直使用 JZ-7 型空气制动机。JZ-7 型空气制动机既为铁路安全生产立下了功劳，也造就了不少具有工匠精神的铁路楷模。

某日，暴风雨中，北环线无人看守道口突然出现机动车抢行，杨××使用 JZ-7 型空气制动机及时制动停车，防止路外相撞交通事故。某日大雨飘泼，旅客列车在京九线上奔驰着，严格按照标准化作业的杨××忽然感到列车晃动，果断使用 JZ-7 型空气制动机使列车紧急停车，防止了铁路行车事故……

📢 单元思考要点：电空制动控制器紧急位综合作用

_____
_____
_____

📝 任务小结

计划方案：_____
组织实施：_____
完成效果：_____
姓名_____ 地点_____ 方式 不脱产☐ 半脱产☐ 全脱产☐ 日期_____

💬 复习思考

1. 简述电空位操作时，电空制动控制器运转位的综合作用。
2. 简述电空位操作时，电空制动控制器制动前的中立位与制动后的中立位作用差异。
3. 电空位操作时，电空制动控制器运转位与过充位有何区别？
4. 简述电空位操作时，电空制动控制器重联位的使用时机。
5. 简述电空位操作时，电空制动控制器紧急位的使用时机。

数字学习资源

"DK-1 型电空制动机电空位操作（自动制动作用）"数字课件。

3.1.2 DK-1 型电空制动机电空位操作——单独制动作用

空气制动阀转换柱塞扳键处于电空位时，空气制动阀用于单独操作机车的制动、保压与缓解。

1. 空气制动阀制动位综合作用

空气制动阀的操作一般称为单独制动作用，即通过小闸单独操纵机车的制动、保压与缓解。

1）电路

由于空气制动阀手柄移至制动位，将原连通的经微动开关 3SA1—导线 818—DKL—排风 1 电空阀 254YV 电路切断，使得排风 1 电空阀 254YV 无法得电，作用管排大气通路被切断。

2）主要部件的作用

（1）空气制动阀。由于空气制动阀作用柱塞右移，开通了作用管充风通路，即总风—分水滤气器 205—调压阀 53（54）—作用柱塞通道—作用管。作用管压力上升。空气制动阀在该位置停留时间的长短，使作用管获得 0～300 kPa 不等的压力。

（2）分配阀。分配阀主阀部仍处于充气缓解位，增压阀部仍处于关闭位。

由于作用管压力上升，均衡部的均衡活塞下侧压力也同时上升，并带动活塞上移。活塞顶面接触供气阀并顶开供气阀，总风经开放的供气阀口进入制动缸及均衡活塞膜板上方。当制动缸压力上升至与作用管压力接近时，在供气阀、均衡活塞自重及均衡部弹簧的作用下，供气阀压均衡活塞杆一起下移，关闭供气阀口，切断总风与制动缸通路，制动缸压力停止上升，实现了机车的单独制动控制。

2. 空气制动阀中立位综合作用

中立位一般起到制动的保压作用，即通过与制动位的配合，控制机车的制动保压作用。

1）电路

由于空气制动阀手柄移至中立位，将原连通的经微动开关 3SA1—导线 818—DKL—排风 1 电空阀 254YV 电路切断，使得排风 1 电空阀 254YV 无法得电，作用管排大气通路被切断。

2）主要部件的作用

（1）空气制动阀。空气制动阀无通路，即作用管与大气通路被切断，作用管压力保持不变。

（2）分配阀。分配阀处于充风缓解位。均衡部供气阀处于关闭位。机车制动缸压力保持不变。

3. 空气制动阀缓解位综合作用

该位置是单独缓解机车制动所放位置。由于增加了作用管经作用柱塞阀排风通路，机车缓解速度较单独的电空制动控制器运转位快。

1）电路

微动开关 3SA1—导线 818—DKL—排风 1 电空阀 254YV 电路连通，使得排风 1 电空阀 254YV 得电，作用管排大气。

2）主要部件的作用

（1）空气制动阀。由于空气制动阀作用柱塞左移，开通了作用管—空气制动阀凸轮盒排风孔，作用管压力下降。

（2）分配阀。分配阀主阀部仍处于充气缓解位，均衡部供气阀部仍处于关闭位。由于作用管压力下降，均衡活塞下移至缓解位，制动缸压力空气经空芯阀杆中心孔—径向孔—均衡部排气口排入大气，机车制动缸缓解。

4. 空气制动阀下压手柄的综合作用

实现全列车制动后保压时，可以单独缓解机车的制动作用。

1）电路

与空气制动阀运转位、电空制动控制器制动后中立位相同。

2）主要部件的作用

（1）空气制动阀。空气制动阀手柄下压，作用管压力空气经单独缓解阀口排入大气。

（2）分配阀。由于均衡活塞下方作用管压力下降，制动缸压力使均衡活塞下移，空芯活塞杆中心孔打开，制动缸压力空气经此孔排入大气，实现机车单独缓解。

分配阀主阀仍处于保压位，而均衡部处于缓解位。

拓展知识：车辆制动缸压力与列车管减压量的关系

装有 120 型分配阀的直接作用式制动机的车辆在常用制动时，车辆副风缸的压力空气直接进入制动缸而产生制动作用。副风缸容积与制动缸的容积比为 3.25 : 1，由于制动缸容积是在推出制动缸活塞时计算的，制动缸从缓解位转至制动位时，副风缸必须先向制动缸送入 100 kPa 的大气压力，所以，制动缸压力与列车管减压量的关系为：

$$制动缸压力 = 3.25 × 列车管减压量 - 100 \text{ kPa}$$

但在计算列车管追加减压情况下制动缸所增加的压力时，就不再减去 100 kPa。

装有 103 型、104 型分配阀的间接作用式制动机的车辆在施加常用制动时，工作风缸的压力空气先进入容积室，经均衡部的作用才产生制动作用。制动缸压力与列车管减压量的关系由工作风缸和容积室的容积比决定，可按下式粗略计算：

$$制动缸压力 = 2.5 × 列车管减压量$$

📢 单元思考要点：空气制动阀单独制动操作综合作用

_____
_____
_____

✏️ **任务小结**

计划方案：_____
组织实施：_____
完成效果：_____
姓名_____ 地点_____ 方式 不脱产☐半脱产☐全脱产☐日期_____

❓ **复习思考**

1. 简述电空制动控制器在运转位，空气制动阀在制动位的综合作用。
2. 简述电空制动控制器在运转位，空气制动阀在缓解位的综合作用。
3. 简述电空制动控制器在运转位，空气制动阀下压手把的综合作用。

数字学习资源

"DK-1 型电空制动机电空位操作（单独制动作用）"数字课件。

3.1.3　DK-1 型电空制动机空气位操纵

📖 **学习目标**

● DK-1 型电空制动机空气位综合作用
● DK-1 型电空制动机空气位操作

DK-1 型电空制动机空气位的操作，是电空位故障后的备用制动模式，作为一种应急补救操纵措施。进行制动机操作时，只使用空气制动阀的缓解位、中立位、制动位三个工作位置，用以控制列车的制动、保压与缓解。

空气位操纵的转换处理如下。

（1）将空气制动阀上的电空转换扳键置于空气位。

（2）将制动屏柜中的电空转换阀 153 置空气位。

（3）调压阀 53（54）输出压力调整为列车管定压（600 kPa 或 500 kPa）。

把电空转换扳键由电空位向后扳至空气位。转换柱塞转换到相应的空气通路，实现空气制动阀对均衡风缸压力的控制。同时，通过 3SA1 断开电路 899—801；闭合电路 899—800，使制动电空阀 257YV 单独得电，并关闭均衡风缸经 257YV 排大气的通路。

1. 空气制动阀缓解位综合作用

空气制动阀缓解位是列车运行时手柄所放的位置，也是缓解车辆制动所放置的位置。需要缓解机车制动时，需下压手把才能实现。

1）空气制动阀

空气制动阀缓解位，带动作用凸轮推动作用柱塞左移，连通调压阀 53（54）—作用柱塞凹槽—转换柱塞的固定凹槽—均衡风缸的通路。

2）中继阀

均衡风缸压力上升，使中继阀处于缓解充气位，列车管压力上升，达到定压后，中继阀处于缓解充气后的保压位。

3）分配阀

由于列车管压力上升，主阀部呈充风缓解位，工作风缸充风。因分配阀缓解塞门 156 处于关闭位，容积室无排大气通路，均衡部呈保压位，机车制动缸不能缓解。

只有下压空气制动阀手把，空气制动阀的单独缓解阀被顶开，容积室、作用管压力空气排入大气，机车制动才能得到缓解。

> 单元思考要点：空气制动阀缓解位综合作用
>
> _____
> _____
> _____

📝 任务小结

计划方案：_____

组织实施：_____

完成效果：_____

姓名_____ 地点_____ 方式 不脱产☐ 半脱产☐ 全脱产☐ 日期 _____

2. 空气制动阀中立位（运转位）综合作用

空气制动阀中立位（运转位）用于列车制动前的准备及制动后的保压。

进行此种操作时，中继阀的总风遮断阀不能关闭，总风能经中继阀向列车管供风，运用中需要特别注意。

1）空气制动阀

空气制动阀中立位，带动作用凸轮推动作用柱塞移动，切断调压阀 53（54）—作用柱塞凹槽—转换柱塞的固定凹槽—均衡风缸通路；切断均衡风缸—转换柱塞左侧凹槽—阀体暗道—作用柱塞左端环槽—缩口风堵排向大气的通路。

均衡风缸呈保压状态。

2）中继阀

制动前，中继阀处于缓解充气后的保压位。

制动后，中继阀处于制动减压后的保压位。

3）分配阀

制动前，分配阀处于缓解充气后的保压位。

制动后，分配阀处于制动减压后的保压位。

📢 单元思考要点：空气制动阀中立位综合作用

_____

_____

_____

✏️ **任务小结**

计划方案：_____

组织实施：_____

完成效果：_____

姓名_____ 地点_____ 方式 不脱产☐ 半脱产☐ 全脱产☐ 日期 _____

3. 空气制动阀制动位综合作用

空气制动阀制动位用于列车的制动调速或站内制动停车。空气制动阀手柄在该位置的停留时间控制着均衡风缸的减压量，须与中立位配合使用方可实现对列车管常用制动减压量的控制。

1）空气制动阀

空气制动阀制动位，带动作用凸轮推动作用柱塞右移，沟通均衡风缸—转换柱塞左侧凹槽—阀体暗道—作用柱塞左端环槽—缩口风堵—大气的通路，均衡风缸减压。

2）中继阀

由于均衡风缸压力下降，使双阀口中继阀呈制动位，列车管压力也随之下降。

总风遮断阀仍处于开放状态。

3）分配阀

由于列车管压力下降，主阀部处于制动位，工作风缸向容积室充风，容积室压力上升。

均衡部处于制动位，开放总风与制动缸通路，机车制动缸增压。

由于空气位操作是一种补救措施，只允许列车低速运行，严禁长时间故障运行。如需紧急制动时，应按压紧急制动按钮或开放紧急放风阀，以确保列车运行的安全。

📖 **拓展知识：少量减压后停车的列车，为什么要追加减压至 100 kPa 才能缓解？**

少量减压后停车的列车，车辆三通阀制动保压后，易造成缓解不良。为此，应追加减压至 100 kPa，使车辆三通阀主活塞两侧压力差增大，保证动作灵活，避免车辆制动缓解不良的现象发生。

📢 单元思考要点：空气制动阀制动位综合作用

_____

_____

_____

✍ 任务小结

计划方案：_____

组织实施：_____

完成效果：_____

姓名_____　地点_____　方式 不脱产☐ 半脱产☐ 全脱产☐ 日期_____

❓❓❓ 复习思考

1. 简述空气位操作时，空气制动阀缓解位综合作用。

2. 简述空气位操作时，空气制动阀中立位（运转位）综合作用。

3. 简述空气位操作时，空气制动阀制动位综合作用。

4. 简述空气位操作的注意事项。

▌▌▌ 数字学习资源 ▐▐▐

"DK-1 型电空制动机空气位操作"数字课件。

3.1.4　DK-1型电空制动机辅助作用

📖 学习目标

- DK-1 型电空制动机辅助作用
- DK-1 型电空制动机辅助作用的操作

DK-1 型电空制动机采用了电控技术的积木式结构，不仅扩展了制动机自身的功能，而且也为与其他系统的配合提供了极为有利的条件，具备了列车分离保护等辅助功能。

1. 紧急制动时自动选择切除动力

列车在运行中，如处在牵引工况情况下，遇司机采取紧急制动措施，电源可通过联锁接通主断路器分闸电路，将机车的动力源切断。而惰性工况时不切断动力源。

当司机施行紧急制动停车或由于其他原因产生紧急制动作用时，如司机控制器在"0 位"，即机车无级位时，不跳开主断路器。遇司机控制器离开"0 位"，即机车有级位时，自动分断主断路器。

遇司机按压紧急制动按钮时，司机控制器在任何位置，均会跳开主断路器。

2. 列车分离保护

列车在运行中，一旦断钩或因其他原因致使列车分离，除立即产生紧急制动作用外，还自动切除列车管的风源，确保列车安全停车。如果断钩发生在重联机车之间，除产生以上作用外，还利用逆流止回阀 50 对总风缸进行压力保护。

由于列车管压力急剧下降，紧急阀处于紧急制动位，紧急活塞下移并压下夹心阀，开放列车管排风阀口。同时传递杆下移顶动微动开关 95SA，接通导线 899 与 847，将高电平信号传入制动逻辑控制装置 DKL，经过其逻辑运算后，通过其输出口 U6 使导线 804 得电，紧急电空阀 94YV 得电，使电动放风阀动作，形成列车管紧急制动排风波速，列车紧急停车。

断钩保护电源的导线 813 仅在大闸重联位、紧急位断开，这样使得常用制动后也能产生断钩保护作用。特别是在 DK-1 型电空制动机处于自动补风位时，保证断钩保护作用可靠。

断钩保护电路的解锁一定要在紧急阀恢复到充气位后才能进行。

3. 动力制动和空气制动的协调配合

为了降低在曲线与下坡道并存的复杂区段使用电阻制动时造成的轨道横移影响，应在电阻制动前能自动形成 40～50 kPa 的列车管最小减压量，而在电阻制动发挥作用 25 s 后又能自动消除此减压量，缓解机车的制动力。

若列车制动力不足时，可以追加列车制动力。追加制动力时，机车制动缸能够自动缓解。下面以 SS$_4$ 改型电力机车为例说明其电路原理。

1）电阻制动前自动轻微空气制动

导线 405、836 和 465QS 的电指令，经制动逻辑控制装置 DKL 控制缓解电空阀 258YV、制动电空阀 257YV 失电，排 1 电空阀 254YV 失电。

由于缓解电空阀 258YV 失电，均衡风缸的压力空气将经其上阀口进入初制风缸，并从制动电空阀 257YV 排出。而当压力开关 209 动作后，制动电空阀 257YV 将得电关闭排风口，停止均衡风缸向大气的排风。

该作用只能使均衡风缸减压量有一个固定值，其大小可看作只受初制风缸容积的影响，不论列车管定压是 500 kPa 还是 600 kPa，保证减压量在 40～50 kPa 范围内。同时，因排风 1 电空阀 254YV 失电，关闭了作用管的排风通路，机车制动缸压力能得到保持。

2）电阻制动 25 s 后自动缓解

在延时 25 s 后，制动逻辑控制装置 DKL 恢复缓解电空阀 258YV、制动电空阀 257YV、失电时排风 1 电空阀 254YV 的原有状态。同时，初制风缸压力排大气，为下一次均衡风缸减压做好准备。

3）电阻制动不足时，追加空气制动

电阻制动不影响追加空气制动，这是因为上述初制动发生时，是操纵司机主控制器手柄实现的，而电空制动控制器仍处在运转位。当要追加空气制动时，操纵电空制动控制器手柄即可。均衡风缸减压引起列车管减压，车辆产生制动作用；制动逻辑控制装置 DKL 控制排风 1 电空阀 254YV 得电，机车不产生制动作用。

此时机车因作用管通大气，容积室的压力空气不会瞬间达到 150 kPa，风压继电器 516KF 不动作，从而不切断动力制动励磁电源，不影响电阻制动的实施。

4）电阻制动工况下，施行紧急制动

遇有危及行车安全和人身安全的紧急情况时，司机仍可实施紧急制动。

当制动缸压力≥150 kPa 时，风压继电器 516KF 动作，切断动力制动的励磁电源，自动切除动力制动作用，以免造成机车滑行。

4. 与列车运行监控记录装置的配合

通过监控装置的接口电路接收监控装置 LKJ 发出的常用制动和紧急制动指令，实施列车管常用制动减压或紧急制动减压，将列车速度控制在线路限速之内并防止超速运行、冒进信

号等事故发生，确保列车的安全运行。

1）紧急制动停车功能

当监控装置 LKJ 发出紧急制动指令，导线 804 发出电指令，电动放风阀电空阀 94YV 得电，实现列车紧急制动作用。

2）自动常用制动功能

（1）常用制动的实施。当监控装置 LKJ 发出常用制动指令时，常开联锁 899—840 闭合，常闭联锁 899—841 断开，常用制动装置实施列车管减压。经过约 1 s 后，常闭联锁 899—841 复位闭合，实现 DK-1 型电空制动机常用制动后的保压作用。

（2）人工追加常用减压。在监控装置 LKJ 未发出常用制动缓解指令前，导线 840、841 始终保持得电，制动机处于保压状态。这时司机不可人为缓解其减压作用，但可通过电空制动控制器追加减压。

电空制动控制器手柄置制动位，制动电空阀 257YV 将再次失电，开通均衡风缸经缓解电空阀 258YV 上阀口至大气通路，均衡风缸中压力空气排大气，实现均衡风缸的追加常用减压，通过中继阀也实现了列车管的追加减压。

当电空制动控制器手柄回到中立位或运转位时，制动电空阀 257YV 得电，实现制动机追加减压后的保压。

（3）常用制动缓解。只有在监控装置 LKJ 发出缓解指令后，方可实现制动机的有效操作。即常开联锁 899—840 及常闭联锁 899—841 复位，导线 840 失电，导线 841 得电，制动机恢复到原有状态。

📢 **单元思考要点：DK-1 型电空制动机辅助作用**

_____

_____

_____

📝 **任务小结**

计划方案：_____

组织实施：_____

完成效果：_____

姓名_____　地点_____　方式 不脱产☐ 半脱产☐ 全脱产☐ 日期_____

💬 **复习思考**

1. DK-1 型电空制动机有哪几种辅助功能？

2. 遇哪些情况时，施行紧急制动会自动切除牵引力？

3. 简述列车分离保护功能。

数字学习资源

"DK-1 型电空制动机辅助功能"数字课件。

任务 3.2　CCBⅡ型制动机的操纵

CCBⅡ型制动机的综合作用是根据制动手柄位置的变换，控制各主要部件的相互动作与之间的关联。CCBⅡ型制动机的操纵包括了自动制动作用、单独制动作用、空气备份状态及无动力回送状态等操作模式。

▶ 任务知识点

1. CCBⅡ型制动机的基本设置（重点）
2. CCBⅡ型制动机的综合作用（难点）
3. CCBⅡ型制动机自动制动作用（重点）
4. CCBⅡ型制动机单独制动作用（重点）
5. CCBⅡ型制动机空气备份状态（重点）
6. CCBⅡ型制动机无动力回送状态（重点）

▶ 任务技能要求

1. 掌握 CCBⅡ型制动机的基本设置办法
2. 熟知 CCBⅡ型制动机综合作用原理
3. 掌握 CCBⅡ型制动机自动制动操作办法
4. 掌握 CCBⅡ型制动机单独制动操作办法
5. 熟知 CCBⅡ型制动机空气备份操作办法
6. 熟知 CCBⅡ型制动机无动力回送操作办法

3.2.1　CCBⅡ型制动机的基本设置

📖 学习目标

- CCBⅡ型制动机的基本设置
- CCBⅡ型制动机的基本设置办法

可通过显示屏 LCDM 的人机对话进行 CCBⅡ型制动机的模式设置，进行本机/补机、均衡风缸定压、制动主管投入/切除、阶段缓解/一次缓解、补风/不补风、CCBⅡ型制动机自检、风表值标定、故障查询等选择，并可进行本机状态、单机状态、补机状态等模式的设置。机车 LCDM 默认模式是当前的电空制动状态。

1. 本机设置（制动主管投入）

CCBⅡ型制动机设置成"本机"时，可通过 EBV 自动制动阀手柄对均衡风缸 ER 进行控制，制动主管压力被投入并随均衡风缸压力变化而变化。通过对制动主管补风/不补风功能进行选择，在补风状态下，制动主管将会自动充风到与均衡风缸相等的压力；在不补风状态下，自动制动阀手柄在制动区，如果制动主管出现泄漏，制动系统不会给制动主管补风。

如果有重联机车，在对本务机车进行设置前，应确保其他机车设置为补机状态。

本机设置具体操作步骤如下。

（1）按 F3 电空制动键，查询机车当前的设置信息。

（2）按 F4 操纵端/非操纵端键，设置操纵端。

（3）按 F5 投入/切除键，设置为"投入"，可将制动系统设置到本机状态。

（4）根据需要可按 F7 键设置补风或不补风状态。

（5）按 F1 执行键，显示屏恢复到默认状态。

（6）选择 F3 电空制动键并检查均衡风缸的压力；选择 F5 键来调整均衡风缸的设定压力；选择 F8 键退出，显示屏恢复到默认状态。制动主管 BP 压力等于均衡风缸 ER 压力±10 kPa。

电空制动设置界面如图 3-2 所示，本机模式正常显示界面如图 3-3 所示。

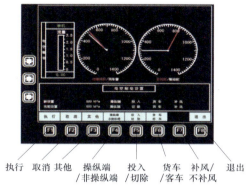

图 3-2　电空制动设置界面

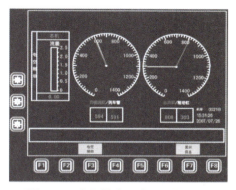

图 3-3　本机模式正常显示界面

2. 客运设置（阶段缓解）

CCBⅡ型制动机设置成"客运"时，可通过 EBV 自动制动阀手柄控制均衡风缸 ER 的压力，制动主管压力被投入并随均衡风缸压力变化而变化。当自阀手柄移至"运转"位时，均衡风缸 ER 和制动主管 BP 将逐渐增压至设定的压力值，机车制动缸 BC 压力逐步减小到 0 kPa。

客运设置具体操作步骤如下。

（1）按 F3 电空制动键，查询机车当前的设置信息。

（2）按 F4 操纵端/非操纵端键，设置操纵端。

（3）按 F5 投入/切除键，设置为"投入"，可将制动系统设置到本机状态。

（4）按 F6 客车/货车键，可将制动系统设置到客车状态。

（5）根据需要可按 F7 键设置补风或不补风状态。

（6）按 F1 执行键，显示屏恢复到默认状态。

注：并不是所有 CCBⅡ型制动机均有此模式，在此模式下"不补风"功能失效。

3. 单机设置（制动主管切除）

CCBⅡ型制动机设置成"单机"时，可通过 EBV 单独制动手柄控制机车制动，可通过 EBV 自动制动手柄控制 ER 压力。制动主管 BP 压力被切除，不受均衡风缸 ER 压力所控制。机车制动、缓解仍可根据制动主管 BP 压力变化而变化。

单机设置具体操作步骤如下。

（1）按 F3 电空制动键，查询机车当前的设置信息。

（2）按 F4 操纵端/非操纵端键，设置操纵端。

（3）按 F5 投入/切除键，设置为"切除"。

（4）按 F1 执行键，显示屏恢复到默认状态。

（5）可用单独制动阀手柄操作机车制动作用。EBV 自动制动作用被切除，但通过自动制动手柄仍可实施紧急作用。

4. 补机设置（制动主管切除）

CCBⅡ型制动机设置成"补机"时，均衡风缸 ER 排大气，制动主管 BP 压力被"切除"。EPCU 将不受 EBV 手柄移动的响应，仅当自动制动手柄移至紧急制动位才产生紧急制动作用。机车的制动、缓解作用通过 20 号管来控制。

补机设置具体操作步骤如下。

（1）按 F3 电空制动键，查询机车当前的设置信息。

（2）按 F4 操纵端/非操纵端键，设置非操纵端成补机状态。

（3）制动主管切除信息将自动显示在消息栏中。

（4）按 F1 执行键，显示屏恢复到默认状态。

注：此模式下自动制动手柄的紧急作用仍然有效。如果连续 30 s 不对屏幕进行操作，LCDM 将进入屏保状态。

📢 **单元思考要点：CCBⅡ型制动机基本设置办法**

✍ **任务小结**

计划方案：_____

组织实施：_____

完成效果：_____

姓名_____ 地点_____ 方式 不脱产☐ 半脱产☐ 全脱产☐ 日期_____

🔤 **复习思考**

1. 简述 CCBⅡ型制动机的本机设置办法。

2. 如何进行 CCBⅡ型制动机的客运设置？

3. 简述 CCBⅡ型制动机的补机设置办法。

4. 如何进行 CCBⅡ型制动机的单机设置？

▌ 数字学习资源 ▌

"CCBⅡ型制动机的基本设置"数字课件。

3.2.2 CCBⅡ型制动机自动制动

📖 **学习目标**

- CCBⅡ型制动机自动制动综合作用原理
- CCBⅡ型制动机自动制动操作办法

在 CCBⅡ型制动机的投入/本机模式，自阀能够控制均衡风缸及制动主管的充、排风与保压；单阀能够控制机车制动缸的充、排风与保压。

1. CCBⅡ型制动机自动制动（本机）

将单独制动手柄置于运转位，通过操纵自动制动手柄在运转位或制动区，观察本机及重联机车各主要部件的相互作用，去实施 CCBⅡ型制动机的自动制动控制。

1）本机—运转位

（1）使用时机。该位置是列车在运行过程中，自动制动手柄所放置的位置，是列车初充风、再充风、缓解列车制动所采用的位置。

（2）工作原理。当单独制动手柄、自动制动手柄均置于运转位时，手柄位置信号转为电信号传输到 IPM，通过 LON 网将命令传输至 EPCU 模块，各模块按预定的程序动作。均衡风缸控制模块 ERCP 接收电子制动阀 EBV 自动制动手柄指令，给均衡风缸充风到设定值；制动主管控制模块 BPCP 响应均衡风缸压力变化，制动主管充风到均衡风缸设定压力；16CP 控制模块/DBTV 三通阀响应制动主管压力变化，将 16 号管/16TV 管压力排出；制动缸控制模块 BCCP 响应 16 号管/16TV 管压力变化，机车制动缸排风缓解；同时，车辆副风缸充风，车辆制动机缓解。

2）本机—制动位

（1）使用时机。该位置是列车正常停车或调速操作所使用的位置，包括初制动位和全制动位，两者之间的位置是制动区。

（2）工作原理。当自动制动手柄均置于制动位时，手柄位置信号转为电信号传输到 IPM，通过 LON 网将命令传输至 EPCU 模块，各模块按预定的程序动作。均衡风缸控制模块 ERCP 接收到电子制动阀 EBV 自动制动手柄指令，将均衡风缸减压到目标值；制动主管控制模块 BPCP 响应均衡风缸压力变化，制动主管被减压到均衡风缸目标压力；16CP 控制模块/DBTV 三通阀响应制动主管减压变化，给 16 号管/16TV 管充风；制动缸控制模块 BCCP 响应作用管压力增加，机车制动缸充风制动；同时，车辆副风缸给车辆制动缸充风，车辆产生制动。

3）本机—紧急位

（1）使用时机。该位置是列车在运行过程中，遇到危及行车或人身安全时，施行紧急停车所使用的位置。

（2）工作原理。当电子制动阀 EBV 自动制动手柄放置在此位置，先触发紧急制动阀 NB11，使制动主管压力排向大气；制动主管按紧急速率排风触发紧急排风阀 N97 排风，再触发 BPCP 中 PVEM 紧急放风阀加速制动主管排风，制动主管迅速减压到 0 kPa；均衡风缸以常用制动速率减压到 0；16CP 控制模块响应制动主管压力变化，迅速给 16 号管充风到最大允许压力；制动缸控制模块 BCCP 响应作用管压力增加，给机车制动缸充风产生紧急制动作用；同时，车辆副风缸给车辆制动缸充风，车辆产生紧急制动。

4）本机—单缓位

（1）使用时机。该位置是单独降低机车制动力时使用的位置，需要通过单独制动手柄侧压来实现。

（2）工作原理。电子制动阀 EBV 单独制动手柄侧压，13CP 控制模块响应缓解指令，给 13 号管充风，控制 DBTV 三通阀中的 16TV 作用管减压；同时，16CP 控制模块和 20CP

控制模块也响应该指令，允许 16 号管和 20 号管进行减压；制动缸控制模块 BCCP 响应由自动制动手柄动作产生的作用管压力减少的指令，允许机车制动缓解。车辆制动机仍保持制动。

📢 单元思考要点：CCBⅡ型制动机本机位自动制动作用

_____
_____
_____

📝 **任务小结**

计划方案：_____
组织实施：_____
完成效果：_____
姓名_____ 地点_____ 方式 不脱产☐ 半脱产☐ 全脱产☐ 日期_____

2. CCBⅡ型制动机自动制动（补机）

补机（重联机车）自动制动手柄应用销子固定在重联位，单独制动手柄应放置在运转位。

1）补机—运转位

（1）使用时机。该位置是本务机车在运转位时，补机（重联机车）制动系统受机车间制动主管软管、总风软管、平均软管压力控制而形成的位置，机车缓解与本机同步。

（2）工作原理。本务机车制动主管充风，平均管压力排空，制动作用缓解。补机（重联机车）接收制动主管压力增压的变化，通过 DBTV 三通阀将 16TV 作用管风压排空，同时给补机副风缸充风；补机接收平均管压力排空的变化，通过制动缸控制模块 BCCP 将制动缸压力排空，补机缓解。

2）补机—制动位

（1）使用时机。该位置是本务机车在制动位时，补机（重联机车）制动系统受机车间制动主管软管、总风软管、平均软管压力控制而形成的位置，机车制动与本机同步。

（2）工作原理。本务机车制动主管减压，平均管、作用管增压，机车制动缸充风产生制动作用。补机接收制动主管压力减少的变化，通过 DBTV 三通阀使制动主管停止给辅助风缸充风，并将辅助风缸的压力信号传送到作用管 16TV；补机接收平均管压力增压的变化，通过制动缸控制模块 BCCP 给制动缸充风，补机产生制动。

📇 **拓展知识：一段制动法、二段制动法**

列车施行制动后不再进行缓解，根据列车减速情况进行追加减压，即可使列车停于预定地点，这种操纵方法叫作一段制动法。

列车进站前施行调速制动，待列车到预定地点且速度降至所需要速度时进行缓解，进站充满风后再次施行停车制动，使列车停于站内预定地点，这种操纵方法叫作二段制动法。

📢 **单元思考要点：CCBⅡ型制动机补机位自动制动作用**

✍️ **任务小结**

计划方案：_____

组织实施：_____

完成效果：_____

姓名_____　地点_____　方式 不脱产☐ 半脱产☐ 全脱产☐ 日期

❓ **复习思考**

1. 简述 CCBⅡ型制动机本机位的自动制动操作原理。
2. 简述 CCBⅡ型制动机补机位的自动制动操作原理。

📖 **数字学习资源**

"CCBⅡ型制动机自动制动"数字课件。

3.2.3　CCBⅡ型制动机单独制动

📓 **学习目标**

- CCBⅡ型制动机单独制动综合作用原理
- CCBⅡ型制动机单独制动操作办法

CCBⅡ型制动机的单独制动手柄在运转位或制动区，用于单独操纵机车的制动、保压与缓解。

1. 本机—运转位

1）使用时机

该位置是列车、机车运行与单独缓解机车制动时单独制动手柄所放位置。

2）工作原理

CCBⅡ型制动机本机–运转位原理图如图 3–4 所示。20CP 控制模块内缓解电磁阀 REL 得电，将 20 号管的压力排空；作用电磁阀 APP 失电阻止总风给 20 号管充风。制动缸控制模块 BCCP 响应 20 号管压力变化，机车制动缸排风缓解。

2. 本机—制动位

1）使用时机

该位置为机车单独制动时单独制动手柄所放位置。

2）工作原理

CCBⅡ型制动机本机–制动位原理图如图 3–5 所示。20CP 控制模块内缓解电磁阀 REL 失电，作用电磁阀 APP 得电，总风给 20 号管充风。MVLT 得电允许总风通过，控制 PVLT 阀开通，20 号管压力空气进入制动缸控制模块 BCCP，机车制动缸充风，机车产生制动。

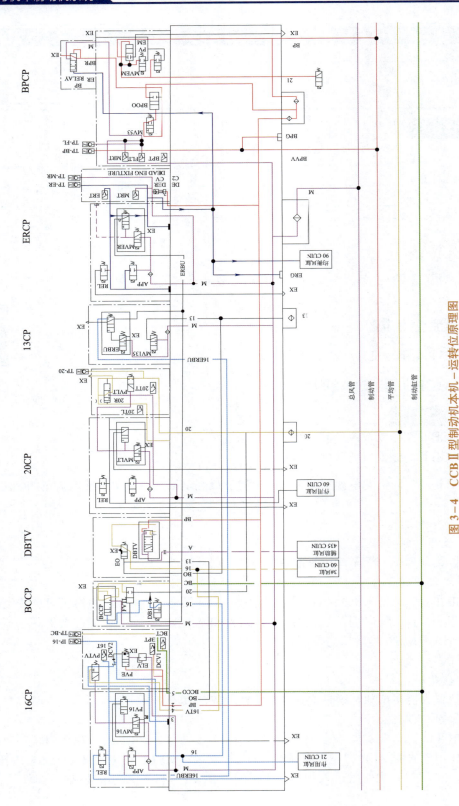

图3-4 CCBⅡ型制动机本机-运转位原理图

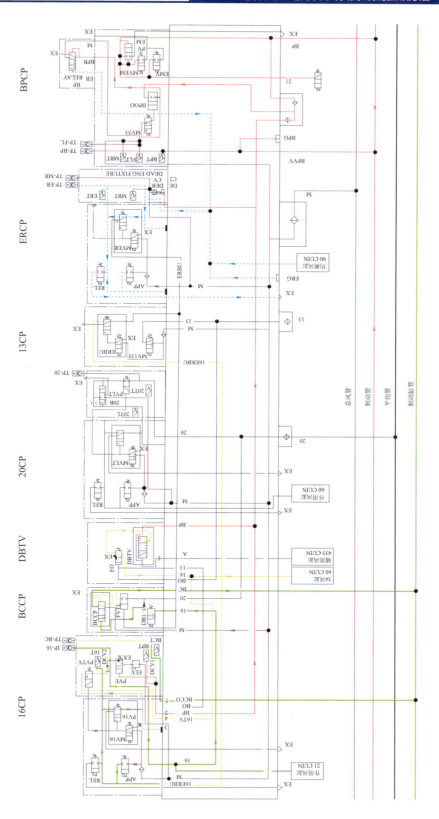

图 3-5　CCB Ⅱ型制动机本机-制动应原理图

3. 补机—制动、缓解位

1）使用时机

重联机车自动制动手柄用销子固定在重联位，单独制动手柄应放置在运转位。

2）工作原理

重联机车受机车间制动主管软管、总风软管、平均软管压力控制而发生作用的位置，其制动、缓解应与本务机车同步。

> 📢 单元思考要点：CCBⅡ型制动机单独制动作用
> _____
> _____
> _____

📝 任务小结

计划方案：_____
组织实施：_____
完成效果：_____
姓名_____ 地点_____ 方式 不脱产☐ 半脱产☐ 全脱产☐ 日期 _____

💬 复习思考

1. 简述 CCBⅡ型制动机本机位的单独制动操作办法。
2. 简述 CCBⅡ型制动机补机位的单独制动操作办法。

▌数字学习资源 ▌

"CCBⅡ型制动机单独制动"数字课件。

3.2.4 CCBⅡ型制动机空气备用状态操作

📖 学习目标

- CCBⅡ型制动机空气备用状态综合作用原理
- CCBⅡ型制动机空气备用状态操作办法

当 CCBⅡ型制动机 EPCU 中制动缸控制模块 ERCP 或 16CP 控制模块故障时，制动系统自动转换到空气备用模式，使其仍可继续工作。

1. 空气备用（16CP 控制模块失效）

空气备用是指系统采用纯机械三通阀 DBTV 来代替电子控制 16CP 控制模块产生制动缸管控制压力。

1）使用时机

当机车制动系统 EPCU 中 16CP 控制模块故障时，制动系统自动实现转换。

2）工作原理

备份状态制动施加原理如图 3-6 所示。

当制动主管充风时，DBTV 三通阀使作用管 16TV 压力排空，同时制动主管给辅助风缸充风；16CP 控制模块使作用风缸、16 号管与作用管 16TV 连通，并随作用管 16TV 排空；制动缸控制模块 BCCP 响应 16 号管压力变化，排空制动缸压力，机车缓解。

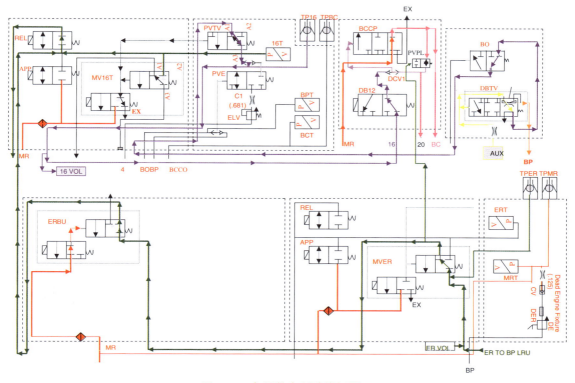

图 3－6　备份状态制动施加原理

当制动主管排风时，DBTV 三通阀模块使辅助风缸向作用管 16TV 充风，同时制动主管停止向辅助风缸充风；16CP 控制模块使作用风缸、16 号管与作用管 16TV 连通，并随作用管 16TV 增压；制动缸控制模块 BCCP 响应 16 号管压力变化，使制动缸充风，机车制动。

2. ER 备用（均衡风缸控制模块 ERCP 失效）

1）使用时机

当均衡风缸控制模块 ERCP 失效时，由微处理器 IPM 通过软件控制进行切换。

2）工作原理

13CP 控制模块、16CP 控制模块、均衡风缸控制模块 ERCP 配合实现对均衡风缸的控制。DBTV 三通阀控制作用风缸，从而控制机车制动缸。

3. 单独制动备用（20CP 控制模块失效）

1）使用时机

当 20CP 控制模块失效时，由微处理器 IPM 通过软件控制 16CP 控制模块响应单独制动手柄的指令，进行自行切换。

2）工作原理

16CP 控制模块、13CP 控制模块配合使用，控制 20 号管。制动缸控制模块 BCCP 控制机车制动缸。

📢 单元思考要点：CCBⅡ型制动机空气备用状态操作

_____

_____

_____

📝 **任务小结**

计划方案：_____

组织实施：_____

完成效果：_____

姓名_____ 地点_____ 方式 ☐不脱产 ☐半脱产 ☐全脱产 日期_____

💬 **复习思考**

1. 简述 CCBⅡ型制动机空气备用操作综合作用原理。
2. 简述 CCBⅡ型制动机 ER 备用操作综合作用原理。
3. 简述 CCBⅡ型制动机单独制动备用操作综合作用原理。

■‖ **数字学习资源** ‖◣

"CCBⅡ型制动机空气备用状态操作"数字课件。

3.2.5 CCBⅡ型制动机无动力回送状态操作

📓 **学习目标**

● CCBⅡ型制动机无动力回送状态综合作用原理
● CCBⅡ型制动机无动力回送状态操作办法

在机车无动力回送中，由于空气压缩机停止使用，此时必须开放机车无动力回送装置。重联机车自动制动手柄应用销子固定在重联位，单独制动手柄应放置在运转位。其制动应和本务机车同步。

当开通无动力塞门后，制动主管内压力空气经 DE 无动力塞门、DER 压力调整阀、C2 充风节流孔、CV 单向止回阀调整的空气压力充入总风缸。此时总风缸在机车制动机系统中相当于车辆的副风缸，但总风缸压力较低，约为 220 kPa。

无动力回送的空气作用原理与空气备用的空气作用原理相同。

当制动主管充风时，DBTV 三通阀使作用管 16TV 压力排空，同时制动主管给辅助风缸充风；16CP 控制模块使作用风缸、16 号管与作用管 16TV 连通，并随作用管 16TV 排空；制动缸控制模块 BCCP 响应 16 号管压力变化，排空制动缸压力，机车缓解。

当制动主管排风时，DBTV 三通阀使辅助风缸向作用管 16TV 充风，同时制动主管停止向辅助风缸充风；16CP 控制模块使作用风缸、16 号管与作用管 16TV 连通，并随 16TV 增压；制动缸控制模块 BCCP 响应 16 号管压力变化，使制动缸充风，机车制动。

📢 **单元思考要点：CCBⅡ型制动机无动力回送状态操作**

📝 **任务小结**

计划方案：_____
组织实施：_____
完成效果：_____
姓名_____ 地点_____ 方式 不脱产□ 半脱产□ 全脱产□ 日期_____

❓❓❓ **复习思考**

1. 简述 CCBⅡ型制动机无动力回送状态操作综合作用原理。
2. 简述 CCBⅡ型制动机无动力回送状态操作办法。

数字学习资源

1. "CCBⅡ型制动机无动力回送状态操作" 数字课件。
2. "CCBⅡ型制动机无动力回送状态操作" 微课。

任务 3.3 DK-2 型电空制动机的操纵

根据制动控制器位置的变换发送电信号指令到制动控制单元 BCU 上，为机车制动机提供自动制动和单独制动等指令，以实现各制动部件间的动态关联。DK-2 型电空制动机的综合制动作用可分为自动制动、单独制动、后备制动三种操作方式。

▶ **任务知识点**

1. DK-2 型电空制动机运行模式设置（重点）
2. DK-2 型电空制动机自动制动作用（重点）
3. DK-2 型电空制动机单独制动作用（重点）
4. DK-2 型电空制动机后备制动作用（重点）
5. DK-2 型电空制动机无动力回送状态（重点）

▶ **任务技能要求**

1. 掌握 DK-2 型电空制动机运行模式设置办法
2. 掌握 DK-2 型电空制动机自动制动作用操作办法
3. 掌握 DK-2 型电空制动机单独制动作用操作办法
4. 熟知 DK-2 型电空制动机空气备用操作办法
5. 熟知 DK-2 型电空制动机无动力回送操作办法

3.3.1 DK-2 型电空制动机的运行模式设置

学习目标

- DK-2 型电空制动机的运行模式设置
- DK-2 型电空制动机的运行模式设置办法

闭合电空制动电源约 40 s，待制动机状态指示灯长亮后，将制动控制器自动制动手柄置重联位 3 s，传感器及电空阀无故障，制动机系统将被激活。DK-2 型电空制动机管路原理图如图 3-7 所示。

1. 内重联模式（作为主机牵引）

牵引客、货列车或单机运行时，机车以内重联模式运行。操纵节制动显示屏上钮子开关信息栏显示：不补风、空联投入、ATP 投入、定压 500 kPa（600 kPa），同时显示屏流量表上方显示"本机"字样。如果有重联机车，在对本务机车进行设置前，确保其他机车在补机状态。

非操纵节制动显示屏上钮子开关信息栏的状态显示：不补风、空联投入、ATP 投入、定压 500 kPa（600 kPa），同时显示屏流量表上方显示"补机"字样。

（1）操纵节制动柜上的重联阀转换按钮置于"本机位"，分配阀缓解塞门 156 置于打开位，电空转换阀 153 置于"正常位"，无火塞门 155、无火安全阀塞门 139 处于关闭位，其他所有塞门都应开通，制动控制单元 BCU 数码管将显示"BCU"。

（2）非操纵节大闸置重联位、小闸置运转位，闸位锁定后拔出制动控制器的钥匙。

（3）非操纵节制动柜上的重联阀转换按钮置于"补机位"，电空转换阀 153 置于"正常位"，分配阀缓解塞门 156 置于关闭位，无火塞门 155、无火安全阀塞门 139 处于关闭状态，其他所有塞门都应开通，制动控制单元 BCU 数码管将显示"BCU"。

（4）换端操作时注意重联阀转换按钮和分配阀缓解塞门 156 的转换。

2. 外重联模式（作重联补机时）

当机车以外重联模式运行，需进行以下操作：制动柜重联阀上的转换按钮打到"补机位"，分配阀 156 塞门置于关闭位，大闸置重联位，小闸置运转位，闸位锁定后将钥匙取出。

操纵节制动显示屏上钮子开关信息栏显示：不补风、空联投入、ATP 投入、定压 500 kPa（600 kPa），同时显示屏流量表上方显示"补机"字样。

此时应注意：如果重联补机的某节机车制动机处于空气位或电空位，但无电空制动电源，还应将某节机车中继阀座下方的中继阀列车管塞门 115 关闭。

3. 后备制动模式

后备制动操纵方式是作为电空位故障后的一种应急补救操纵措施，以免列车在区间途停而影响线路正常运行。后备制动具有制动位、中立位、缓解位 3 个操作位置，只能保证全列车制动、保压、缓解的基本功能。

1）司机室设置

将操纵节司机室后备制动模块上的后备塞门打开，此时操纵节的制动机会自动断电。

2）制动柜塞门设置

将操纵节制动柜上的转换阀由正常位转到空气位。

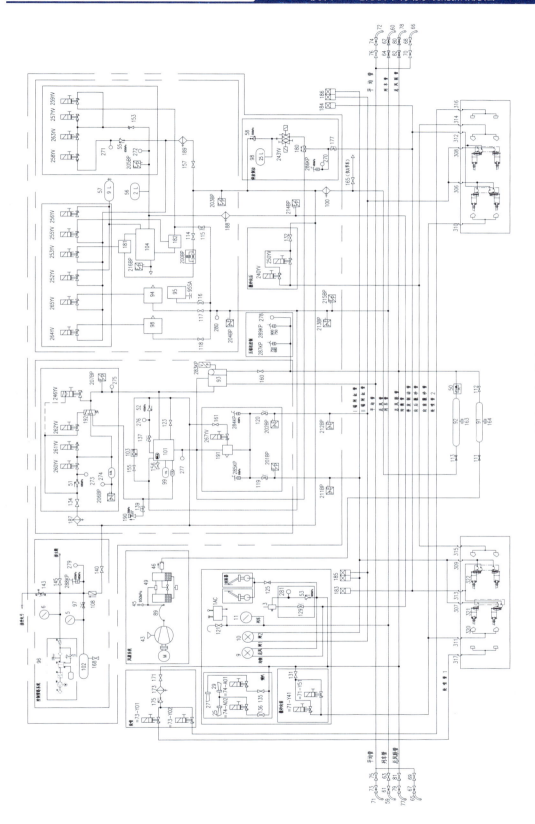

图 3-7 DK-2 型电空制动机管路原理图

3）试闸

操作后备制动控制手柄，试验机车制动和缓解性能。调节后备制动调压阀，使其输出压力为列车管定压，按压后备制动单缓按钮可以单缓机车。

📢 **单元思考要点：DK−2 型电空制动机运行模式设置**

✏️ **任务小结**

计划方案：_____

组织实施：_____

完成效果：_____

姓名_____ 地点_____ 方式 不脱产☐ 半脱产☐ 全脱产☐ 日期_____

💬 **复习思考**

1. 简述 DK−2 型电空制动机内重联模式设置办法。
2. 简述 DK−2 型电空制动机外重联模式设置办法。
3. 如何进行 DK−2 型电空制动机的后备制动模式转换？

▍数字学习资源 ▍

"DK−2 型电空制动机的运行模式设置"数字课件。

3.3.2 DK−2 型电空制动机自动制动

📖 **学习目标**

● DK−2 型电空制动机自动制动综合作用原理
● DK−2 型电空制动机自动制动操作办法

自动制动作用用于操纵全列车的制动、保压与缓解。当 DK−2 型电空制动机处于电空位时，通过操纵大闸手柄操纵全列车的制动、保压与缓解。进行此种操作时，非操纵端大闸置重联位，小闸置运转位，操纵端小闸处于运转位。

自动制动通过操作大闸，由制动柜上的均衡模块和制动控制单元 BCU（见图 3−8）响应均衡风缸压力，由中继阀输出列车管压力控制值，通过电子分配阀响应列车管的压力变化，输出制动缸目标预控压力，最后由分配阀输出制动缸压力。

1. DK−2 型电空制动机大闸运转位

1）使用时机

该位置是列车在运行中大闸手柄所放置的位置，也是列车初充风、再充风与缓解列车制动所放置的位置。

图 3−8 制动控制单元 BCU

2）电路

（1）主要输入。

① 导线 801—大闸 1AC—导线 803—BCU（输入板第 10 点灯亮）。

② 导线 801—大闸 1AC—导线 807—BCU（输入板第 9 点灯亮）。

③ 导线 801—小闸 1AC—导线 814—BCU（输入板第 2 点灯亮）。

（2）主要输出。

① 保护电空阀 263YV 得电（BCU 输出板第 2 点灯亮）。

② 切换电空阀 262YV 得电（BCU 输出板第 7 点灯亮）。

③ 缓解电空阀 258YV 得电（BCU 之 PWM 板第 1 点灯亮，当列车管压力充至定压时灯灭）。

④ 单缓电空阀 261YV 得电（BCU 之 PWM 板第 4 点灯亮，当制动缸压力缓解至 0 kPa 时灯灭）。

3）气路

均衡风缸控制气路图如图 3-9 所示。

（1）总风—塞门 157—调压阀 55（整定压力为 650 kPa）—缓解电空阀 258YV—保护电空阀 263YV—电空转换阀 153—均衡风缸 56，均衡风缸压力上升至定压。

（2）总风遮断阀 181 控制压力空气—中立电空阀 253YV—大气。

（3）列车管遮断阀 182 控制压力空气—遮断电空阀 255YV—大气。

（4）由于均衡风缸压力上升，使中继阀处于充风缓解位，列车管压力也开始上升，直至达到定压。

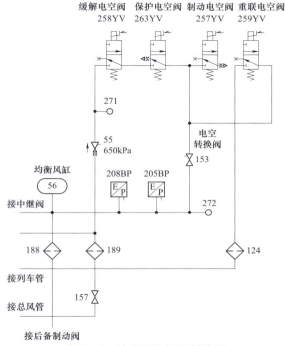

图 3-9　均衡风缸控制气路图

（5）总风—塞门 134—切换电空阀 262YV—切换阀 192，沟通预控风缸 109 和分配阀均衡部 105 的通路。

（6）分配阀均衡部压力空气—作用管—切换阀 192—预控风缸 109。

　　　　　　　　　　↳ 单缓电空阀 261YV—大气。

（7）均衡部压力空气排向大气，机车制动缸缓解。

📢 单元思考要点：DK-2 型电空制动机大闸运转位综合作用原理

✏️ **任务小结**

计划方案：＿＿＿＿＿＿＿＿＿＿＿＿＿＿＿＿＿＿＿＿＿＿＿＿＿＿＿

组织实施：_____

完成效果：_____

姓名_____ 地点_____ 方式 不脱产□ 半脱产□ 全脱产□ 日期 _____

2. DK-2 型电空制动机大闸过充位

1）使用时机

该位置是在初充风或再充风时，为迅速向列车管充气，促使车辆全部缓解时所采用的位置。在此位置，列车管获得过充压力，同时车辆快速缓解，而机车仍处制动后保压位置。

2）电路

（1）主要输入。

① 导线 801—大闸 1AC—导线 803—BCU（输入板第 10 点灯亮）；

② 导线 801—大闸 1AC—导线 805—BCU（输入板第 6 点灯亮）；

③ 导线 801—小闸 1AC—导线 814—BCU（输入板第 2 点灯亮）。

（2）主要输出。

① 保护电空阀 263YV 得电（BCU 输出板第 2 点灯亮）；

② 切换电空阀 262YV 得电（BCU 输出板第 7 点灯亮）；

③ 过充电空阀 252YV 得电（BCU 输出板第 8 点灯亮）；

④ 缓解电空阀 258YV 得电（BCU 之 PWM 板第 1 点灯亮，当列车管压力充至定压时灯灭）。

3）气路

（1）总风—塞门 157—调压阀 55（整定压力为 650 kPa）—缓解电空阀 258YV—保护电空阀 263YV—电空转换阀 153—均衡风缸 56，均衡风缸压力上升至定压。

（2）总风遮断阀 181 控制压力空气—中立电空阀 253YV—大气。

（3）列车管遮断阀 182 控制压力空气—遮断电空阀 255YV—大气。

（4）总风—塞门 157—过充电空阀 252YV—过充风缸 57。

（5）由于均衡风缸压力上升，使中继阀处于充风缓解位，列车管压力也开始上升，直至达到定压。

（6）总风—塞门 134—切换电空阀 262YV—切换阀 192，沟通预控风缸 109 和分配阀均衡部 105 的通路。

📢 单元思考要点：DK-2 型电空制动机大闸过充位综合作用原理

_____
_____
_____

📝 **任务小结**

计划方案：_____

组织实施：_____

完成效果：_____

姓名_____ 地点_____ 方式 不脱产□ 半脱产□ 全脱产□ 日期 _____

3. DK-2 型电空制动机大闸制动位

1）使用时机

该位置是列车施行常用制动减压时手柄所放的位置。列车管减压量的大小，随大闸手柄在此位置停留时间长短而定，并需与中立位配合进行减压量的控制。

2）电路

（1）主要输入。

① 导线 801—大闸 1AC—导线 806—BCU（输入板第 7 点灯亮）；

② 导线 801—小闸 1AC—导线 814—BCU（输入板第 2 点灯亮）。

（2）主要输出。

① 保护电空阀 263YV 得电（BCU 输出板第 2 点灯亮）；

② 切换电空阀 262YV 得电（BCU 输出板第 7 点灯亮）；

③ 中立电空阀 253YV 得电（BCU 输出板第 4 点灯亮）；

④ 排 2 电空阀 256YV 得电（BCU 输出板第 3 点灯亮）；

⑤ 制动电空阀 257YV 得电（BCU 之 PWM 板第 2 点灯亮，当列车管压力完成规定的减压量后灯灭）；

⑥ 单制电空阀 260YV 得电（BCU 之 PWM 板第 3 点灯亮，当制动缸压力充至规定压力时灯灭）。

3）气路

列车管控制气路图如图 3-10 所示。

（1）缓解电空阀 258YV 失电，切断了均衡风缸的充风通路。制动电空阀 257YV 得电，均衡风缸压力空气—电空转换阀 153—制动电空阀 257YV—大气。

（2）总风—塞门 157—中立电空阀 253YV—总风遮断阀 181，切断总风进入中继阀的通路。

（3）列车管遮断阀 182 压力空气—遮断电空阀 255YV—大气。

（4）由于均衡风缸压力下降，使中继阀呈制动位，列车管压力也随之下降。

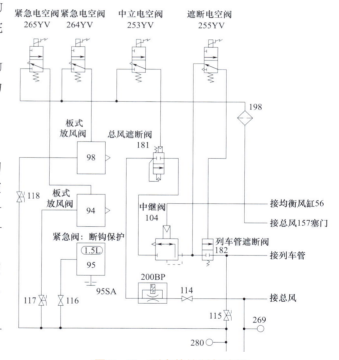

图 3-10　列车管控制气路图

（5）总风—塞门 134—切换电空阀 262YV—切换阀 192，沟通预控风缸 109 和分配阀均衡部 105 的通路。

（6）总风—塞门 134—调压阀 51（整定压力为 80 kPa）—单制电空阀 260YV—预控风缸。
　　　　　　　　　　　　　　　　　　　　　　　　　　　　　└→切换阀 192
—作用管—分配阀均衡部。

（7）均衡部呈制动位，开放总风与制动缸通路，机车制动缸增压。

📢 单元思考要点：DK-2型电空制动机大闸制动位综合作用原理

_____

_____

_____

✍ **任务小结**

计划方案：_____

组织实施：_____

完成效果：_____

姓名_____ 地点_____ 方式 不脱产☐ 半脱产☐ 全脱产☐ 日期_____

4. DK-2型电空制动机大闸中立位

1）使用时机

中立位是操纵列车常用制动前准备和常用制动后保压时所放置的位置。

2）电路

（1）主要输入。

① 导线801—大闸1AC—导线807—BCU（输入板第9点灯亮）；

② 导线801—大闸1AC—导线806—BCU（输入板第7点灯亮）；

③ 导线801—小闸1AC—导线814—BCU（输入板第2点灯亮）。

（2）主要输出。

① 保护电空阀263YV得电（BCU输出板第2点灯亮）；

② 切换电空阀262YV得电（BCU输出板第7点灯亮）；

③ 中立电空阀253YV得电（BCU输出板第4点灯亮）。

3）气路

（1）总风—塞门157—中立电空阀253YV—总风遮断阀181，切断总风进入中继阀的通路。

（2）列车管遮断阀182控制压力空气—遮断电空阀255YV—大气。

（3）总风—塞门134—切换电空阀262YV—切换阀192，沟通预控风缸109和分配阀均衡部105的通路。

📢 单元思考要点：DK-2型电空制动机大闸中立位综合作用原理

_____

_____

_____

✍ **任务小结**

计划方案：_____

组织实施：_____

完成效果：_____

姓名_____ 地点_____ 方式 不脱产☐ 半脱产☐ 全脱产☐ 日期_____

5. DK-2 型电空制动机大闸重联位

1）使用时机

该位置是重联机车所放位置，也是换端操作时钥匙取出所放置的位置及非操纵端大闸手柄的位置。重联位还具有制动机开机解锁、紧急制动解锁和惩罚制动解锁功能。正常运用时，若将操纵端大闸置于重联位，均衡风缸保压。

2）电路

（1）主要输入。

① 导线 801—大闸 1AC—导线 807—BCU（输入板第 9 点灯亮）；

② 导线 801—小闸 1AC—导线 814—BCU（输入板第 2 点灯亮）。

（2）主要输出。

① 保护电空阀 263YV 得电（BCU 输出板第 2 点灯亮）；

② 切换电空阀 262YV 得电（BCU 输出板第 7 点灯亮）；

③ 中立电空阀 253YV 得电（BCU 输出板第 4 点灯亮）；

④ 排 2 电空阀 256YV 得电（BCU 输出板第 3 点灯亮）；

⑤ 重联电空阀 259YV 得电（BCU 输出板第 6 点灯亮）；

⑥ 遮断电空阀 255YV 得电（BCU 输出板第 5 点灯亮）。

3）气路

（1）总风—塞门 157—中立电空阀 253YV—总风遮断阀 181，切断总风进入中继阀的通路。

（2）总风—塞门 157—遮断电空阀 255YV—列车管遮断阀 182，切断列车管进入中继阀的通路。

（3）总风—塞门 134—切换电空阀 262YV—切换阀 192，沟通预控风缸 109 和分配阀均衡部 105 的通路。

（4）列车管—重联电空阀 259YV—电空转换阀 153—均衡风缸。

> 📢 单元思考要点：DK-2 型电空制动机大闸重联位综合作用原理
>
> _____
>
> _____
>
> _____

📝 **任务小结**

计划方案：_____

组织实施：_____

完成效果：_____

姓名_____　地点_____　方式 不脱产□ 半脱产□ 全脱产□ 日期 _____

6. DK-2 型电空制动机大闸紧急位

1）使用时机

该位置是列车运用中，需紧急停车时所使用的位置。

2）电路

预控风缸控制气路图如图 3-11 所示。

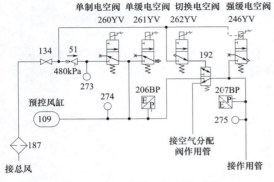

单制电空阀 单缓电空阀 切换电空阀 强缓电空阀
260YV 261YV 262YV 246YV

图 3-11 预控风缸控制气路图

（1）主要输入。

① 导线 801—大闸 1AC—导线 804—BCU（输入板第 8 点灯亮）；

② 导线 801—大闸 1AC—导线 806—BCU（输入板第 7 点灯亮）；

③ 导线 801—大闸 1AC—导线 821—BCU（输入板第 5 点灯亮）；

④ 导线 801—小闸 1AC—导线 814—BCU（输入板第 2 点灯亮）。

（2）主要输出。

① 保护电空阀 263YV 得电（BCU 输出板第 2 点灯亮）；

② 中立电空阀 253YV 得电（BCU 输出板第 4 点灯亮）；

③ 遮断电空阀 255YV 得电（BCU 输出板第 5 点灯亮）；

④ 排 2 电空阀 256YV 得电（BCU 输出板第 3 点灯亮）；

⑤ 重联电空阀 259YV 得电（BCU 输出板第 6 点灯亮）；

⑥ 紧急电空阀 264YV、265YV 得电（BCU 输出板第 1 点灯亮）；

⑦ 制动电空阀 257YV 得电（BCU 之 PWM 板第 2 点灯亮，当列车管压力完成规定的减压量后灯灭）；

⑧ 单制电空阀 260YV 得电（BCU 之 PWM 板第 3 点灯亮，当预控风缸压力充至规定压力时灯灭）。

3）气路

（1）缓解电空阀 258YV 失电，切断了均衡风缸的充风通路。制动电空阀 257YV 得电，均衡风缸压力空气—电空转换阀 153—制动电空阀 257YV—大气。

（2）切换电空阀 262YV 失电，切断了预控风缸和分配阀均衡部的通路，同时使分配阀容积室和均衡部沟通。均衡部呈制动位，开放总风与制动缸通路，机车制动缸增压。

（3）总风—塞门 157—紧急电空阀 264YV—板式放风阀 98 膜板下方。放风阀 98 连通列车管排大气通路。

（4）总风—塞门 157—紧急电空阀 265YV—板式放风阀 94 膜板下方。放风阀 94 连通列车管排大气通路。

（5）紧急阀活塞失去平衡下移并压下夹心阀，开放列车管排风阀口。同时带动下部电联锁改变电路。

（6）总风—塞门 157—中立电空阀 253YV—总风遮断阀 181，切断总风进入中继阀的通路。

（7）总风—塞门 157—遮断电空阀 255YV—列车管遮断阀 182，切断列车管进入中继阀的通路。

（8）列车管—重联电空阀 259YV—电空转换阀 153—均衡风缸。

（9）总风—塞门 134—调压阀 51（整定压力为 480 kPa）—单制电空阀 260YV—预控风缸。机车制动缸压力升至紧急制动压力限值。

📢　单元思考要点：DK-2 型电空制动机大闸紧急位综合作用原理

> _____
> _____
> _____
> _____

✍️　**任务小结**

计划方案：_____

组织实施：_____

完成效果：_____

姓名_____　地点_____　方式 不脱产□ 半脱产□ 全脱产□ 日期_____

❓❓❓　**复习思考**

1. 简述 DK-2 型电空制动机大闸运转位综合作用原理。
2. 简述 DK-2 型电空制动机大闸过充位综合作用原理。
3. 简述 DK-2 型电空制动机大闸制动位综合作用原理。
4. 简述 DK-2 型电空制动机大闸中立位综合作用原理。
5. 简述 DK-2 型电空制动机大闸重联位综合作用原理。
6. 简述 DK-2 型电空制动机大闸紧急位综合作用原理。

数字学习资源

"DK-2 型电空制动机自动制动"数字课件。

3.3.3　DK-2 型电空制动机单独制动

📖　**学习目标**

- DK-2 型电空制动机单独制动综合作用原理
- DK-2 型电空制动机单独制动操作办法

DK-2 型电空制动机的单独制动以空气制动为基础来实现，主要用于操纵机车的制动、保压与缓解。

1. DK-2 型电空制动机小闸制动位

1）使用时机

该位置是单独操纵机车制动小闸所放置的位置，可与小闸中立位配合对机车制动力大小进行控制。

2）电路

单独制动控制气路图如图 3-12 所示。

（1）主要输入。

① 导线 801—大闸 1AC—导线 803—BCU（输入板第 10 点灯亮）；

② 导线 801—大闸 1AC—导线 807—BCU（输入板第 9 点灯亮）；

③ 导线 801—大闸 1AC—导线 813—BCU（输入板第 3 点灯亮）；

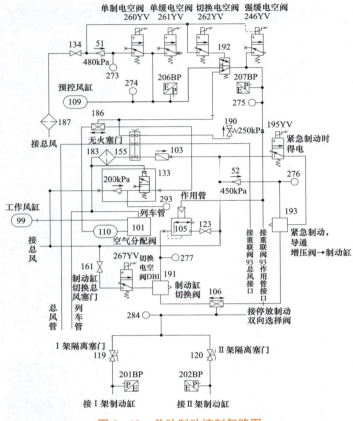

图 3-12　单独制动控制气路图

④ 导线 801—小闸 1AC—导线 815—BCU（输入板第 1 点灯亮）。

（2）主要输出。

① 保护电空阀 263YV 得电（BCU 输出板第 2 点灯亮）；

② 切换电空阀 262YV 得电（BCU 输出板第 7 点灯亮）；

③ 单制电空阀 260YV 得电（BCU 之 PWM 板第 3 点灯亮，当制动缸压力充至规定的压力时灯灭）。

3）气路

（1）总风—塞门 134—切换电空阀 262YV—切换阀 192，沟通预控风缸 109 和分配阀均衡部 105 的通路。

（2）总风—塞门 134—调压阀 51（整定压力为 480 kPa）—单制电空阀 260YV—切换阀 192—预控风缸。

↳ 作用管—分配阀均衡部。

均衡部呈制动位，开放总风与制动缸通路，机车制动缸增压。

📢 单元思考要点：DK-2 型电空制动机小闸制动位综合作用原理

_____

_____

_____

📝 **任务小结**

计划方案：_____

组织实施：_____

完成效果：_____

姓名_____ 地点_____ 方式 不脱产☐ 半脱产☐ 全脱产☐ 日期_____

2. DK-2 型电空制动机小闸中立位

1）使用时机

小闸中立位为机车单独制动前准备及单独制动后保压所放位置。

2）电路

（1）主要输入。

① 导线 801—大闸 1AC—导线 803—BCU（输入板第 10 点灯亮）；

②导线 801—大闸 1AC—导线 807—BCU（输入板第 9 点灯亮）；

③导线 801—大闸 1AC—导线 813—BCU（输入板第 3 点灯亮）。

（2）主要输出。

①保护电空阀 263YV 得电（BCU 输出板第 2 点灯亮）；

②切换电空阀 262YV 得电（BCU 输出板第 7 点灯亮）。

3）气路

总风—塞门 134—切换电空阀 262YV—切换阀 192，连通预控风缸 109 和分配阀均衡部 105 的通路。

📢 **单元思考要点：DK-2 型电空制动机小闸中立位综合作用原理**

_____

_____

_____

📝 **任务小结**

计划方案：_____

组织实施：_____

完成效果：_____

姓名_____　地点_____　方式 不脱产□ 半脱产□ 全脱产□ 日期 _____

3. DK-2 型电空制动机小闸缓解位

1）使用时机

缓解位是单独缓解机车制动作用时小闸手柄所放置的位置。

2）电路

（1）主要输入。

①导线 801—大闸 1AC—导线 803—BCU（输入板第 10 点灯亮）；

②导线 801—大闸 1AC—导线 807—BCU（输入板第 9 点灯亮）；

③导线 801—大闸 1AC—导线 809—BCU（输入板第 4 点灯亮）；

④导线 801—小闸 1AC—导线 814—BCU（输入板第 2 点灯亮）。

（2）主要输出。

①保护电空阀 263YV 得电（BCU 输出板第 2 点灯亮）；

②切换电空阀 262YV 得电（BCU 输出板第 7 点灯亮）；

③单缓电空阀 261YV 得电（BCU 之 PWM 板第 4 点灯亮，当制动缸压力缓解至相应的压力时灯灭）；

④紧急制动后单缓时增加强缓电空阀 246YV 得电（BCU 输出板第 10 点灯亮）。

3）气路

（1）总风—塞门 134—切换电空阀 262YV—切换阀 192，连通预控风缸 109 和分配阀均衡部 105 的通路。

（2）分配阀均衡部压力空气—作用管—切换阀 192—预控风缸—单缓电空阀 261—大气，机车制动缸缓解。

（3）紧急制动后单缓时增加分配阀均衡部压力空气—作用管—强缓电空阀 246YV—大

气。机车制动缸缓解。

> 📢 单元思考要点：DK-2 型电空制动机小闸缓解位综合作用原理
> _____
> _____
> _____

📝 任务小结

计划方案：_____

组织实施：_____

完成效果：_____

姓名_____ 地点_____ 方式 不脱产☐半脱产☐全脱产☐ 日期 _____

💬 复习思考

1. 简述 DK-2 型电空制动机小闸制动位综合作用原理。
2. 简述 DK-2 型电空制动机小闸中立位综合作用原理。
3. 简述 DK-2 型电空制动机小闸缓解位综合作用原理。

▉ 数字学习资源 ◣

"DK-2 型电空制动机单独制动"数字课件。

3.3.4　DK-2 型电空制动机后备制动

📖 学习目标

● DK-2 型电空制动机后备制动综合作用原理
● DK-2 型电空制动机后备制动操作办法

为确保安全运行，系统设置了后备制动作用。后备制动作用只是作为电空位故障的一种应急补救操纵措施，是一种纯空气的制动作用。在该位操纵时，不具备电空位操纵时那样齐全的功能，只保证控制全列车制动和缓解的基本功能。后备制动有 3 个操作位置：缓解位、中立位、制动位。后备制动手柄在制动位和缓解位有自动复位中立位的功能。

DK-2 型电空制动机后备制动阀如图 3-13 所示。156 塞门如图 3-14 所示。

图 3-13　DK-2 型电空制动机后备制动阀

图 3-14　156 塞门

1. 缓解位

1）作用

此位置相当于"大闸"的运转位，列车得到缓解。将后备制动手柄往后拉，使后备制动阀处于缓解位。

2）气路

（1）后备制动阀。由于手柄向后拉，带动后备制动阀内柱塞向后运动，使总风管压力空气—调压阀 53（调整压力为列车管定压）—后备制动阀—后备制动电联锁塞门 129—均衡管—均衡风缸，均衡风缸压力上升。

（2）中继阀。由于均衡风缸压力上升，使中继阀处于充风缓解位，列车管压力也开始上升，直至列车管定压。

（3）分配阀。由于列车管压力上升，主阀部呈充风缓解位，工作风缸充风。均衡部压力空气经容积室再经 156 塞门排向大气，机车制动缸缓解。

2. 中立位

1）作用

此位置相当于"大闸"的中立位，进行全列车制动前的准备及制动后的保压。

2）气路

后备制动阀切断气路。

中继阀、分配阀均呈保压位。

3. 制动位

1）作用

此位置相当于"大闸"制动位。将后备制动手柄向前推，使后备制动阀处于制动位。后备制动手柄在该位置停留时间，控制着均衡风缸与列车管的减压量。制动位与中立位配合使用可实现对列车管常用制动减压量的控制。

2）气路

（1）后备制动阀。由于手柄向前推，带动后备制动阀内柱塞向前运动，使均衡风缸压力空气—均衡管—后备制动电联锁塞门 129—后备制动阀排大气缩孔—大气，均衡风缸减压。

（2）中继阀。由于均衡风缸压力下降，使中继阀呈制动位，列车管压力也随之下降。总风遮断阀处于开放状况。

（3）分配阀。由于列车管压力下降，主阀部呈制动位，工作风缸向容积室充风，容积室压力上升。均衡部呈制动位，开放总风与制动缸通路，机车制动缸增压。

单元思考要点：DK-2 型电空制动机空气备用状态操作

???复习思考

1. 简述 DK-2 型电空制动机后备制动缓解位的作用原理。
2. 简述 DK-2 型电空制动机后备制动制动位的作用原理。
3. 简述 DK-2 型电空制动机后备制动手柄的结构特点。

▌数字学习资源▌

"DK-2 型电空制动机后备制动"数字课件。

3.3.5　DK-2 型电空制动机无动力回送状态操作

📖 学习目标

● DK-2 型电空制动机无动力回送状态综合作用原理
● DK-2 型电空制动机无动力回送状态操作办法

当机车无动力回送时，由于其空气压缩机停止使用，因而必须开放机车无动力回送装置。

1. 确认停放制动缓解并切除停放制动

无动力回送处置图如图 3-15 所示。

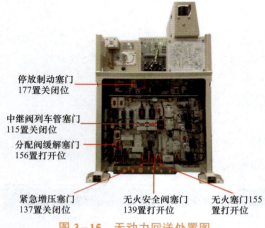

停放制动塞门 177 置关闭位

中继阀列车管塞门 115 置关闭位

分配阀缓解塞门 156 置打开位

紧急增压塞门 137 置关闭位

无火安全阀塞门 139 置打开位

无火塞门 155 置打开位

图 3-15　无动力回送处置图

停放控制气路图如图 3-16 所示。

（1）将总风充至 600 kPa 以上，按压司机室停放缓解按钮，确认停放制动完全缓解。当开通无火塞门 155 后，列车管内压力空气经 DE 无动力塞门、DER 压力调整阀、C2 充风节流孔、CV 单向止回阀将调整后的空气压力充入总风缸。此时总风缸在机车制动机系统中相当于车辆的副风缸，但总风缸压力较低，约为 220 kPa。

（2）将操纵节大、小闸都置运转位，将列车管充风至定压，缓解机车。

（3）关闭停放制动塞门 177，待单元制动器停放缸压力降为 0 kPa，方可手动缓解停放制动，并确认手动缓解成功。

2. 正确设置各塞门、手柄

（1）将大闸手柄置重联位、小闸手柄置运转位，将制动控制器钥匙转至"关"并取出。

（2）将重联阀转换开关本机打向本机位，补机打向补机位。

（3）关闭以下各塞门。

中继阀列车管塞门 115、紧急增压塞门 137 、第二总风缸隔离塞门 112。

（4）打开以下各塞门。

无火安全阀塞门 139、无火塞门 155、分配阀缓解塞门 156。

（5）制动系统断电。

3. 检查试验步骤及方法

（1）连接牵引机车，将无动力机车列车管充至定压，闸缸压力应为 0 kPa，所有制动器闸片与制动盘应缓解分离。

（2）操作牵引机车进行列车管减压、充风，无动力机车制动、缓解作用应正常。在常用全制动与紧急制动工况下，无动力机车制动缸压力应限制在（250±10） kPa。

（3）操作牵引机车进行列车管常用全制动，待无动力机车制动缸压力稳定后，测量无动力机车制动缸泄漏量应不超过 10 kPa/3 min，测试时间应大于 10 min。

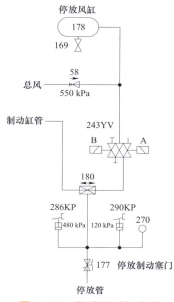

图 3-16　停放控制气路图

📢 单元思考要点：DK-2 型电空制动机无动力回送状态操作

✏ **任务小结**

计划方案：_____

组织实施：_____

完成效果：_____

姓名_____ 地点_____ 方式 不脱产☐半脱产☐全脱产☐ 日期_____

💬 **复习思考**

1. 简述 DK-2 型电空制动机切除停放制动的操作方法。

2. 简述 DK-2 型电空制动机无动力回送状态的检查、试验步骤及方法。

数字学习资源

"DK-2 型电空制动机无动力回送状态操作"数字课件。

模块 **4**

电力机车制动系统的一般故障判断方法

不同的电力机车制动系统在结构、性能及操作等方面存在不同，故障的性质与特征也不尽相同。造成故障的原因较为复杂，一般可分为控制电路、阀类部件、管路及连接部分，以及操作不当四个方面的故障。

模块学习要求

1. 掌握 DK-1 型电空制动机故障处理
2. 掌握 CCBⅡ型制动机故障处理
3. 熟知 DK-2 型电空制动机故障处理

任务 4.1　DK-1 型电空制动机故障处理

DK-1 型电空制动机故障判断与处理，是机车乘务员岗位标准中要求必须掌握的技能。制动机排除故障作业包括常见故障的分析与处理，主要部件的分析与处理，途中特殊故障的应急处理三个方面。

任务知识点

1. DK-1 型电空制动机故障的判断（难点）
2. DK-1 型电空制动机故障的处理（重点）

任务技能要求

1. 掌握 DK-1 型电空制动机故障的判断方法
2. 掌握 DK-1 型电空制动机故障的处理方法

4.1.1　DK-1 型电空制动机部件破损的故障处理

学习目标

- DK-1 型电空制动机部件破损故障的判断方法
- DK-1 型电空制动机部件破损故障的处理方法

1. 电空制动控制器在运转位，均衡风缸和列车管压力下降

1）故障原因

（1）615QA 跳开或电源线开路。

（2）操纵端空气制动阀微动开关 3SA1 的电空位接点不良。

（3）电空制动控制器 1AC 上导线 801、导线 803 的接点不良。

2）分析判断

（1）将电空制动控制器手柄移至中立位，停止减压为故障原因（3），如继续减压为前两项故障。

（2）将空气制动阀上的电空转换扳键转换到空气位后，如继续减压为故障原因（1），停止减压为故障原因（2）。

3）故障处理

（1）如为 615QA 跳开，可以重合一次。重合后再跳开时，在未查明故障原因之前不得再次闭合 615QA。

（2）转空气位操纵，维持列车继续运行。若转空气位后继续减压，应将电空制动屏柜上的转换阀 153 转换到空气位。

（3）条件允许时应分别查找故障点，尽快恢复电空位操纵。

2. 电空制动控制器和空气制动阀均在运转位，机车制动缸压力不缓解

1）故障原因

（1）电空制动控制器上的导线 801、导线 809 的接点不良或 3SA2 微动开关接点不良。

（2）排风 1 电空阀 254YV 接线松脱或故障。

（3）排风 1 电空阀 254YV 与作用管相连通路堵塞。

2）分析判断

（1）换端操纵正常为故障原因（1）。

（2）手按排风 1 电空阀 254YV，机车制动缸能够缓解时为故障原因（2），手按排风 1 电空阀 254YV 仍不能缓解时为故障原因（3）。

3）故障处理

使用空气制动阀缓解制动。条件允许时应分别查找故障点，尽快恢复排风 1 电空阀 254YV 的功能。

3. 制动前的中立位，均衡风缸和列车管按正常速度减压

1）故障原因

（1）电空制动控制器上的导线 801、导线 807 的接点不良。

（2）压力开关的 209SA 接点不良或接线松脱。

2）分析判断

将电空制动控制器手柄置于中立位，只产生初制动减压作用为故障原因（2），继续减压为故障原因（1）。

3）故障处理

（1）转空气位操纵，维持列车继续运行。条件允许时应处理故障点，尽快恢复电空位操纵。

（2）为故障原因（2）时，可暂不处理。只是操纵中没有"制动前的中立位"这一功能，制动时需要掌握好制动时机，控制好电空制动控制器手柄从运转位至中立位的操作时长。

4. 电空制动控制器由制动位回中立位后，均衡风缸恢复定压

1）故障原因

（1）缓解电空阀 258YV 的下阀口漏风。

（2）压力开关 208 和 209 的膜板小漏。

2）分析判断

观察均衡风缸压力的恢复速度略有不同，并将电空制动控制器置中立位，确认缓解电空阀 258YV 得电，即可准确判定以上故障。

3）故障处理

转空气位操纵维持列车继续运行。

5. 电空制动控制器置制动位后，均衡风缸不减压

1）故障原因

（1）缓解电空阀 258YV 卡滞不释放。

（2）压力开关 208 或 209 的膜板破损。

（3）缓解电空阀 258YV 与初制动风缸间的通路堵塞。

2）分析判断

（1）确认缓解电空阀 258YV 的状态，未释放为故障原因（1）。

（2）将制动屏柜上的塞门 157 关闭后，恢复正常为故障原因（2），反之为故障原因（3）。

3）故障处理

为故障原因（1）时，应转动缓解电空阀 258YV 阀杆使其释放。若阀杆卡住不能释放，可转空气位操纵，但此种情况下必须将制动屏柜上的转换阀 153 转换至空气位。为故障原因（2）、（3）时，转为空气位操纵。

6. 电空制动控制器置制动位常用减压时产生紧急制动作用

1）故障原因

（1）紧急阀 95 故障，缩孔 I 通路堵塞，或传递杆与列车管间缩堵通路堵塞。

（2）均衡风缸容积减少。

（3）均衡风缸处的均衡风缸管堵塞。

2）分析判断

（1）将制动屏柜处的塞门 116 关闭后恢复正常为故障原因（1）。

（2）塞门 116 关闭后常用制动减压起全制动作用为故障原因（2）、（3）。电空制动控制器置紧急位时，注意观察均衡风缸压力表针的下降速度，比正常速度快为故障原因（2），比正常速度慢为故障原因（3）。

3）故障处理

（1）为故障原因（1）时，可将制动屏柜处的塞门 116 关闭，切除紧急阀 95 维持运行。运行中应注意，由于列车分离保护功能因塞门 116 的关闭而被切除，运行中应注意列车管表针的显示状态，发现列车管表针有较大的波动且总风缸表针急剧下降时，应迅速切断机车的动力源并将电空制动控制器手把置中立位。

（2）为后两项故障时，必须针对故障进行有效处理后方可继续运行。

7. 电空制动控制器或空气制动阀制动后回中立位，制动缸不保压

1）故障原因

（1）排风 1 电空阀 254YV 阀口不严漏风。

（2）分配阀故障。

2）分析判断

（1）检查排风 1 电空阀 254YV 排风口是否漏风。

（2）检查排风 1 电空阀 254YV 及作用管、工作风缸，如无漏泄，则为分配阀故障。

3）故障处理

（1）排风 1 电空阀 254YV 排风口漏泄时，在牵引列车情况下可不做处理。但单机运行时，要将排风 1 电空阀 254YV 进风口堵死，下压空气制动阀手柄缓解机车制动。

（2）分配阀故障时，在不影响列车管压力的情况下可维持运行。可用空气制动阀操作机车制动。

8. 电空制动控制器放紧急位，列车管不排风

1）故障原因

（1）电动放风阀橡胶膜板破裂。

（2）电动放风阀电空阀 94YV 故障或导线 804 无电。

2）分析判断

（1）电空制动控制器放紧急位，电动放风阀电空阀 94YV 处有大排风声，总风压力下降，列车管压力不降，为故障原因（1）。

（2）电空制动控制器放重联位，手按电动放风阀电空阀 94YV 使其动作。电动放风阀 94 排风，则为导线 804 无电或电动放风阀电空阀 94YV 故障。

3）故障处理

运行中电空制动控制器放紧急位不排风时，立即开启紧急制动阀 121 或 122，施行紧急制动。途中遇以上故障时，应关闭电动放风阀总风塞门 158，维持运行。

9. 电空制动控制器置过充位，均衡风缸 56 定压，列车管无过充压力

1）故障原因

（1）电空制动控制器导线 801、导线 805 的接点接触不良。

（2）过充电空阀 252YV 本身故障。

（3）排风 2 电空阀 256YV 卡滞不释放。

（4）中继阀过充风管堵塞或过充活塞卡滞。

（5）过充风缸排风缩堵丢失。

2）分析判断

（1）听制动屏柜处过充风缸无排风声时，为故障原因（1）或故障原因（2）。换端试验正常为故障原因（1）。

（2）若制动屏柜处有正常的过充风缸排风声为故障原因（4），有较大的排风声为故障原因（3）或故障原因（5）。

（3）通过检查过充风缸确定故障原因（5）。

3）故障处理

不使用过充位。有条件时再处理不良处，使其恢复功能。

10. 转空气位操纵，空气制动阀置缓解位不充风

1）故障原因

（1）空气制动阀电空转换扳键不到位。

（2）制动电空阀 257YV 故障，且电空转换阀 153 未转换到空气位。

2）分析判断

（1）检查电空转换扳键是否扳到空气位。

（2）制动电空阀 257YV 处排风，即为该电空阀故障。

3）故障处理

（1）将电空转换扳键转换到空气位。

（2）将电空转换阀 153 转换到空气位，切除制动电空阀 257YV 的作用，维持运行。

📢 **单元思考要点：DK−1 型电空制动机故障的分析判断方法**

🖥 **事故案例：列车停在分相内，被迫请求救援**

2007 年 11 月 26 日，××机班，SS$_9$ 改型 0089 机车，担当 K969 次旅客列车牵引任务。列车从沧州站正线发车出站后，施行贯通试验时发现列车制动机不缓解，司机立即将电空制动控制器置于制动位并加大减压量，随即将电空制动控制器移回运转位，但列车管压力不上升，列车仍然不能缓解，造成列车停在区间电分相内。

经分析确认为中立电空阀 253YV 卡在得电位，造成总风遮断阀不能开启的故障。当出现均衡风缸上升，而列车管压力不上升的故障时，司机可将制动手柄反复在运转位或中立位移动，直至中立电空阀 253YV 卡滞故障消除。

具体卡控措施：要求在列车运行中，尽量避开分相区施行列车制动调速或贯通试验。

📝 **任务小结**

计划方案：_____

组织实施：_____

完成效果：_____

姓名_____ 地点_____ 方式 不脱产☐ 半脱产☐ 全脱产☐ 日期_____

💬 **复习思考**

1. 简述 DK−1 型电空制动机电空制动控制器在运转位、均衡风缸和列车管压力下降的故障原因、分析判断故障类型，提出故障处理方法。

2. 举例说明 DK−1 型电空制动机部件破损故障的处理办法。

■‖ **数字学习资源** ‖■

"DK−1 型电空制动机部件破损故障处理"数字课件。

4.1.2 DK−1 型电空制动机操作不当的故障处理

📖 **学习目标**

- DK−1 型电空制动机操作不当故障的判断方法
- DK−1 型电空制动机操作不当故障的处理方法

1. 电空制动控制器在运转位，均衡风缸定压，列车管无压力

1）故障原因

（1）中继阀的总风缸管塞门 114 关闭。

（2）中继阀的列车管塞门 115 关闭。

（3）中继阀的总风遮断阀卡死在关闭位。

（4）中立电空阀 253YV 卡滞不释放。

（5）中继阀的均衡风缸管堵塞。

2）分析判断

（1）电空制动控制器由运转位移至中立位时未看到总风缸表针抖动，或电空制动控制器由中立位移至运转位时未听到中立电空阀 253YV 的排风声为故障原因（4）。

（2）将电空制动控制器移至过充位，列车管压力只能上升 30～40 kPa 为故障原因（5）。

（3）电空制动控制器在运转位时，按充气按钮 481SB 或消除按钮 483SB，列车管压力上升的为故障原因（1），反之为故障原因（2）。

（4）松动中继阀的供风阀盖，无排风声为故障原因（3）。

3）故障处理

（1）开放塞门 114 或塞门 115。

（2）转动中立电空阀 253YV 的阀杆，使其释放。若无效，可将制动屏柜后面的中立电空阀与总风遮断阀相连接的管子拆开后堵上。

（3）轻轻振动中继阀的总风遮断阀使其打开。若无效，卸去端盖，抽出弹簧和阀维持运行。

（4）若为中继阀均衡风缸管堵塞故障，必须将管路疏通才能向列车管充风。

2. 电空制动控制器在运转位，均衡风缸 56 和列车管过充至总风缸压力

1）故障原因

（1）电空阀 255YV 下阀口窜风或阀杆卡住不释放。

（2）制动屏柜上的调压阀 55 输出压力高、故障或装反。

2）分析判断

将电空制动控制器放重联位，均衡风缸 56 和列车管压力停止上升为故障原因（2），反之为故障原因（1）。

3）故障处理

若为调压阀 55 故障或装反，先将制动屏柜上的转换阀 153 转换到空气位，然后转空气位操纵维持运行。

3. 电空制动控制器在运转位，均衡风缸 56 压力上升正常，列车管压力上升缓慢

1）故障原因

（1）空气滤尘器的滤网太脏，风阻太大。

（2）中继阀总风塞门 114 未开到位。

（3）中继阀列车管塞门 115 未开到位。

2）分析判断

（1）待列车管充满定压后，先将电空制动控制器移至过充位，然后迅速将空气制动阀置于制动位，若列车管压力表针波动或产生紧急制动作用，则为故障原因（1）。

（2）检查中继阀总风塞门 114 和列车管塞门 115 的状态，以便进行故障原因区分。

3）故障处理

（1）开放中继阀总风塞门 114 和列车管塞门 115。

（2）应将空气滤尘器的滤网取出，维持运行。

4. 均衡风缸和列车管减压正常，机车制动缸无压力

1）故障原因

（1）分配阀主阀部膜板破裂。

（2）分配阀供给塞门 123 关闭。

（3）分配阀均衡活塞膜板破裂。

（4）机车制动缸塞门 119、120 同时关闭。

2）分析判断

（1）电空制动控制器从制动位移至中立位，空气制动阀移至缓解位，若有排风声为故障原因（2）或故障原因（4），无排风声为故障原因（1）或故障原因（3）。

（2）当空气制动阀移至缓解位有排风声时，应注意听中继阀排风口有无排风声，有排风声为故障原因（4），无排风声为故障原因（2）。

（3）空气制动阀移至制动位，若机车能产生制动作用为故障原因（1），不能产生制动作用为故障原因（3）。

3）故障处理

（1）开放分配阀上的供给塞门 123 或机车制动缸 119、120 塞门。

（2）为故障原因（1）时，用空气制动阀操作机车制动，维持运行。

（3）为故障原因（3）时，机车不能产生制动作用，可视情况维持运行，否则应请求救援。

5. 电空制动控制器在制动位，均衡风缸 56 不减压

1）故障原因

非操纵端空气制动阀电空转换扳键在空气位。

2）分析判断

电空制动控制器在制动位，减压 50 kPa 后不再减压。缓解后再次制动时均衡风缸不减压，故障原因为非操纵端空气制动阀电空转换扳键在空气位。

3）故障处理

将非操纵端空气制动阀电空转换扳键恢复到电空位。

6. 电空制动控制器在紧急位，不产生紧急制动作用

1）故障原因

（1）电空制动控制器上的导线 801、导线 804 的接点接触不良。

（2）紧急制动电空阀 94YV 接线松脱。

（3）电动放风阀 94 故障或塞门 117 关闭。

（4）制动屏柜上的塞门 158 关闭。

2）分析判断

（1）将司机控制器由 0 位移到预备位，此时若主断路器 4QF 跳开，即可证明是故障原因（1）。

（2）手按紧急电空阀 94YV，能产生紧急制动作用为故障原因（2）。

（3）手按紧急电空阀 94YV，如不产生紧急制动作用，在松开紧急电空阀 94YV 时，听

其排风口，若有排风声为故障原因（3），无排风声为故障原因（4）。

3）故障处理

（1）若为故障原因（1），运行中需紧急制动时，应按紧急停车按钮或打开紧急制动阀121，条件允许时再处理其不良接点。

（2）若为后三项故障原因，应将关闭了的塞门打开或紧固松脱接线。如接线故障不能排除，可维持运行。遇需紧急制动时，可打开紧急制动阀121施行制动。

7. 电空制动控制器在过充位或运转位，发生列车分离时，断钩保护不起作用

1）故障原因

紧急阀95的列车管塞门116关闭。

2）分析判断

检查紧急阀95的列车管塞门116的状态。

3）故障处理

打开紧急阀95的列车管塞门116。如发现列车管表针有较大波动，同时总风缸表针指示数值急剧下降时，司机应立即切断机车动力源并迅速将电空制动控制器手把置于中立位或紧急位。

8. 电空位时，空气制动阀置制动位，机车制动缸压力只能上升一点，空气制动阀移至中立位后，机车制动缸压力迅速下降至 0

1）故障原因

（1）分配阀上缓解塞门156未关闭或其连接风管大漏。

（2）分配阀的安全阀丢失或大漏。

（3）分配阀的容积室或作用管大漏。

2）分析判断

（1）电空制动控制器施行制动，机车制动缸压力保压正常为故障原因（1）。

（2）为故障原因（2）、（3）时，可通过泄漏处进行区分。

3）故障处理

（1）当分配阀的缓解塞门156未关闭时，应将其置关闭位。若管路大漏，可用电空制动控制器直接操纵机车。

（2）为故障原因（2）、（3）时，查找泄漏处并处理好后，方可继续运行。如不能处理时，可视情况维持运行，否则应请求救援。

9. 电空位时，空气制动阀置制动位，机车制动缸压力超过 300 kPa

1）故障原因

（1）调压阀53、54调整压力值过高或调压阀故障。

（2）调压阀53或54装反。

2）分析判断

查看调压阀上的气流箭头，指示正常为故障原因（1），反之为故障原因（2）。

3）故障处理

（1）正确安装调压阀，并将调压阀输出压力调整至规定值。

（2）如属调压阀故障，条件不允许时可用电空制动控制器操纵以维持运行。

10. 转空气位操纵，空气制动阀置缓解位不充风

1）故障原因

（1）空气制动阀电空转换扳键不到位。

（2）制动电空阀 257YV 故障，并且转换阀 153 未转换到空气位。

2）分析判断

（1）检查电空转换扳键是否到空气位。

（2）制动电空阀 257YV 排风，即为该电空阀故障。

3）故障处理

（1）将电空转换扳键转换到空气位。

（2）将转换阀 153 转换到空气位，切除制动电空阀 257YV 的作用，维持运行。

📢 单元思考要点：DK-1 型电空制动机操作不当故障的判断方法

_____

_____

_____

📝 **任务小结**

计划方案：_____

组织实施：_____

完成效果：_____

姓名_____ 地点_____ 方式 不脱产☐ 半脱产☐ 全脱产☐ 日期 _____

💬 **复习思考**

1. 简述 DK-1 型电空制动机电空制动控制器在运转位，均衡风缸 56 和列车管过充至总风缸压力的故障原因、分析判断故障类型，提出故障处理方法。

2. 举例说明 DK-1 型电空制动机操作不当故障的处理方法。

数字学习资源

"DK-1 型电空制动机操作不当的故障处理"数字课件。

任务 4.2　CCBⅡ型制动机故障处理

在 CCBⅡ型制动机出现故障后，可以利用系统查询界面，结合 LCDM 显示屏显示的故障代码与提示的改正措施，合理解决制动机发生的故障。CCBⅡ型制动机故障包括基本处理、IPM 诊断故障改正措施与 CCBⅡ自检故障代码和改正措施三个部分。

▶ **任务知识点**

1. CCBⅡ型制动机故障的基本处理方法（难点）

2. CCBⅡ型制动机 IPM 诊断故障改正措施（重点）

3. CCBⅡ自检故障代码和改正措施（重点）

任务技能要求

1. 掌握 CCBⅡ型制动机故障的基本处理方法
2. 掌握 CCBⅡ型制动机 IPM 诊断故障改正措施
3. 掌握 CCBⅡ自检故障代码和改正措施

4.2.1　CCBⅡ型制动机故障的基本处理

学习目标

- CCBⅡ型制动机故障的典型症状
- CCBⅡ型制动机故障的基本处理方法

1. 空气制动故障

LCDM 事件选择界面如图 4-1 所示。

图 4-1　LCDM 事件选择界面

制动显示器 LCDM 将提供一个三位的故障代码。记下这个三位故障代码并参阅微处理器 IPM 故障代码改正措施。

2. 系统不自检

制动显示器 LCDM 将提供一个四位的故障代码。记下这个四位故障代码并参阅 CCBⅡ自检故障代码改正措施。

3. 动力切除开关 PCS 不能清除或不能缓解制动

（1）放置自动制动手柄在抑制位并等待惩罚清除。如果惩罚来源仍存有信息出现，可按要求复位惩罚来源。惩罚被复位后，移动自动制动手柄到缓解位。检查 ER 和 BP 两个压力值是否都提高。如果 ER 提高而 BP 不提高，见症状"不能给制动主管充风"。

（2）如果 ER 和 BP 都提高，或者二者都不提高，放置自动制动手柄在抑制位并监测诊断追踪信息。IPM 断电重启，检查 IPM 上电过程中"PCS Negated"信息的出现情况。如果"PCS Negated"出现在追踪信息中，且机车 PCS 灯仍亮着，应更换 IPM。

（3）如果问题还存在，更换继电器接口模块 RIM，并检查从 IPM 经 RIM 到机车 PCS 接线的连续性。如果"PCS Negated"没有出现在追踪信息中，一个"紧急"或"惩罚"来源是活动的，必须被清除。

4. 不能给制动主管充风

（1）保证机车设置是本机/投入。移动自动制动手柄到运转位，保证 ER 充风到缓解设置。如果 ER 不充风，参阅症状"动力切除 PCS 没有清除"故障代码改正措施。

（2）关闭折角塞门，隔离机车并重复步骤 1。如果 BP 现在充风但以前不充风，检查列车泄漏情况。

（3）至少 10 次急剧地放置电子制动阀 EBV 自动制动手柄到紧急位。复位紧急制动，并移动自动制动手柄到运转位。如果 BP 压力升高，故障原因是 EBV 上的 21 放风阀卡住。

（4）如果 BP 升高，但是达不到 ER 压力，检查 EPCU，如有漏风声响，若是因为中继阀卡滞，可更换 BPCP；若 BP 不变化，更换 IPM。

5. 机车制动不能被单独缓解

（1）将平均管塞门置于关闭位。

（2）运行 CCB Ⅱ 自检程序。如果自检通过，更换 EBV。如果自检未通过，参阅 CCB Ⅱ 自检故障代码改正措施。

6. 动力制动时，自动制动不缓解

机车投入动力制动，并测量 DBI 电磁阀电压。如果没有电压，检查线路或机车输出信号，如果有电压，更换 BCCP。

7. 不能建立制动缸压力

（1）检查机车本机/投入的设置。

（2）检查转向架制动缸塞门的开放情况。

（3）用自动制动手柄进行制动作用，并注意制动主管压力降低情况。

（4）检查制动缸控制部分 BCCP 漏风情况。检查从 EPCU 总管到转向架制动缸管路的完整性。

8. 不能进行自检、标定、事件记录操作

保证司控器在 0 位。

9. LCDM 显示屏变黄，LED 显示灯闪烁

重新启动制动显示器 LCDM，如果仍然不好，更换制动显示器 LCDM。

📢 **单元思考要点：CCB Ⅱ 型制动机故障的基本处理方法**

_____

_____

_____

🗂 **事故案例：制动机故障处理不当，列车被迫停在站内**

2018 年 11 月 18 日，××机班使用 HXD$_{3D}$0299 机车担当 K294 次牵引任务。在进站前，发现微机显示屏显示制动机故障，制动主管自动减压 70 kPa，且显示屏 LCDM 显示故障信息为"空气制动故障，制动不能缓解，非操作端须设为补机-085"。司机立即将自阀置于制动区，加大减压量后，随即将自阀移回运转位，但是制动主管压力不上升，列车不能缓解，列车被迫停在站内。停车后司机调取 IPM"制动机 EBV CN"的故障信息。

遇微机显示屏显示"空气制动故障，制动不能缓解，非操作端须设为补机-085"的故障信息时，制动系统将产生惩罚制动，司机须将自阀手柄置于"抑制位"1 s 后，再次移回运转位，待故障消除后可正常运行。如果故障不能消除，待停车后，可将"制动系统开关 QA50"断开后，再次闭合，故障现象可以消除。重新闭合 QA50 开关后，制动系统便会重启。

✏ **任务小结**

计划方案：_____

组织实施：_____

完成效果：＿＿＿＿＿＿＿＿＿＿＿＿＿＿＿＿＿＿＿＿＿＿＿＿＿＿＿＿

姓名＿＿＿＿＿　地点＿＿＿＿＿＿　方式 不脱产□ 半脱产□ 全脱产□ 日期 ＿＿＿＿＿

复习思考

1. 简述不能给制动主管充风的处理方法。
2. 举例说明 CCBⅡ 型制动机典型故障的处置方法。

数字学习资源

"CCBⅡ型制动机故障的基本处理"数字课件。

4.2.2　CCBⅡ型制动机 IPM 诊断故障改正措施

学习目标

- CCBⅡ型制动机 IPM 诊断故障处理步骤
- CCBⅡ型制动机 IPM 诊断故障改正措施

IPM 诊断故障代码在制动显示屏 LCDM 中显示给操作者，也可在事件/故障记录中查看三位故障代码。系统文件清晰地描述了每个故障代码和 IPM 诊断故障代码改正措施。

IPM 诊断故障代码改正措施如表 4-1 所示。

表 4-1　IPM 诊断故障代码改正措施

故障代码	描述	探测装置	故障原因	改正措施	继续尝试
001	ERCN 故障	IPM	ERCN 脉冲损失 4 s	可以在备份模式下作为牵引机车使用，直到进车间。保证 LON 网电缆紧紧连在 ERCP。断电恢复	检查 ER 控制节点上黄灯。如果稳定或闪烁，重装程序或更换 ERCP。如果动力重起后红灯仍亮，更换 ERCP
002	ERCP AW-4 故障	ERCP	ER>825 kPa 或在 10 s 内压力不在±35 kPa 范围内	可以在备份模式下作为牵引机车使用，直到进车间。运行 ER 自检。如果通过，断电恢复以清除备份模式，失败更换 ERCP	检查管路柜后部的软管和风缸
003	ERT 故障	ERCP	传感器输出电压大于 4.5 V 或小于 0.5 V	可以在备份模式下作为牵引机车使用，直到进车间。断电恢复	更换 ERCP
004	MRT 故障	ERCP	传感器输出电压大于 4.5 V 或小于 0.5 V，或者 IPM 探测传感器信号被停止发送 15 s	可以在备份模式下作为牵引机车使用，直到进车间。断电恢复	更换 ERCP
006	MVER 失电关闭	ERCP	输出反馈显示失电	可以在备份模式下作为牵引机车使用，直到进车间。更换 ERCP	
008	MRT 故障 2（MRT-备份）	BPCP	传感器输出电压大于 4.5 V 或小于 0.5 V，或者 IPM 探测传感器信号被停止发送 15 s	系统可不带流量指示操作。在下次进车间时更换 BPCP	

故障代码	描述	探测装置	故障原因	改正措施	继续尝试
009	FLT 故障	BPCP	传感器输出电压大于 4.5 V 或小于 0.5 V	系统可不带流量指示操作。在下次进车间时更换 BPCP	
010	BPT 故障	BPCP	传感器输出电压大于 4.5 V 或小于 0.5 V，或者 IPM 探测传感器信号被停止发送 15 s	系统将用备份传感器操作。如果故障仍然存在，断电恢复后，在下一次进车间时更换 BPCP	
014	MV53 失电打开	BPCP	连续性损失	设置制动系统为断电状态，并以气动备份作为拖车使用。更换 BPCP	
016	BPCN 故障（BP 通信丢失）	IPM	BPCN 损失脉冲信号 4 s	AB 系统断电恢复	检查 BP 控制节点上黄灯。如果稳定或闪烁，重装程序或更换 BPCP。如果断电恢复后红灯仍亮，更换 BPCP
017	MVEM 得电，打开	BPCP	输出反馈显示得电	如果系统持续在紧急情况，设置系统断电，并以气动备份状态作拖车使用。更换 BPCP	
018	MVEM 失电关闭	BPCP	输出反馈表示失电	产生紧急情况的备份模块失效。机车可操作，直到进车间，更换 BPCP	
025	MV13S 得电打开	13CP	输出反馈显示得电	检查机车是否正被单独缓解。如果是，设置系统断电，并以气动备份状态作拖车使用。如果不是，机车可以作为牵引机车使用，直到下次进车间，更换 13CP	
026	MV13S 失电关闭	13CP	输出反馈表示失电	作拖车使用，直到进车间。紧急情况的单缓和单缓的备用模式失效。更换 13CP	
027	MV13E 得电关闭	13CP	输出反馈表示得电		
028	MV13E 失电打开	13CP	输出反馈表示失电		
031	13CN 故障（13 通信丢失）	IPM	13CN 丢失脉冲信号 10 s	作拖车使用，直到进车间。紧急情况的单缓和单缓的备用模式失效。更换 13CP	检查 13 控制节点上黄灯。如果稳定或闪烁，重装程序或更换 LRU。如果断电恢复后红灯仍亮，更换 13CP
032	MVERBU 得电打开	16CP	输出反馈表示得电	可以在备份模式下作牵引机车使用，直到进车间。断电恢复后故障仍存在，更换 16CP	更换 13CP。如果故障在更换 16CP 和 13CP 后仍存在，检查 LON 网电缆
033	MVERBU 失电关闭	16CP	输出反馈表示失电	可以在备份模式下作牵引机车使用，直到进车间。断电恢复后故障仍存在，更换 16CP	更换 13CP。如果故障在更换 16CP 和 13CP 后仍存在，检查 LON 网电缆

续表

故障代码	描述	探测装置	故障原因	改正措施	继续尝试
036	16CP AW－4 故障（AW4－16 故障）	16CP	大于 690 kPa 或在 10 s 内压力不在 ±35 kPa 范围内	可以在备份模式下作牵引机车使用，直到进车间。断电恢复后故障仍存在，更换 16CP	检查制动柜后部的软管和风缸
037	16T 故障	16CP	传感器输出电压大于 4.5 V 或小于 0.5 V，或者 IPM 探测传感器信号被停止发送 15 s	可以在备份模式下作牵引机车使用，直到进车间。更换 16CP	
038	MV16 得电打开	16CP	输出反馈表示得电	可以在备份模式下作牵引机车使用，直到进车间。断电恢复后故障仍存在，更换 16CP	
039	MPV16 失电关闭	16CP	输出反馈表示失电	可以在备份模式下作牵引机车使用，直到进车间。更换 16CP	
048	BPT 故障 2（BPT 备份）	16CP	传感器输出电压大于 4.5 V 或小于 0.5 V，或者 IPM 探测传感器信号被停止发送 15 s	可以在备份模式下作牵引机车使用，直到进车间。断电恢复后故障仍存在，更换 16CP	
049	BCT 故障	16CP	传感器输出电压大于 4.5 V 或小于 0.5 V	机车可以不带 BC 表。建议按补机或无动力使用，直到进车间。更换 16CP	
052	16CN 故障（16 通信丢失）	IPM	16CN 丢失脉冲信号 4 s	机车可以不带 BC 表，在备份模式下使用。建议按补机或无动力使用，直到进车间。更换 16CP。保证 LON 网电缆安装牢固，断电恢复	检查 16 控制节点上黄灯。如果稳定或闪烁，重装程序或更换 16CP。如果断电恢复后红灯仍亮，更换 16CP
055	20CP AW－4 故障（AW4－20 故障）	20CP	在 10 s 内压力不在规定值±35 kPa 范围内	运行自检程序。如果通过，通过断电恢复来清除备份模式。如果不能通过，设置到补车。在进车间后更换 20CP	检查制动屏柜后部的软管和风缸
056	20T 故障（20T/拖车故障）	20CP	传感器输出电压大于 4.5 V 或小于 0.5 V	设置到补机模式。单独制动压力有轻微泄漏。在进车间后更换 20CP	
057	MVLT 得电打开	20CP	输出反馈表示得电	可以在备份模式作牵引机车使用，直到进车间。断电恢复后故障仍存在，更换 20CP	
058	MVLT 失电关闭	20CP	输出反馈表示失电	设置到补机。在进车间后更换 20CP	
062	20CN 故障	IPM	20CN 丢失脉冲信号 4 s	保证 LON 网电缆安装牢固，断电恢复。如果故障还存在，设置为补机以气动备份状态使用	检查 20 控制节点上黄灯。如果稳定或闪烁，重装程序或更换 20CP。如果断电恢复后红灯仍亮，更换 20CP
075	自动制动手柄失效	EBV	电位计输出电压小于最小值	设置到补机。更换 EBV	
076	单独制动手柄失效	EBV	电位计输出电压小于最小值	设置到补机。更换 EBV	

续表

故障代码	描述	探测装置	故障原因	改正措施	继续尝试
077	限位开关打开	EBV	自动制动或单独制动手柄故障	将手柄移出故障位置再将手柄移回	更换 EBV
085	EBVCN 故障	IPM	EBVCN 丢失脉冲信号 6 s	保证 LON 网电缆牢固安装在 EBV 连接器和 PSJBJ100 上。断电恢复	检查 EBV 控制节点上黄灯。如果稳定或闪烁,重装程序或更换 EBV。如果断电恢复后红灯仍亮,更换 EBV
090	IPMCN 故障(LON 网通信丢失)	IPM	LON 网信息丢失达 1.5 s	断电恢复	检查 IPM 到 RIM、PSJB 的电缆。如果电缆连接良好,更换 IPM
098	BPT 和 BPT2 故障	IPM	BPT 和 BPT 备份故障	断电恢复。如果故障仍存在,设置系统断电,并按补机备份使用	检查控制节点上黄灯。如果稳定或闪烁,重装程序或更换涉及的 LRU。检查 LON 网电缆连接。如有必要更换 BPCP 和 16CP
099	故障 20TL(20T/本机车故障)	20CP	传感器输出电压大于 4.5 V 或小于 0.5 V	断电恢复。如果故障还存在,设置到补机,使系统断电。在进车间后,更换 20CP	
100	ER 备份并伴有代码 036、051、052	16CP	ER 备份,并有 036、051、052 故障代码所示的故障	设置到补机	

LCDM 事故记录界面如图 4-2 所示。

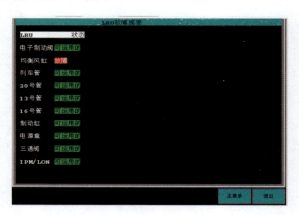

图 4-2　LCDM 事故记录界面

📢 单元思考要点：IPM 诊断故障改正措施

_____

_____

_____

任务小结

计划方案：_____

组织实施：_____

完成效果：_____

姓名_____　地点_____　方式　不脱产□ 半脱产□ 全脱产□ 日期_____

💬 复习思考

1. 简述 CCBⅡ型制动机 IPM 诊断故障处理步骤。
2. 举例说明 CCBⅡ型制动机 IPM 诊断故障改正措施。

▮‖▮ 数字学习资源 ▮‖▮

"CCBⅡ型制动机 IPM 诊断故障改正措施"数字课件。

4.2.3　CCBⅡ型制动机自检故障改正措施

🔲 学习目标

- CCBⅡ型制动机自检故障处理步骤
- CCBⅡ型制动机自检故障改正措施

CCBⅡ型制动机自检故障代码在制动显示屏 LCDM 中显示给操作者，也可在事件/故障记录中查看四位故障代码。系统文件清晰地描述了每个故障代码和自检故障改正措施。

CCBⅡ型制动机自检故障代码改正措施如表 4-2 所示。

表 4-2　CCBⅡ型制动机自检故障代码改正措施

步骤	进行的测试	故障原因	导致失败代码	最可能的原因	改正措施	继续尝试
1	测试 ER 模块，制动主管切除（MV53 电磁阀得电）ER 缓解，充风 ER 到作用阀压力	ER 不在作用阀压力的 ±2 psi 内	1102 在缓解时 ER 控制错误	AW-4 误动作或 ERCP 上控制节点故障	标定 ERT。如果还不恢复，更换 ERCP	检查制动屏柜后面的软管和风缸，ERG 管线及 ER 测试装置的泄漏
2	ER 在缓解时偏离	ER 不在步骤 1 压力的 ±1 psi 内（偏移）	1103 在缓解时 ER 偏移	AW-4 误动作或 ERCP 上控制节点故障	标定 ERT。如果还不恢复，更换 ERCP	检查制动屏柜后面的软管和风缸，ERG 管线及 ER 测试装置的泄漏
3	ER 全制动设置，ER＝FV-26	ER 不在(FV-26 psi) 空气压力的±2 psi 内	1104 在全制动时 ER 控制错误	AW-4 误动作或 ER 上控制节点故障	标定 ERT。如果还不恢复，更换 ERCP	检查制动屏柜后面的软管和风缸，ERG 管线及 ER 测试装置的泄漏
4	ER 在全制动时偏离	ER 不在步骤 3 压力的 ±1 psi 内（全制动偏移）	1105 在全制动时 ER 偏移	AW-4 误动作或 ER 上控制节点故障	标定 ERT。如果还不恢复，更换 ERCP	检查制动屏柜后面的软管和风缸，ERG 管线及 ER 测试装置的泄漏
5	MVER 失电 5 s，接着 MVER 得电。等 2 s 读取 ERT 压力读数	MVER 排气速率不在限制范围（38～52 psi）内	1106 MVER 失电测试（制动率降低）	13CP 塞堵被堵住或 MVER 卡住	检查 13CP 排气塞堵情况（底部）。如果没有堵，更换 ERCP 并标定 ERT	检查制动屏柜后面的软管和风缸，ERG 管线及 ER 测试装置的泄漏；更换 13CP

步骤	进行的测试	故障原因	导致失败代码	最可能原因	改正措施	继续尝试
6	MVER 得电。等 18 s。验证 ER+3，−3	ER 压力从步骤 5 空气压力偏移±3 psi	1107 MVER 得电测试	泄漏（AW−4 线路没有被激活）	检查 ERCP 和 13CP 总管垫泄漏情况；检查软管和总管后面的风缸泄漏情况	检查 ERCP 测试装置泄漏情况；更换 ERCP
7	测试 BP 模块柔性转到列车投入状态。ER 目标：BP+5、MV53 失电					
8	BP 充风。设置 ER＝FV−40。等 30 s；验证 BP+2，−2	BP 不在(FV−40 psi)空气压力的±2 psi 内	1205 BP 控制错误（充风）	BP 泄漏。ERT 或 BPT 标定失误	保证端部塞门是关闭的，标定 ERT 和 BPT	检查 BPCP 的泄漏情况。更换 BPCP
9	MV53/BPCO 切除制动主管，设置 ER＝FV。制动主管不应随均衡风缸增加	BP 不在(FV−40 psi)空气压力的 $^{+3}_{-8}$ psi 内（允许 0.5 psi/SBP 泄漏）	1207 MV53/BPCO 没有切除	MV53/BPCO 没有切除。或 BPCO 关闭不严	标定 ERT 和 BPT。重新运行自检。如果 BP 高于允许范围，更换 BPCP	如果 BP 低于允许范围，找出 CCB Ⅱ型制动机或机车上 BP 泄漏处
10	MV53/BPCO 制动主管投入，验证制动主管大于（FV−30）psi	BP 不大于（FV−30）psi 空气压力	1208 MV53/BPCO 没有接入	MV53/BPCO 没有接入，或制动主管大量泄漏	保证 MR 在 FV 压力以上。保证端部塞门是关闭的	更换 BPCP
11	等 5 s。制动主管完成充风。验证 BP＝ER+3，−3	BP 不在 ER 压力的±3 psi 内	1206 在缓解时 BP 控制错误	标定失败	标定 ERT 和 BPT。重新运行自检。保证端部塞门是关闭的。确保没有 BP 或 BPCP 泄漏	关闭 A、B 端的折角塞门
12	ERT/BPT 在不补风状态下的标定	BPT 不低于 ERT 压力的 4～17 kPa	1212 ERT/BPT 在不补风状态下的标定错误	ERT/BPT 没有正确标定	标定 ERT/BPT	重新标定 BPT 使其压力低于校验表大约 4 kPa
13	低 BP BPCO，设置 ER＝0，等 60 s，验证制动主管在 8.4～14 psi 内	BP 不在 8 到 14 psi 范围内	1209 在 BP 低压时，BPCO 不切除	在 BP 低压力时，BPCO 不切除	标定 BPT，保证端部塞门是关闭的。确保没有 BP 或 BPCP 泄漏	更换 BPCP
14	MVEM 设置制动主管＝40，等 40 s 后切除制动主管，MVEM 得电产生紧急制动。等 5 s，验证制动主管小于 5 psi	BP 大于 5 psi	1210 MVEM 故障	MVEM 故障、PVEM 故障、机车放风阀无动作	如果 BP 到 0 psi，而放风阀不动作，检查放风阀	更换 BPCP。检查制动屏柜后面制动主管排风口是否被堵
15	等 70 s 放风阀复位					
16	EMV 设置 BP＝40，等 40 s，切除制动主管。EMV 得电产生紧急作用，等 5 s，验证制动主管小于 5 psi	BP 大于 5 psi	1211 EMV 故障	EMV 故障、PVEM 故障、IPM 输入/输出故障、接线故障	检查接线和连接器。更换 IPM、RIM。如果还不好，更换 BPCP	拆去从 IPM 到 RIM、PSJB 的电缆。更换 PSJB
17	等 70 s 放风阀复位					
18	20CP 的 LRU 设置 20 号管压力为 55 psi，等 7 s 让 20 号管稳定	20 号管压力不在 50 到 60 psi 之间	1301 20 号管不充风	AW−4 误动作或 20CP 上控制节点故障或平均管泄漏	保证端部塞门是关闭的，平均管没有泄漏。标定 20T。如果还不好，更换 20CP	检查制动屏柜后面的软管和风缸及 20 号管测试装置的泄漏情况

步骤	进行的测试	故障原因	导致失败代码	最可能原因	改正措施	继续尝试
19	排 20 号管压力，等 7 s 让 20 号管排气	20 号管压力大于 5 psi	1302 20 号管不排风	AW-4 误动作或 20CP 上控制节点故障	保证端部塞门是关闭的。标定 20T。如果还不好，更换 20CP	可能是制动屏柜后面泄漏。更换 20CP
20	MVLT 设置 20=55。设置到补机。排放 AW4 压力，等 5 s，读 20TT，验证大于 50 psi	20 号管压力小于 5 psi	1303 MVLT 在本机时卡住	MVLT 故障或 PVLT 在本机时卡住；平均管泄漏	保证端部塞门是关闭的，没有 20 号管泄漏。检查 20CP 垫是否泄露	更换 20CP
21	20 号管排气					
22	测试 13LRU，设置 BP=FV					
23	MVER 失电，13S 失电。等 10 s，制动主管压力下降，产生制动					
24	MVER 得电，停止 ER/BP 减压。MV16 失电，BC 控制压力由备用模式提供。等 5 s，让系统转换。BC 大于 35 psi	BC 压力小于 35 psi	1506 没有 BC 的备用模式	DBTV 故障，或 BCCP 故障，或制动缸泄漏，或 13CP 故障，单缓功能一直作用	检查 BC 和 BCCO 相关管路的泄漏情况。标定 16T 和 BCT。运行自检。替换 DBTV	检查管路柜后面的风缸，以及 16 号管 BC 测试接头的泄漏情况。替换 16CP。替换 BCCP。替换 13CP
25	13S 得电，使 13/BO 管压力等于总风压力，等 10 s。BC 小于 5 psi	BC 大于 5 psi	1401 13 号管没有充风	13 号管、BO 管压力没有增加到 25 psi 以上。DBTV 上的单缓阀故障，没有排掉 16TV 管的压力	若检查 MR 压力大于 25 psi。替换 13CP	检查 13 号管的泄漏情况，或者 13 号过滤器的泄漏情况。替换 DBTV
26	测试 16LRU。缓解自动和单独制动。设置 ER=90 psi					
27	16 号管/BC 充风。设置 BC=72，等 5 s；验证 16 号管在 71~77 psi 内	16 号管压力不在 71~77 psi 内	1503 16 号管不充风	AW-4 误动作或 16CP 上控制节点故障	标定 16T 和 BCT。重新运行自检。如果还不好，更换 16CP	检查制动屏柜后面的软管和风缸，以及 16 号管测试装置的泄漏情况
28	16 号管/BC 充风，设置 BC=72，验证 BC 在 69~75 psi 内	BC 不在 69~75 psi 内	1600 BC 不充风	16CP 上控制节点故障，或 BCT 故障，或制动缸泄漏	标定 16T 和 BCT。检查 BC 和 BCCO 相关管路的泄漏情况。重新运行自检。如果还不好，更换 16CP	如果通过 1503 但未通过 1600，且 BC 没有泄漏，更换 BCCP
29	16 号管/BC 排风。设置 BC=30，等 5 s，验证 16 号管在 28~34 psi 内	16 号管压力不在 28~34 psi 内	1504 16 号管不排风	AW-4 误动作或 16CP 上控制节点故障	标定 16T 和 BCT。检查 BC 和 BCCO 相关管路的泄漏。重新运行自检。如果还不好，更换 16CP	检查制动屏柜后面的软管、风缸，以及 16 号管测试装置、BC 测试装置的泄漏情况
30	16 号管/BC 排风。设置 BC=30，验证制动缸在 27~33 psi 内	BC 压力不在 27~33 psi 内	1601 BC 不排风	AW-4 误动作或 BCCP、BCT 上控制节点故障	检查制动缸泄漏；标定 16T 和 BCT。重新运行自检。如果还不好，更换 16CP	检查制动屏柜后面的软管和风缸及 BC 测试装置的泄漏情况。更换 BCCP

步骤	进行的测试	故障原因	导致失败代码	最可能原因	改正措施	继续尝试
31	设置 ER=FV+1。等 30 s。让 MVER 失电，ER/BP 减压。等 10 s。产生自动制动。让 MVER 得电。让 MV16 失电					
32	BC 备份。转换到 BC 备份（16TV 到 16Vol）。等 5 s，验证 BC 大于 35 psi	BC 小于 35 psi	1506 没有备份 BC	DBTV 故障；BCCP 故障；制动缸泄漏	检查 BC/BCCO 相关管路的泄漏情况。标定 16T 和 BCT。运行自检程序。更换 DBTV	检查制动柜后面的软管、风缸，以及 16 号管测试装置、BC 测试装置的泄漏情况。替换 16CP。替换 BCCP
33	设置 16（AW-4）=0。等 5 s，检查 16T 小于 2.0 psi	16 号管压力大于 2 psi	1505 16 号管不排风到 0	标定错误	标定 16T 和 BCT，重新运行自检	更换 16CP
34	BC 备份。单独缓解。设置 13=MR，等 10 s，设置 13=0；验证 BC 小 5 psi	BC 大于 5 psi	1507 没有备份 BC 单独缓解	没有备份 BC 单独缓解；13 号管压力可能不大于 25 psi	保证端部塞门是关闭的，运行 13CP 自检。如果通过，更换 DBTV	
35	排放辅助风缸小于 ELV 设定值（450 kPa）反复单独缓解					
36	辅助风缸小于 ELV 设定值。切除 BP，激活 MVEM。等 20 s 验证 BC 是在 ELV 设置的 5 psi 内	BC 不在 ELV 设置的 ±5 psi 内	1508 ELV 故障（典型设置为 65 psi）	ELV 设置偏移或故障	更换 16CP	
37	等 20 s 让放风阀复位。测试 BCLRU					
38	MVER 和 MV16 得电。设置 BP=0，BC=0，并应用单独缓解	BP 不小于 15 psi，BC 不小于 2 psi	1204 BP 不排风 1601 BC 不排风			
39	通过 ERBU 设置 BP=30（ERBU 得电，MV16 失电），等 10 s	BP 不大于 5 psi 或 BC 不小于 2 psi	1509 ERBU 将不得电	标定失败；ERBU 不得电	标定 BPT，BCT 和 16T 如果还不好，更换 13CP	更换 16CP
40	恢复 ER 备份（MV16 得电，ERBU 失电），等 10 s	ER 大于 5 psi 或 BC 小于 25 psi	1510 ERBU 将不失电	ERBU 不失电，或泄漏，或制动缸低压泄漏	更换 13CP 或修理制动缸泄漏处	更换 16CP
41	测试 BCLRU（PVPL）					
42	设置 20 号管压力=0，等 3 s					
43	20CP 保压设置 16=40，ERBU 得电，PVPL 打开。等 5 s 使 20 号管压力等于 BC	20 号管压力不在 BC 压力的 ±4 psi 范围内	1602 PVPL 卡住，关闭	PVPL 故障，或通道堵塞	替换 BCCP	检查管路通道
44	ERBU 失电，关闭 PVPL。设置 20 号管排放。等 10 s，20CP 保压。等 3 s，20 号管压力小于 5 psi	20 号管压力大于 5 psi	1603 PVPL 泄漏	PVPL 故障	替换 BCCP	

注：psi 为压强单位（即磅力每平方英寸），1 psi≈6.895 kPa。

LCDM 自检界面如图 4-3 所示。

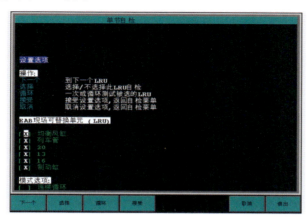

图 4-3　LCDM 自检界面

📢 **单元思考要点：自检故障改正措施**

📟 **榜样标兵：人民铁路为人民**

CCBⅡ型制动机整体呈"T"形，手柄顶端像顶草帽，柄身更为瘦削。制动时，即使是时速 160 km 的列车，也能做到安全、平稳停车。

2012 年 7 月下旬的一天，某机班使用 HXD$_{3C}$ 电力机车牵引 K545 次旅客列车在京九线运行。当列车运行至杨庙—聊城北站间，风卷云涌，突降暴雨。火车司机李××凝眉定睛，瞭望前方。突然数十只羊被雨水浇淋，仓皇乱跑侵入线路。李××没有丝毫犹豫，果断将 CCBⅡ型制动机闸把推到紧急制动位，列车随即安全停车，防止了一起与羊群相撞的铁路交通事故发生。

✏️ **任务小结**

计划方案：_____

组织实施：_____

完成效果：_____

姓名_____ 地点_____ 方式 不脱产☐半脱产☐全脱产☐ 日期 _____

❓ **复习思考**

1. 简述 CCBⅡ型制动机自检故障处理步骤。

2. 举例说明 CCBⅡ型制动机自检故障改正措施。

数字学习资源

"CCBⅡ型制动机自检故障改正措施"数字课件。

任务 4.3　DK-2 型电空制动机故障处理

由于 DK-2 型电空制动机与 DK-1 型电空制动机、CCB Ⅱ 型制动机在结构、性能及操作方法等方面存有不同，因此故障的性质与特征也不尽相同。DK-2 型电空制动机故障一般分为控制电路、阀类部件、管路及操作不当四个方面的故障。

▶ 任务知识点

1. DK-2 型电空制动机故障的分类处理（难点）
2. DK-2 型电空制动机操作不当故障的处理（重点）

▶ 任务技能要求

1. 掌握 DK-2 型电空制动机故障的分类处理
2. 掌握 DK-2 型制动机操作运用故障的处理

4.3.1　DK-2 型电空制动机故障的分类处理

学习目标

- DK-2 型电空制动机的故障分类
- DK-2 型电空制动机各类故障的分类处理

1. DK-2 型电空制动机故障的分类

DK-2 型电空制动机系统框图如图 4-4 所示。

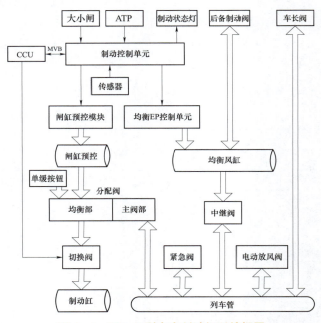

图 4-4　DK-2 型电空制动机系统框图

1）控制电路故障

DK–2 型电空制动机的操纵与转换控制系统采用电控方式，因此常出现一些控制电路故障。例如：接线头、插座、插头的虚接和电子元件的虚焊等会造成控制装置的错误指令；而开关接点不良，电空阀线圈断路和控制导线的短路、接地等，会造成执行部件不动作的故障。

事件记录界面如图 4–5 所示。

2）阀类部件故障

阀类部件的故障会直接影响气路的状态与作用。阀类故障大多发生在阀类部件内的滑动件上。例如：由于缺少油脂润滑，各种活塞和分配阀的滑阀、节制阀会出现卡滞，造成风路不能沟通；由于动作频繁和老化等原因，弹簧件会失效，影响阀类部件的正常动作；由于橡胶件会出现龟裂造成窜风和漏风，使阀类部件不能动作或性能下降；同样阀类部件内的小孔堵塞也会影响阀类部件的作用。

图 4–5　事件记录界面

3）管路及连接部分故障

这类故障的表现一般比较明显，主要表现为堵塞、窜风和泄漏，也有部分阀座内部暗孔漏泄引起的窜风。例如：管道内部混合的机械杂质会在管道弯曲部分或变径处造成堵塞；管接头和部件安装面发生泄漏现象。

4）操纵不当造成的故障

DK–2 型电空制动机是一个比较复杂的系统。机车乘务员在使用机车前，必须全面学习并掌握 DK–2 型电空制动机的组成、功能与综合作用，并按照制动系统的操作方法来规范操纵机车。如果违反操作规范或操作不当，也会使制动系统出现故障。例如：塞门开闭不对、重联装置位置不对、非操纵端大闸及小闸的手柄位置不对、后备制动塞门位置不对，都会造成制动系统不能正常工作。

2. 故障的分类处理

必须熟知 DK–2 型电空制动机的控制电路和空气管路，而且要熟练掌握各部件的内部结构、作用原理和制动机的操作方法，以便快速、准确地判断、处理故障。

对机车制动系统所出现的故障大致判断一下，按故障原因进行故障的准确分类。例如：通过观察电空阀、压力开关动作是否正常，可以把故障区分成电路或气路故障。

对每一种故障现象，可以根据经验从最易发生故障的地方入手查找并处理故障；也可以有针对性地、系统地进行分析，并按照电路或气路顺序逐项查找并处理故障。

> 📢 单元思考要点：DK–2 型电空制动机故障的分类处理
>
> _____
>
> _____
>
> _____
>
> _____

📖 **事故案例：制动机故障处理不当，造成列车分部运行**

2018 年 7 月 28 日，××机班担当 28407 次货物列车牵引任务，列车总重 4 320 t、辆数 216、计长 237.6 m。当列车运行至回风至原平南时，列车管自动减压，司机立即将手柄置回 0 位，并将大闸置于中立位，随着列车管排风不止致使列车被迫停车。机班按 2 万 t 列车不明原因起非常进行相应处置，停车后关闭塞门，单机试验正常，分解运行维持至原平南停车处理。

事后通过监控文件、机车数据、乘务员作业的过程分析，机班人员对列车起非常和自动减压判别不清楚，错误判断故障为列车非常制动停车。对由于因主控机车操纵节 BCU 发生瞬间掉电，导致主控机车常用速率减压故障判断不明；加之由于通信中断，从控机车也会跟随主控机车减压的判断也不及时，导致按 2 万 t 列车不明原因起非常故障进行了错误处理，从而造成列车被迫分部运行。

✏️ **任务小结**

计划方案：＿＿＿＿＿＿＿＿＿＿＿＿＿＿＿＿＿＿＿＿＿＿

组织实施：＿＿＿＿＿＿＿＿＿＿＿＿＿＿＿＿＿＿＿＿＿＿

完成效果：＿＿＿＿＿＿＿＿＿＿＿＿＿＿＿＿＿＿＿＿＿＿

姓名＿＿＿＿＿＿ 地点＿＿＿＿＿＿＿＿ 方式 不脱产□半脱产□全脱产□ 日期＿＿＿＿＿＿

💬 **复习思考**

1. 简述 DK-2 型电空制动机故障的分类。
2. 如何进行 DK-2 型电空制动机故障的分类处理？

◣◣ **数字学习资源** ◢◢

1. "DK-2 型电空制动机故障处理方法" 数字课件。
2. "DK-2 型电空制动机故障的分类处理" 微课。

4.3.2　DK-2 型电空制动机操作不当故障的处理

📖 **学习目标**

- DK-2 型电空制动机操作不当故障的判断
- DK-2 型电空制动机操作不当故障的处理方法

DK-2 型电空制动机原理图如图 4-6 所示。

1. 制动机启动后，操作大、小闸，制动机没有反应

1）可能原因

（1）大小闸电源开关未闭合。

（2）制动机未解锁。

2）解决方法

（1）闭合大小闸电源开关。

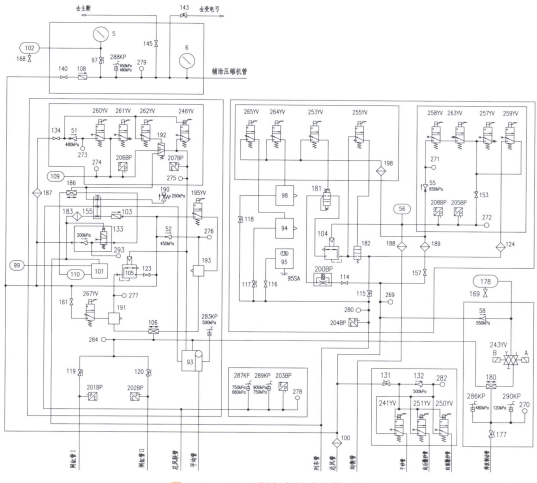

图 4-6　DK-2 型电空制动机原理图

（2）确保非操作节大闸至重联位，小闸至运转位，机械锁闭钥匙被拔出。

（3）将操作节大闸置重联位 3 s 解锁。

2. 制动机解锁成功后，大闸置运转位，但列车管不充风

1）可能原因

（1）电空制动总风塞门 157 处于关闭位。

（2）中继阀列车管塞门 115 处于关闭位。

（3）机车紧急制动按钮按下后，未手动复位。

2）解决方法

（1）将 157 塞门置开通位。

（2）将 115 塞门置开通位。

（3）将机车紧急制动按钮手动复位。

3. 制动机解锁成功后，大闸置运转位，均衡风缸不充风

1）可能原因

电空转换阀 153 置空气位。

2）解决方法

将 153 置正常位。

4. 将大闸置制动区，制动缸不产生制动作用

1）可能原因

（1）制动缸塞门 119、120 处于关闭位。

（2）工作风缸初充风未充满。

2）解决方法

（1）将 119、120 塞门置打开位。

（2）大闸至运转位 90 s 以上，再进行制动操作。

5. 大闸紧急制动后，操作大闸置运转位，列车管不能充风（非单机模式下）

1）可能原因

制动机紧急状态未解除。

2）解决方法

机车紧急制动而且机车速度为 0 时，制动显示屏将提示紧急解锁倒计时。倒计时 60 s 后，需将大闸手柄置紧急位后移回运转位充风解锁。由其他原因引起机车紧急制动时，也需按上述程序进行解锁。

6. ATP 或 CCU 发出惩罚制动，制动机施加惩罚制动后，列车管无法缓解至定压

1）可能原因

（1）惩罚源没有消除。

（2）制动机惩罚状态未解除。

2）解决方法

（1）确保惩罚源消除，如果惩罚源一直存在且机车需要临时动车，可以临时将 BCU 上 ATP 钮子开关拨至"ATP 切除"，切除惩罚源。

（2）惩罚源消除后，需要将自动制动手柄置于重联位 3 s，制动机才能完成解锁。

7. 制动柜中电动放风阀 94 或电动放风阀 98 排风不止

1）可能原因

（1）机车紧急制动按钮按下后，未手动复位。

（2）电动放风阀 94 或电动放风阀 98 故障。

2）解决方法

（1）将机车紧急制动按钮手动复位。

（2）电动放风阀 94 故障可通过关闭塞门 117 隔离，电动放风阀 98 故障可通过关闭塞门 118 隔离。塞门 117 或 118 关闭，显示屏会有相应提示。

8. 制动显示屏提示"请确认钮子开关状态"消息

1）可能原因

人为改变了 BCU 钮子开关状态。

2）解决方法

当制动显示屏出现"请确认钮子开关状态"消息提示，并确认钮子开关状态正确后，在操作端显示屏上按确认键。如未按下确认键，制动显示屏将不会出现其他消息提示，影响制动机正常操作。

📢 **单元思考要点：DK-2型电空制动机故障处理方法**

✍ **任务小结**

计划方案：_____

组织实施：_____

完成效果：_____

姓名_____　地点_____　方式 不脱产□半脱产□全脱产□日期 _____

❓❓❓ **复习思考**

1. 简述 DK-2 型电空制动机操作不当故障的判断方法。

2. 举例说明 DK-2 型电空制动机操作不当故障的处理方法。

▌ **数字学习资源** ▶

"DK-2 型电空制动机操作不当故障的处理" 数字课件。

模块 **5**

电力机车制动系统试验方法

    机车制动机系统的试验、验收操作，是通过控制制动控制器手柄在各工作位置间的转换，观察压力表数值的变化情况，去分析、判断制动系统及其各部件的性能是否处于良好状态。电力机车制动机装车前试验在制动机试验台上进行，装车后试验通常在单机上进行。

模块学习要求

1. 掌握 DK-1 型电空制动机验收规则与试验方法
2. 掌握 CCBⅡ 型制动机验收规则与试验方法
3. 熟知 DK-2 型电空制动机验收规则与试验方法

任务 5.1　DK-1 型电空制动机试验方法

    DK-1 型电空制动机主要包括检修试验和日常试验。其中的检修试验即"八步闸"试验，日常试验即"五步闸"试验。

▶ 任务知识点

1. DK-1 型电空制动机验收规则（重点）
2. DK-1 型电空制动机试验方法（重点）

▶ 任务技能要求

1. 掌握 DK-1 型电空制动机验收规则
2. 掌握 DK-1 型电空制动机试验方法

5.1.1　DK-1 型电空制动机检修试验

📖 学习目标

- DK-1 型电空制动机验收规则
- DK-1 型电空制动机检修试验方法

1. 试验前的检查

（1）确认各管路和电路连接正确。

（2）确认各塞门及有关电路开关处于正常工况。

（3）确认空气压缩机工作正常。

（4）确认非操纵节机车电空制动控制器处于重联位，空气制动阀处于运转位。操纵节机车电空制动控制器、空气制动阀手柄均置运转位。

（5）确认两节机车空气制动阀上的电空转换扳键在正常位。

📢 单元思考要点：DK-1 型电空制动机检修试验

　
　
　

2. "八步闸试验"操作步骤与验收要求

DK-1 型电力机车电空制动机"八步闸试验"见表 5-1。

表 5-1　DK-1 型电力机车电空制动机"八步闸试验"

序号	电空制动控制器						空气制动阀				检查要求（列车管定压 500 kPa）
	过充位	运转位	中立位	制动位	重联位	紧急位	缓解位	运转位	中立位	制动位	
第一步		1		2 5			3	4			（1）列车管、均衡风缸、总风缸均为规定压力；制动缸压力为 0； （2）列车管压力 3 s 内降为 0；制动缸压力 5 s 内升至 400 kPa，最高压力达到 450 kPa；自动撒砂；有级位时切除主断； （3）同时下压手柄，制动缸压力应能缓解到 0； （4）制动缸压力不得回升； （5）列车管压力充至 480 kPa 的时间在 9 s 内
第二步			6 7 8 9 10								（6）列车管减压 40～60 kPa 后，均衡风缸、列车管的泄漏量分别不大于 5 kPa/min、10 kPa/min； （7）列车管减压 40～60 kPa，制动缸压力为 90～130 kPa； （8）列车管减压 100 kPa，制动缸压力为 240～270 kPa； （9）列车管减压 140 kPa，制动缸压力为 340～380 kPa； （10）列车管减压 190～240 kPa 时，制动缸压力变化不大于 10 kPa/min
第三步	11	12									（11）均衡风缸压力为定压，列车管压力为过充压力（定压+30～40 kPa），制动缸不缓解； （12）120～180 s 过充压力消除，列车管恢复定压，制动缸压力应缓解为 0
第四步		15	13 14								（13）均衡风缸减压 140 kPa 的时间为 5～7 s，制动缸压力升至 340～380 kPa 的时间为 6～8 s； （14）关断分配阀供给塞门，制动缸的泄漏量不大于 10 kPa/min； （15）制动缸压力由 340～380 kPa 降至 40 kPa 的时间不大于 7 s，均衡风缸、列车管恢复定压

续表

序号	电空制动控制器						空气制动阀				检查要求（列车管定压 500 kPa）
	过充位	运转位	中立位	制动位	重联位	紧急位	缓解位	运转位	中立位	制动位	
第五步								16 / 17 / 18 / 19			（16）阶段制动作用应稳定、正常； （17）阶段缓解作用应稳定、正常； （18）制动缸压力由 0 升至 280 kPa 的时间不大于 4 s； （19）制动缸压力由 300 kPa 降至 40 kPa 的时间不大于 5 s
第六步		20						21			（20）均衡风缸、列车管减压后保压； （21）在本务节机车制动缸压力为 250 kPa 时，重联节机车制动缸压力应为 225～275 kPa； 注：（1）～（20）项检查中，重联节机车制动机的制动与缓解应与本务节机车制动机协调一致
第七步	22 / 23 / 24 / 25										（22）按压充气按钮，均衡风缸与列车管压力同时上升，并超过定压 100 kPa；松开该按钮，迅速按下消除按钮，均衡风缸与列车管压力停止上升，并略有下降； （23）司机控制器换向手柄置于"制"位，调速手柄离开"0"位，列车管应减压（45±5）kPa，且制动缸升压。延时 20～28 s 后，列车管应自动恢复定压，制动缸压力自动缓解； （24）开放列车管手动放风塞门，应产生紧急制动，并不得自动缓解； （25）切断电空制动电源，应产生常用制动；闭合电源，制动机恢复正常
第八步	空气位操作程序： （1）将电空转换扳键扳至空气位； （2）将调压阀 53 调至定压； （3）空气位试验完毕后将电空转换扳键复位至电空位						26 / 27 / 28 / 29 / 30				（26）同时下压手柄，列车管、均衡风缸皆为定压，制动缸压力为 0； （27）均衡风缸减压 140 kPa 的时间为 5～7 s，制动缸压力升至 340～380 kPa 的时间为 6～8 s； （28）下压手柄，制动缸压力应能缓解；停止下压手柄，制动缸压力停止下降； （29）均衡风缸、列车管恢复定压； （30）阶段制动作用应稳定

拓展知识：列车制动机试验

1. 全部试验

列检所无列车制动机的地面试验设备或该设备发生故障时，机车将列车充满风后，司机应根据检车员的要求进行试验。

（1）自阀减压 50 kPa（编组 60 辆及以上时为 70 kPa）并保压 1 min，对列车制动机进行感度试验，全列车必须发生制动作用，并不得发生自然缓解；手柄移至运转位后，全列车须在 1 min 内缓解完毕。

（2）自阀施行最大有效减压（列车管定压 500 kPa 时为 140 kPa，定压 600 kPa 时为 170 kPa），对列车制动机进行安定试验，以便检车员检查列车制动机，要求不发生紧急制动，并检查制动缸活塞行程是否符合规定。司机检查制动管泄漏量，其压力下降每分钟不得超过 20 kPa。

2. 简略试验

列车管达到规定压力后，自阀施行最大有效减压并保压 1 min，测定列车管贯通状态，检车员、车站值班员或有关人员检查确认列车最后一辆车发生制动作用；司机检查列车管泄漏量，其压力下降每分钟不得超过 20 kPa。

3. 持续一定时间的保压试验

在长大坡道前方的列检所需进行持续一定时间的保压试验时，应在列车制动机按全部试验方法试验后，自阀减压 100 kPa 并保压 3 min，列车不得发生自然缓解。

📝 任务小结

计划方案：＿＿＿＿＿＿＿＿＿＿＿＿＿＿＿＿＿＿＿＿＿＿＿＿＿＿＿＿＿＿＿＿＿＿＿＿

组织实施：＿＿＿＿＿＿＿＿＿＿＿＿＿＿＿＿＿＿＿＿＿＿＿＿＿＿＿＿＿＿＿＿＿＿＿＿

完成效果：＿＿＿＿＿＿＿＿＿＿＿＿＿＿＿＿＿＿＿＿＿＿＿＿＿＿＿＿＿＿＿＿＿＿＿＿

姓名＿＿＿＿＿＿ 地点＿＿＿＿＿＿ 方式 不脱产□半脱产□全脱产□ 日期＿＿＿＿＿＿

❓❓❓ 复习思考

1. 简述 DK-1 型电空制动机试验前的准备工作。
2. 简述 DK-1 型电空制动机检修试验的步骤及检查要求。

▮▮ 数字学习资源 ◣

"DK-1 型电空制动机检修试验"数字课件。

5.1.2 DK-1 型电空制动机单机日常试验

📘 学习目标

● DK-1 型电空制动机验收规则
● DK-1 型电空制动机单机日常试验方法

在机车乘务员日常运用的交接班过程中，只进行单机日常试验。其试验步骤、检查要求按 DK-1 型电空制动机"五步闸试验"进行，如表 5-2 所示。

表 5-2　DK-1 型电空制动机"五步闸试验"

序号	电空制动控制器						空气制动阀				检查要求
	过充位	运转位	中立位	制动位	重联位	紧急位	缓解位	运转位	中立位	制动位	
第一步		1　　2		5			3　4				（1）列车管、均衡风缸、总风缸均为规定压力；制动缸压力为 0； （2）列车管压力 3 s 内降为 0；制动缸压力 5 s 内升至 400 kPa，最高压力达到 450 kPa；自动撒砂；有级位时切除主断； （3）同时下压空气制动阀手柄，制动缸压力应缓解到 0； （4）制动缸压力不得回升； （5）列车管压力充至 480 kPa 的时间在 9 s 内
第二步			6 7								（6）均衡风缸常用最大有效减压量的时间为 5～7 s；制动缸压力升至 340～380 kPa 的时间为 6～8 s； （7）均衡风缸、列车管的泄漏量分别不大于 5 kPa/min、10 kPa/min
第三步	8 9										（8）均衡风缸压力为定压，列车管压力为过充压力（定压 +30～40 kPa），制动缸压力不变； （9）120～180 s 过充压力消除，列车管恢复定压，制动缸压力应缓解为 0
第四步								10 11 12			（10）制动缸压力由 0 升至 280 kPa 的时间在 4 s 内，最终达到 300 kPa； （11）制动缸压力不变； （12）制动缸压力由 300 kPa 降至 40 kPa 的时间在 5 s 内
第五步	空气位操作程序： （1）将电空转换扳键扳至空气位； （2）将调压阀 53 调至定压； （3）空气位试验完毕后将电空转换扳键复位至电空位						13　　14 15 16				（13）同时下压空气制动阀手柄，列车管、均衡风缸皆为定压，制动缸压力为 0； （14）均衡风缸减压 140 kPa 的时间为 5～7 s； （15）均衡风缸、列车管、制动缸的泄漏量分别不超过 5 kPa/min、10 kPa/min、10 kPa/min； （16）均衡风缸、列车管恢复定压

拓展知识：动车组以外的列车自动制动机全部试验时机

（1）解体列车到达后，施行一次到达全部试验；编组列车始发前，施行一次始发全部试验；有调车作业中转列车到达后，首先施行到达全部试验，发车前只施行始发全部试验中的漏泄试验。

（2）货车特级列检和安全保证距离在 500 km 左右的一级列检对无调车作业中转列车始发前施行一次始发全部试验。

（3）无列检作业场车站始发的列车，在途经第一个列检作业场进行无调车中转技术检查作业时施行一次始发全部试验。

（4）列检作业场对运行途中自动制动机发生故障的到达列车。

（5）旅客列车库内检修作业。

（6）在有列检作业的车站折返的旅客列车。

站内设有试风装置时，应使用列车试验器试验，连挂机车后只做简略试验。对装有空气弹簧等装置的旅客列车应同时检查辅助用风系统的泄漏。

📢 单元思考要点：DK-1 型制动机单机日常试验

📝 **任务小结**

计划方案：_____

组织实施：_____

完成效果：_____

姓名_____　地点_____　方式 不脱产☐ 半脱产☐ 全脱产☐ 日期 _____

??? **复习思考**

1. 简述 DK-1 型电空制动机试验前的准备工作。
2. 简述 DK-1 型电空制动机单机日常试验的步骤及检查要求。

▌▌▌ **数字学习资源** ◢◢

1. "DK-1 型电空制动机单机日常试验"数字课件。
2. "DK-1 型电空制动机'五步闸试验'"微课。

任务 5.2　CCBⅡ型制动机试验方法

机车乘务员接车后需要根据任务对 CCBⅡ型制动机进行设置，按照操作流程进行加电作业，并利用制动显示器 LCDM 进行单机日常检查作业，即 CCBⅡ型制动机的"五步闸试验"。

▶ **任务知识点**

1. CCBⅡ型制动机试验规则（重点）
2. CCBⅡ型制动机日常检查试验（重点）

▶ **任务技能要求**

1. 掌握 CCBⅡ型制动机试验规则
2. 掌握 CCBⅡ型制动机日常试验方法

📕 **学习目标**

● CCBⅡ型制动机的试验规则
● CCBⅡ型制动机日常试验方法

机车乘务员对CCBⅡ型制动机本机、单机、补机等模式进行设置，利用电空模式、空气备份模式进行操作，及时发现存在的隐患、问题，提升自己运用和维护CCBⅡ型制动机的能力，并为运用、检修等部门提供运用经验与技术数据支持。

1. CCBⅡ型制动机试验前的准备工作

LCDM主界面如图5-1所示。指示器如图5-2所示。

图5-1 LCDM主界面　　　　　　　　　　　　　　　　图5-2 指示器

（1）制动显示屏LCDM初始化正常，模式设置为本机、货车、不补风，管压500 kPa（客车600 kPa）。

（2）确认总风缸压力为825～900 kPa，均衡风缸、制动主管压力为500 kPa，制动缸压力为0。

（3）缓解弹停装置，确认弹停指示灯熄灭，弹停指示器为绿色。

（4）电子制动阀EBV自动制动手柄、单独制动手柄置运转位。

2. CCBⅡ型制动机日常检查试验

CCBⅡ型制动机"五步闸试验"如表5-3所示。

表5-3 CCBⅡ型制动机"五步闸试验"

序号	设置	自动制动手柄							单独制动手柄				检查要求
		运转位	初制位	制动位	全制位	抑制位	重联位	紧急位	侧缓位	运转位	制动位	全制位	
第一步	本机/不补风												（1）总风压力为750～900 kPa，制动缸压力为0，均衡风缸压力为500 kPa，制动主管压力为500 kPa； （2）制动主管压力在3 s内降为0，制动缸压力在3～5 s内升至200 kPa，并继续增压至450 kPa，均衡风缸压力降为0，紧急制动倒计时60 s开始； （3）制动缸压力下降为0，手柄复位后制动缸压力恢复； （4）60 s倒计时结束后操作，制动主管、均衡风缸、制动缸压力不变

续表

序号	设置	自动制动手柄							单独制动手柄				检查要求
		运转位	初制位	制动位	全制位	抑制位	重联位	紧急位	侧缓位	运转位	制动位	全制位	
第二步	本机／不补风												（5）均衡风缸增压至 500 kPa，制动主管增压至 480 kPa 不大于 9 s，制动缸压力下降为 0； （6）等 60 s 使系统各风缸充满风； （7）均衡风缸在 5～7 s 减压到 360 kPa，制动主管减压到均衡风缸压力±10 kPa，制动缸 6～8 s 增压到 360 kPa； （8）保压 1 min，均衡风缸压力泄漏不大于 7 kPa，制动主管压力泄漏不大于 10 kPa，制动缸压力变化不大于 25 kPa； （9）各压力无变化； （10）均衡风缸增压至 500 kPa，制动主管压力为 500 kPa，制动缸压力下降为 0
第三步	本机／不补风												（11）充满风后，均衡风缸减压 50 kPa，制动主管减压到均衡风缸压力的±10 kPa，制动缸增压到 70～110 kPa； （12）制动缸压力下降为 0，手柄复位后制动缸压力不恢复； （13）均衡风缸以常用制动速率降为 0，制动主管减压至 55～85 kPa 后保持，制动缸增压至 450 kPa； （14）均衡风缸增压至 500 kPa，制动主管压力为 500 kPa，制动缸压力下降为 0
第四步	本机／不补风												（15）阶段制动，制动缸压力阶段上升，全制动制动缸压力为 300 kPa； （16）阶段缓解，制动缸压力阶段下降，运转位制动缸压力下降为 0； （17）制动缸在 2～3 s 上升到 280 kPa，最终为（300±15）kPa； （18）制动缸压力在 3～5 s 降到 35 kPa 以下； （19）均衡风缸减压 100 kPa，制动主管减压到均衡风缸压力的±10 kPa，制动缸增压到 230～250 kPa
第五步	单机												（20）均衡风缸减压 140 kPa，制动主管压力保持不变，制动缸压力保持不变； （21）制动缸压力下降为 0，手柄复位后制动缸压力不恢复； （22）均衡风缸增压至 500 kPa，制动主管压力保持不变，制动缸压力保持不变； （23）制动缸压力在 2～3 s 上升到 280 kPa，最终为 300 kPa； （24）制动缸压力在 3～5 s 降到 35 kPa 以下

📢 单元思考要点：CCBⅡ型制动机试验方法

拓展知识：动车组以外的列车自动制动机简略试验时机

（1）始发列车、中转作业列车连挂机车后。

（2）客车列检作业后和旅客列车始发前。

（3）更换机车或更换机车乘务组时。

（4）无列检作业的始发列车发车前。

（5）列车软管有分离情况时。

（6）列车停留超过 20 min 时。

（7）列车摘挂补机，或第一机车的自动制动机损坏交由第二机车操纵时。

（8）机车改变司机室操纵时。

（9）单机附挂车辆时。

（10）列车进行摘、挂作业开车前。

任务小结

计划方案：_____

组织实施：_____

完成效果：_____

姓名_____ 地点_____ 方式 不脱产□ 半脱产□ 全脱产□ 日期

复习思考

1. 简述 CCBⅡ型制动机试验前的准备工作。

2. 简述 CCBⅡ型制动机日常检查试验的步骤及要求。

数字学习资源

"CCBⅡ型制动机日常检查试验"数字课件。

任务 5.3　DK-2 型电空制动机试验方法

DK-2 型电空制动机是一种具备微机模拟控制、网络通信、故障智能诊断等信息化功能的机车制动机，主要利用"八步闸试验"检查此制动机的技术指标与运用性能。

任务知识点

1. DK-2 型电空制动机试验规则（重点）

2. DK-2 型电空制动机日常检查试验（重点）

任务技能要求

1. 掌握 DK-2 型电空制动机试验规则

2. 掌握 DK-2 型电空制动机日常试验方法

- DK-2 型电空制动机的试验规则
- DK-2 型电空制动机日常试验方法

　　闭合电空制动电源约 40 s，待制动机状态指示灯长亮后，确认微机显示屏和制动显示屏上无制动系统故障信息显示，将制动控制器自动制动手柄置于重联位 3 s 再放回运转位。

　　总风缸压力大于或等于 750 kPa，施加停放制动。

1. 电空位试验前的检查准备

（1）制动机功能选择开关设置在"不补风""定压 600""ATP 投入""空电联合投入"。

（2）制动柜重联阀转换按钮：操纵节，置于本机位；非操纵节，置于补机位。

（3）分配阀缓解塞门 156：操纵节，打开；非操纵节，关闭。

（4）转换阀 153：正常位。

（5）无火塞门 155 关闭位，无火安全阀塞门 139 关闭位，其他所有塞门都应处于开放位。

（6）制动控制单元数码管将显示"BCU"。

2. 空气位试验前的检查准备

（1）将操纵节司机室后备制动模块（见图 5-3）上的后备塞门打开，此时操纵节的制动机会自动断电。

（2）将制动柜转换阀 153 转至空气位。

（3）调整后备制动调压阀，使其输出压力为列车管的定压。

（4）操作后备制动控制手柄，将手柄往上推对机车进行制动，将手柄往下压施行机车的缓解。按压后备制动单缓按钮可以单缓机车。

　　确定总风缸、均衡风缸、列车管、制动缸压力正常后，即可进行后备制动的试验。

图 5-3　后备制动模块

3. DK-2 型电空制动机检查试验

DK-2 型电空制动机"八步闸试验"如表 5-4 所示。

表5-4 DK-2型电空制动机"八步闸试验"

序号	电空制动控制器 过充位	运转位	中立位	制动位	重联位	紧急位	空气制动阀 缓解位	运转位	中立位	制动位	检查要求（列车管定压600 kPa）
第一步		1、5				2	3、4				（1）列车管、均衡风缸、总风缸均为规定压力；制动缸压力为0； （2）列车管压力3 s内降为0；制动缸压力5 s内升至400 kPa，最高压力达到（450±10）kPa；分配阀安全阀喷气。自动撒砂；有牵引级位时切除主断路器； （3）空气制动阀移至缓解位，制动缸压力应缓解到0； （4）制动缸压力不得回升
第二步			6、7、8、9、10								（5）列车管由0升至580 kPa的时间为22 s； （6）列车管减压40～60 kPa后保压，均衡风缸泄漏量每分钟不大于5 kPa，列车管泄漏量每分钟不大于10 kPa； （7）列车管减压40～50 kPa，制动缸压力为90～130 kPa； （8）列车管减压100 kPa，制动缸压力为240～270 kPa； （9）列车管减压170 kPa，制动缸压力为400～435 kPa； （10）列车管最大减压量为210～290 kPa时，制动缸压力变化每分钟不大于10 kPa
第三步	11、12										（11）均衡风缸压力为定压，列车管压力超过定压30～40 kPa，制动缸不缓解； （12）120～180 s过充压力消除，列车管恢复定压，制动缸压力应缓解为0
第四步		13、14、15									（13）均衡风缸减压170 kPa的时间为6～8 s，制动缸压力升至400～435 kPa的时间为7～9.5 s； （14）关断分配阀供给塞门，制动缸的泄漏量每分钟不大于10 kPa； （15）制动缸压力由400～435 kPa降至40 kPa的时间不大于8.5 s，均衡风缸、列车管恢复定压
第五步								16、17、18、19			（16）阶段制动作用应稳定、正常； （17）阶段缓解作用应稳定、正常； （18）制动缸压力由0升至280 kPa的时间不大于4 s； （19）制动缸压力由300 kPa降至40 kPa的时间不大于5 s
第六步		20							21		（20）列车管、均衡风缸应减压后保压； （21）本务节机车制动缸压力为250 kPa时，重联节机车制动缸压力应为225～275 kPa； 注：（1）～（20）项检查中，重联节机车制动机的制动与缓解应与本务节机车制动机一致
第七步		22、23									（22）拉手动放风塞门，应产生紧急制动，并不得自动缓解； （23）切断电空制动电源，应产生常用制动；闭合电源，制动机恢复正常

续表

序号	电空制动控制器						空气制动阀				检查要求 （列车管定压 600 kPa）
	过充位	运转位	中立位	制动位	重联位	紧急位	缓解位	运转位	中立位	制动位	
第八步									24 25 26 27 28		（24）列车管、均衡风缸、总风缸均为定压，制动缸压力为 0，并下压手柄； （25）均衡风缸减压 170 kPa 的时间为 6～8 s，制动缸压力升至 400～435 kPa 的时间为 7～9.5 s； （26）下压单缓按钮，制动缸压力应能缓解；停止下压，制动缸压力恢复定压； （27）均衡风缸、列车管恢复定压； （28）阶段制动作用应稳定。 注：（24）～（28）空气位操作，应按操作规程由电空位转至空气位，试验后，应恢复电空位

📢 **单元思考要点：DK-2 型电空制动机试验方法**

🖥️ **榜样标兵：率先垂范，责任当先，勇于创新，功不忘公**

　　"一定二判三调整，长梁山内现真身。巨龙出宫势不挡，不足五十东风偿。若是龙牛……" 2017 年，一首名为"两万吨操纵歌"的自创歌曲和两万吨列车操纵自编动画，让司乘人员对两万吨列车安全操控有了更深的理解，也使得两万吨列车平稳操纵办法更为规范。

　　学不忘众，功不忘公。获中央企业"劳动模范"称号的黄××不辞辛苦，无私奉献，积极投身于列车操纵平稳技术研究、DK-2 型电空制动机两万吨重载列车试验等创新之中，其凭着丰富的行车经验和过硬的驾驶技术，带头攻克操纵技术推广应用中的重大难题，带头制作采用全息技术的信息化学习软件，为铁路"重载梦"作出了突出的贡献。

✍️ **任务小结**

计划方案：_____

组织实施：_____

完成效果：_____

姓名_____　地点_____　方式 不脱产□ 半脱产□ 全脱产□ 日期_____

💬 **复习思考**

1. 简述 DK-2 型电空制动机试验前的准备工作。

2. 简述 DK-2 型电空制动机试验的步骤及检查要求。

数字学习资源

　　"DK-2 型电空制动机试验方法"数字课件。

模块 6

电力机车制动系统基础制动装置的操作方法

机车基础制动装置由制动缸、制动传动装置、闸瓦装置及闸瓦间隙调整装置等组成。电力机车主要采用单元式、单侧制动结构形式，使用闸瓦制动与盘型制动的方式，并在每个转向架安装一套带弹簧停车装置的单元制动器。

模块学习要求

1. 掌握 SS 系列电力机车基础制动装置的结构、组成
2. 掌握 SS 系列电力机车基础制动装置的操作方法
3. 掌握 HX 系列电力机车基础制动装置的结构、组成
4. 掌握 HX 系列电力机车基础制动装置的操作方法

任务 6.1　SS 系列电力机车基础制动装置

SS 系列电力机车采用以制动器箱体为基础，将制动缸、传动装置安装于箱体内部，闸瓦装置安装于箱体外部的一种基础制动装置。该装置主要由单元制动器、停放制动装置等组成，用以提高机车的制动效率与停放制动的可靠性。

任务知识点

1. 单元制动器的结构、组成（重点）
2. 单元制动器的工作原理（难点）
3. 停放制动装置的结构、组成与工作原理（难点）
4. 停放制动装置的操作方法（重点）

任务技能要求

1. 熟知单元制动器的结构、组成
2. 掌握单元制动器的工作原理
3. 掌握停放制动装置的结构、组成与工作原理
4. 掌握停放制动装置的操作方法

6.1.1　SS 系列电力机车单元制动器

学习目标

- 单元制动器的结构、组成
- 单元制动器的工作原理

SS 系列电力机车基础制动装置均采用独立箱式单元制动器，主要由制动缸、杠杆传动系统、闸瓦间隙自动调整装置和闸瓦装置等组成。

1. SS 系列电力机车单元制动器的结构、组成

1）箱体

箱体为钢板电焊结构，制动各单元部件分别安装于箱体的内、外部。箱体内安装制动杠杆和闸瓦间隙自动调整器，箱体外安装制动缸、闸瓦托及闸瓦。

2）制动缸

制动缸亦称闸缸，用于产生制动原力。其主要由缸体、活塞、活塞杆及缓解弹簧等组成。

3）制动传动装置

根据传动放大系统工作原理，制动传动装置主要由制动缸活塞、推杆、制动杠杆、可调传动杆、闸瓦托杆等组成。

4）闸瓦装置

闸瓦装置主要由闸瓦托、闸瓦钎、闸瓦定位弹簧及闸瓦等组成。

5）闸瓦间隙调整装置

闸瓦间隙调整装置采用了不自锁螺纹的自动调整方式，由导向套、调整弹簧、传动螺杆、导向螺母及调整挡等组成。在机车运用过程中，为了保证闸瓦与车轮踏面的间隙在规定的范围内，该装置具有自动补偿闸瓦磨耗间隙的功能。

SS₉ 型电力机车基础制动装置采用 JDYZ－4A 型和 JDYZ－4B 型两种结构形式的单元制动器（见图 6–1），JDYZ–4B 型可通过拉杆、水平杠杆、竖杠杆和连杆与停车制动装置连接，该单元制动器具有结构紧凑，制动效率高，制动性能可靠等特点。

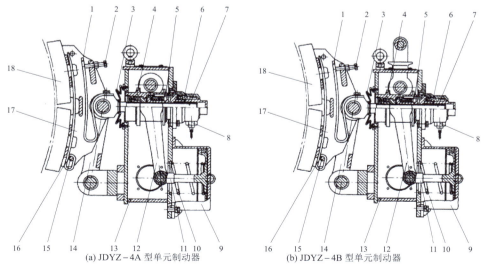

(a) JDYZ–4A 型单元制动器　　(b) JDYZ–4B 型单元制动器

1—闸瓦定位弹簧；2—调整螺钉；3—防尘罩；4—闸瓦间隙调整机构；5—引导机构；6—挡圈螺母；7—传动螺杆；8—锁紧机构；9—制动缸；10—弹簧；11—活塞；12—杠杆；13—箱体；14—闸瓦托杆；15—销；16—闸瓦钎；17—闸瓦托；18—闸瓦。

图 6–1　SS₉ 型电力机车基础制动装置

SS_9型电力机车单元制动器调整机构如图6-2所示。

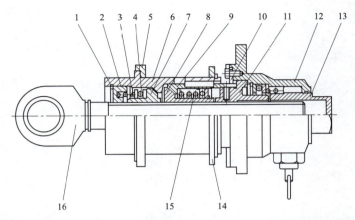

1—卡环；2—导向套；3—调整弹簧；4—轴承；5—力推挡圈；6—调整螺母套；7—调整螺母；8—导向螺母；9—导向螺母套；10—压圈；11—调隙挡；12—端盖；13—挡圈调整螺母；14—复位挡圈；15—弹道；16—传动螺杆。

图6-2　SS_9型电力机车单元制动器调整机构

📢 **单元思考要点：单元制动器的结构、组成**

2. SS 系列电力机车单元制动器的主要技术参数

SS 系列电力机车单元制动器的主要技术参数见表6-1。

表6-1　SS 系列电力机车单元制动器的主要技术参数

制动缸技术参数	SS_{3B}	SS_4改	SS_{7E}	SS_8	SS_9
制动缸直径/mm	178	178	177.8	203	290
缓解弹簧反力/N	347	347		307	
制动倍率	2.85	2.85	4.47	3.5	4
传动效率	0.95	0.85	0.85	0.85	0.85
闸瓦压力（紧急制动）/N	32 650	25 560	21 850	46 600	43 000
每台转向架制动缸数	6	4	12	4	6
闸瓦间隙	6~9	6~9	4~8	6~9	5~8
闸瓦材料	高摩合成	高摩合成	中磷铸铁	粉末合金	粉末合金

3. SS 系列电力机车单元制动器的工作原理

SS 系列电力机车单元制动器的工作原理如表6-2所示。

表 6-2　SS 系列电力机车单元制动器的工作原理

工作状态	工作原理
制动状态	当制动缸充风时，压缩空气作用在活塞上，克服缓解弹簧弹力及活塞移动等摩擦阻力，活塞向制动位方向移动，通过活塞杆推动制动杠杆转动，杠杆推动间隙调整机构，调整机构带动传动螺杆及闸瓦托一起向车轮踏面方向移动，从而实现机车制动
缓解状态	当制动缸排风时，压缩空气作用在活塞上所产生的压力小于缓解弹簧弹力，活塞在缓解弹簧的作用下向缓解位方向移动，并带动杠杆、间隙调整机构、传动螺杆、闸瓦托一同移动，闸瓦离开车轮踏面实现完全缓解

事故案例：错误操纵、使用行车设备耽误列车

2019 年 7 月 24 日，天津北站外勤助理值班员在接 K548 次列车过程中，发现加挂机车走行部运行方向左侧冒烟，立即使用电台通知司机，K548 次列车停于天津北至南仓站间×××km+×××m 处。

事故原因为××机班使用本段配属 HXD$_{3C}$ 00392 机车担当本务牵引，××机班使用本段配属 HXD$_{3C}$ 00394 机车担当补机，担当天津至石家庄北间 K548/5 次旅客列车牵引任务。天津站挂车后，××机班将"停放制动控制塞门"置隔离位甩除停放制动时，只按压了缓解柱塞，而没有拉弹停风缸缓解拉环，机车停放制动没有缓解，造成附挂机车抱闸运行。

由于××机班互控作用没有发挥，附挂操作处理不彻底，致使途中被迫停车，造成了"错误操纵、使用行车设备耽误列车"的铁路交通一般 D15 事故。

任务小结

计划方案：_____

组织实施：_____

完成效果：_____

姓名_____　地点_____　方式 不脱产□半脱产□全脱产□日期_____

复习思考

1. 简述单元制动器的结构与组成。
2. 简述单元制动器的工作原理。

数字学习资源

1. "SS 系列电力机车单元制动器"数字课件。
2. "SS 系列电力机车单元制动器"微课。

6.1.2　SS$_9$ 型电力机车停放制动装置

学习目标

● SS$_9$ 型电力机车停放制动装置的结构、组成
● SS$_9$ 型电力机车停放制动装置的操作方法

SS$_9$ 型电力机车停放制动装置相当于其他型号机车的手制动机系统，其主要由蓄能制动

器、调整螺母、拉杆、水平杠杆组成。其作用是当机车总风压力低于 600 kPa 或没有控制电源时，停放制动装置均可动作，用以防止机车的溜逸。

1. SS₉型电力机车停放制动装置的结构、组成

SS₉型电力机车停放制动装置采用的是停放制动电空阀失电停放制动投入，得电停放制动缓解的方式。停放制动指令通过微机给出，一旦停放制动未解除，机车就加不上负载牵引力，这样有助于行车安全。如果司机将钥匙打在 0 位，停放制动按钮灯亮，表示机车停放制动已施加。该装置主要由停放制动压力继电器 545KP、停放制动转换阀、调压阀、停放制动电空阀、蓄能单元制动器、调节螺杆、锁紧螺母，杠杆、杠杆座、复原弹簧等组成。SS₉型电力机车蓄能单元制动器如图 6-3 所示，SS₉型电力机车停放制动装置如图 6-4 所示。

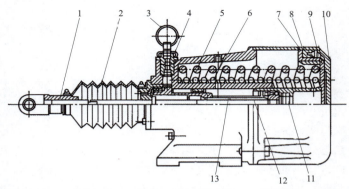

1—调整杆；2—防尘罩；3—锁紧机构；4—棘爪；5—主压缩弹簧；6—压缩弹簧；7—导向环；8—膜板；
9—活塞；10—缸体；11—弹簧；12—丝杆；13—调整螺母。

图 6-3　SS₉型电力机车蓄能单元制动器

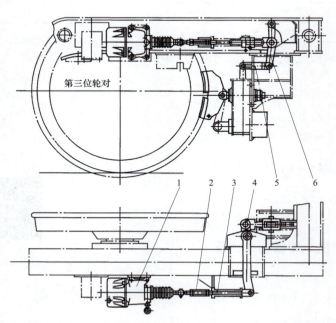

1—蓄能单元制动器；2—调整螺母；3—拉杆；4—水平杠杆；5—连杆；6—竖杠杆。

图 6-4　SS₉型电力机车停放制动装置

2. SS₉型电力机车停放制动装置的工作原理

SS₉型电力机车停放制动装置工作原理图如图6-5所示。

停放制动装置通过拉杆、水平杠杆、竖杠杆和连杆与 JDYZ-4B 型单元制动器连接，并将产生的制动力传递到闸瓦上，以实现机车制动。蓄能制动器有运行缓解、停车制动、手动缓解三种状态，以实现机车的制动与缓解。

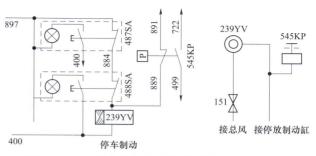

图6-5　SS₉型电力机车停放制动装置工作原理图

1）运行状态

机车正常运行时，蓄能单元制动器应处在缓解位。当总风缸的压缩空气以高于600 kPa 的压力向蓄能单元制动器的制动缸内充气时，空气推动活塞，压缩制动弹簧，与此同时螺母在丝杆上旋转，并带动棘轮套同时旋转，而丝杆没有伸长或缩短，保持原有状态。因此蓄能单元制动器仍保持缓解位，不起制动作用。

2）制动状态

当制动缸缓解到压力空气低于300 kPa 时，压缩弹簧开始推动活塞向缓解方向移动，棘轮机构锁住棘轮套，螺母不能在丝杆上转动，活塞带动丝杆一起移动，使之处于制动位。

3）手动缓解状态

拉动蓄能单元制动器上的手动拉环即可进行缓解。在制动时，蓄能单元制动器主压缩弹簧没有全部伸张，拉动拉环后棘爪提起，棘轮和螺母在丝杆上自由旋转。由于主压缩弹簧弹力作用，推动活塞向缓解方向移动至尽头。在复原弹簧的作用下，丝杆伸长并实现缓解蓄能单元制动器的作用。

SS₉型电力机车停放制动装置的操作方法如表6-3所示。

表6-3　SS₉型电力机车停放制动装置的操作方法

工作状态	工作原理
运行缓解	司机按压停放解除按钮，停放制动电空阀 239YV 得电，总风经 239YV 下阀口—停放制动管（压力 600 kPa 以上）—蓄能单元制动器连通，停放制动缓解
手动制动	当司机按压停放制动按钮，停放制动电空阀 239YV 下阀口关闭，上阀口开放了停放制动管排大气的通路，停放制动管内压力将降至 0，蓄能单元制动器动作，停放制动投入
停车制动	（1）在运行过程中，如因泄漏或其他原因使得停放制动管路的压力低于 500 kPa 时，停放制动压力继电器 545KP 的常闭联锁闭合，891 高电平被送进微机 LCU。LCU 向制动逻辑控制单元 DKL 发出常用制动指令，使列车管产生常用制动减压，列车产生空气制动作用。 （2）如果机车速度为 0，停放制动压力继电器 545KP 检测低于 500 kPa，送出信号为 0 V。则 891 低电平被送进微机 LCU，停放制动投入，禁止机车动车
手动缓解	（1）遇总风缸压力低等原因，停放制动缸不能完全缓解时，应注意逐个手动缓解蓄能单元制动器。 （2）库内无电动车时，应注意逐个手动缓解蓄能单元制动器

📢 单元思考要点：停放制动装置的操作方法

榜样标兵：纸上得来终觉浅，绝知此事要躬行

2019 年 8 月的一天，动车组司机宫××操纵一列高铁列车在京津城际线上运行。行进中忽然暴风骤起，宫××进行"十六字令"标准作业的同时，凝神聚力，更加细心瞭望前方线路、接触网状况，并关注 ATP、CIR 等信息显示。突然，宫××迅速将 KNORR 制动机手柄移至 EB 位，并降下受电弓，使列车被迫紧急停车。原来，他发现大风刮来一个异物瞬间挂在前方接触网线上，本着防止刮弓、塌网的责任担当，施行了紧急停车。停车后确认是一支断线飘落的风筝挂在接触网线上。

"纸上得来终觉浅，绝知此事要躬行"是宫××的座右铭。由于宫××的执着敬业、精益求精，自己不仅被评为"毛泽东号"机车司机，且受聘为高级技师。

任务小结

计划方案：＿＿＿＿＿＿＿＿＿＿＿＿＿＿＿＿＿＿＿＿＿＿＿＿＿＿＿＿＿＿＿

组织实施：＿＿＿＿＿＿＿＿＿＿＿＿＿＿＿＿＿＿＿＿＿＿＿＿＿＿＿＿＿＿＿

完成效果：＿＿＿＿＿＿＿＿＿＿＿＿＿＿＿＿＿＿＿＿＿＿＿＿＿＿＿＿＿＿＿

姓名＿＿＿＿＿＿ 地点＿＿＿＿＿＿＿＿ 方式 不脱产□ 半脱产□ 全脱产□ 日期 ＿＿＿＿＿＿＿＿＿

复习思考

1. 简述 SS_9 型电力机车停放制动装置的结构与组成。
2. 简述 SS_9 型电力机车停放制动装置的操作方法。

数字学习资源

"SS_9 型机车停放制动装置"数字课件。

任务 6.2 HXD₃型电力机车基础制动装置

HXD_3 型电力机车基础制动装置采用轮盘式盘形制动，由制动盘、制动缸、夹钳、闸片等装置组成。单元制动缸结构形式有带弹簧停车装置与不带弹簧停车装置两种，并可实现闸瓦间隙自动调整。

任务知识点

1. HXD_3 型电力机车基础制动装置的结构、组成（重点）
2. HXD_3 型电力机车基础制动装置的工作原理（重点）

任务技能要求

1. 掌握 HXD_3 型电力机车基础制动装置的结构、组成
2. 掌握 HXD_3 型电力机车基础制动装置的工作原理

学习目标

- HXD_3 型电力机车基础制动装置的结构、组成
- HXD_3 型电力机车基础制动装置的工作原理

机车轮盘制动技术的创新，改善了车轮踏面与闸瓦摩擦所形成的热负荷传递条件，延长了车轮的使用寿命并优化了机车运行品质。可以让机车在更高的速度下施行制动，并获得理想的减速度，从而缩短列车常用制动距离，保证铁路运输的行车安全。

1. HXD₃型电力机车单元制动器的结构、组成

HXD₃型电力机车单元制动器主要由制动气缸、制动杆、支架、吊耳、闸片托架、闸片组成。

单元制动器如图6-6所示。带弹簧停车（弹停）单元制动器如图6-7所示。

图6-6 单元制动器

图6-7 带弹簧停车（弹停）单元制动器

1）常用单元制动缸

常用单元制动缸是由制动缸作用部与闸片间隙调整器组成的一个独立的结构。闸片间隙调整器可以在闸片和制动盘磨耗过大后使盘片间隙得到自动的调整，使闸片间隙始终保持在正常的数值范围内。常用单元制动缸的结构组成如图6-8所示。

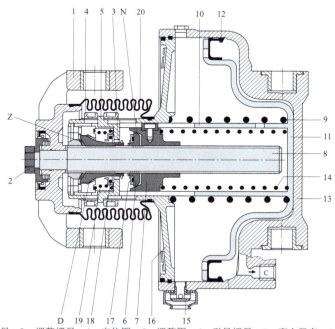

1—连接杆；2—回程螺母；3—调整螺母；4—定位圈；5—调整圈；6—引导螺母；7—离合器套；8—丝杠；9—复原弹簧；10—活塞筒；11—活塞；12—膜板组成；13—制动缸体；14—引导弹簧；15—呼吸堵；16—缸盖；17—滚针轴承；18—滚珠轴承；19—调整弹簧；20—波纹管；C—供风口；D—锥形离合器；N—锥形离合器；Z—齿形离合器。

图6-8 常用单元制动缸的结构组成

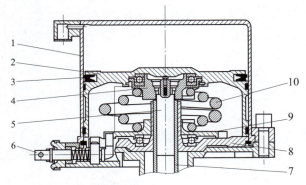

1—蓄能缸体；2—蓄能活塞；3—膜板；4—上弹簧座；5—丝杆；
6—手动缓解装置；7—螺套；8—托盘；9—棘轮盘；10—橄榄弹簧。

图 6-9　弹簧停放作用部结构

2）带停放单元制动缸

带停放单元制动缸是由常用单元制动缸与弹簧停放作用部组成的制动单元。弹簧停放作用部结构如图 6-9 所示。

2. HX 系列电力机车单元制动器的主要参数

HX 系列电力机车单元制动器的主要技术参数见表 6-4。

表 6-4　HX 系列电力机车单元制动器的主要技术参数

制动缸技术参数	HXD₁	HXD₃	
轴位		1、6 轴	2、3、4、5 轴
制动缸：数量*直径/mm	6*203	4*203	8*254
制动倍率	2.66	3.23	2
传动效率（紧急制动）		扣除缓解弹簧力>0.95；含缓解弹簧力>0.85	
闸片与制动盘单侧间隙 S	S=1.69～2.48 mm	254 缸　S=1.75～2.0 mm；203 缸　S=1.69～2.48 mm	
闸瓦材料	多种	UIC 闸片	

3. HXD₃ 型电力机车单元制动器的工作原理

1）HXD₃ 型电力机车单元制动器的工作原理如表 6-5 所示。

表 6-5　HXD₃ 型电力机车单元制动器的工作原理

工作状态	工作原理
制动状态	压缩空气经 C 口进入制动缸，克服复原弹簧的力，推动活塞等组件移动。当活塞组件的运动距离等于作用行程时，闸片接触到制动盘，致使离合器进行转换。当制动缸压力继续上升时，制动力开始形成
缓解状态	当 C 口排风时，在弹性变形恢复力的作用下带动活塞组件退回。当活塞移动量等于弹性变形量时锥形离合器恢复啮合再次锁闭。复原弹簧的力通过调整螺母作用于丝杠，使活塞组件回退至缓解位

2）HXD₃ 型电力机车带停放单元制动器的工作原理

正常制动时，弹簧停放制动缸得到压缩空气，弹簧停放制动缸缓解，一直保持 420～450 kPa 的压力空气。

用于停车制动时，弹簧停放制动缸排气，弹簧停放制动缸实施制动。通过停放弹动楔块拉杆机构，带动常用单元制动缸的活塞部分，推动夹钳，使闸片抱紧制动盘，实现停车制动。

停车制动后，拉动手动缓解拉柄，可对弹簧停放制动缸进行手动缓解。

📢 单元思考要点：HXD₃ 型电力机车单元制动器工作原理

拓展知识：CRH1 型动车组微机控制的防滑器

轮轨间正常的接触状态为蠕滑，即在滚动中有微小的滑动，其可用蠕滑率来描述。蠕滑率为列车速度与轮缘速度之差的绝对值与列车速度的比值。当蠕滑率超过 5%～15%范围时，轮轨之间状态即定义为滑行。滑行时，制动力下降近 1/4，延长了制动距离；滑行时，轮箍踏面和钢轨的擦伤，将对高速运行的机车车辆造成严重影响。

CRH1 型动车组防滑器工作原理如图 6-10 所示。

CRH1 型动车组微机控制的防滑器由速度传感器、滑行检测控制单元及防滑电磁阀组成。通过各车轴或牵引电机中安装的速度传感器，对速度进行检测。在滑移率、速度差、减速度等参数超过设定值时，立即减小该轴的制动力，进行再黏着控制，防止制动距离的延长及车轮踏面、钢轨的擦伤。

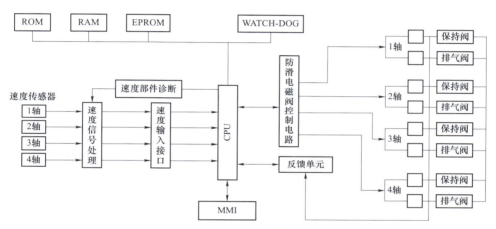

图 6-10　CRH1 型动车组防滑器工作原理

任务小结

计划方案：_____

组织实施：_____

完成效果：_____

姓名_____　地点_____　方式　不脱产□ 半脱产□ 全脱产□ 日期 _____

复习思考

1. 简述 HXD$_3$ 型电力机车单元制动器的结构与组成。

2. 简述 HXD$_3$ 型电力机车单元制动器的工作原理。

数字学习资源

"HXD$_3$ 型电力机车单元制动器"数字课件。

参 考 文 献

[1] 张有松，朱龙驹. 韶山$_4$型电力机车. 北京：中国铁道出版社，1998.

[2] 那利和. 电力机车制动机. 北京：中国铁道出版社，2002.

[3] 余卫斌. 韶山$_9$型电力机车. 北京：中国铁道出版社，2005.

[4] 李益民. 电力机车制动机. 北京：中国铁道出版社，2008.

[5] 武学工. 电力机车制动机检查与运用. 北京：北京交通大学出版社，2014.

[6] 左继红，李云召. 电力机车制动机. 成都：西南交通大学出版社，2019.

[7] 许建林，李志南，常玉虎. 铁道机车制动机. 北京：北京交通大学出版社，2019.